寫給中小學生的
圖說世界史

世界の歷史366

一天一頁，三分鐘讀懂歷史上的今天

監修 祝田秀全　圖 TOA　譯 韓宛庭 王予奇 林冠汾

前 言

　　大家有沒有想過，歷史上的「今天」，世界上發生過哪些大事呢？

　　回顧1年前的今天、10年前的今天，甚至是更古老的100年前、1000年前，都曾經有過的「今天」。

　　究竟「今天」發生過哪些事？如果是足以寫下歷史的大事，會不會令人更加好奇呢？

　　本書按照1月到12月的日期順序編排，一共分成366天，為你介紹世界上曾經發生過的歷史大事。

　　對於正在看書的你來說，「今天」這天可能只是平凡無奇、和平又快樂的日子。

但是，書中登場的「今天」，對某些人或某些國家來說，卻是非常重要的日子。除此之外，也可能是你愛吃的食物、平時使用的物品被發明出來的日子呢！

讀世界史不需要用背的，只要帶上好奇心，就能愉快學習。你可以選擇跟自己有關的日期開始閱讀，例如自己和家人、朋友的生日等等。

期盼本書讓你從此愛上歷史，抬頭挺胸的對朋友說：「談到世界史，我有自信不輸給任何人！」

現在，一起出發到世界冒險吧！

祝田秀全

本書使用說明

結合一看就懂的漫畫插畫，介紹世界歷史上的「今天」，快樂學習366天份的世界史！

現存　表示現在依然存在。

滅亡　表示滅亡或是國名變更。

國名　將「歷史大事」發生的國家和區域位置大致標示在地圖上。國名用的不是正式名稱，而是大家平時熟悉的俗稱。

※P18有關於滅亡的說明。

日期　從1月到12月，按照日期順序編排。

標題　快速介紹「歷史大事」，可以先看自己感興趣的事件、慢慢閱讀。

插畫　把這天發生的事情畫成漫畫插畫，追加補充說明，幫助擴充知識。

解說　彷彿登場人物本人在說話，親口為你介紹「歷史大事」。

小猜謎　與當頁「人物」、「事件」有關的迷你問答，答案放在頁面最下方。

1月4日

1月 4日　（西元1643年）

牛頓出生的日子

時代區分：古代 中世 **近世** 近代 現代

國：英國　☑現存　□滅亡

東西會往下掉
是什麼力量造成的呢？

蘋果會咚的掉落地面，是因為受到某種力量吸引？觀察入微的艾薩克‧牛頓，因此發現並發明了許多定律。

據說提供牛頓靈感，進而發現萬有引力的蘋果樹，其繁衍的後代樹木至今仍被小心的保存下來、悉心照料呢！

為什麼不會往上飛、往旁邊飛，每次都是往下掉呢？

在自然科學領域留下許多偉大的貢獻

所有物體之間，都受到一股力量互相吸引，發現這套「萬有引力定律」的人就是我喔！我既是物理學家和數學家，也是一位天文學家，在自然科學領域留下數不清的發明！例如反射望遠鏡(※)中的「牛頓望遠鏡」，就是我發明的。

艾薩克‧牛頓

※使用透鏡折射的叫「折射望遠鏡」，使用鏡面組合來反射光線的叫「反射望遠鏡」。

💡 **問題**　愛貓人士牛頓，還發明了什麼呢？

❶ 磨爪板　❷ 逗貓棒　❸ 自動餵食器　❹ 貓門

答案：❹ 據說牛頓為了讓貓咪自由進出研究室，發明了彈簧式的專用貓門。

※日期基本上以「公曆」為準，或另外標註為「儒略曆」（西洋舊曆法）。

圖示 這天是哪一種日子，看看圖示便知分類！

- 忌日
- 生日
- 即位、任命
- 災害
- 案件
- 活動、紀念日
- 政治
- 條約
- 事件
- 戰爭

西元
現代各國通用的年月日。

時代
從古代到現代，大致區分為五個區塊。

古代 至5世紀（—500年）
中世 6至14世紀（501—1400年）
近世 15至17世紀（1401—1700年）
近代 18至19世紀（1701—1900年）
現代 20世紀至今（1901年—）

1月11日（西元1908年）

大峽谷被指定為國家公園的日子

時代劃分：古代 中世 近世 近代 **現代**

至少要去一次
世界公認的絕美景點

大峽谷是世界有名的觀光勝地，美國前總統曾用「此生必去一次」介紹這個漂亮的景點。

問題 切割出大峽谷的是哪一條河川？
1. 密西西比河
2. 科羅拉多河
3. 亞馬遜河

由河川削成的自然公園

在這天，大峽谷周邊區域被指定為國家公園。大峽谷在1919年成為國家公園，之後也被登記為世界遺產，是美國最古老、最有名的國家公園！在這裡能看到20億年前的地層堆積形成的岩壁，以及被河川切割出來的壯闊峽谷，擁有豐富的自然景觀。

補充 大峽谷可以開車前往，也有單日來回的接駁巴士載客欣賞夕陽，相當受歡迎喔。

答案：② 大峽谷是科羅拉多河流經亞利桑那州形成的自然景觀。

關於這個日子
用一句話描述這天發生的事情或重要人事。

猜謎
主要都是問答題，偶爾穿插尋找不同的小遊戲，讀起來更有趣。答案放在頁面最下方。

補充
頁面以猜謎和尋找不同為主題時，下方會附補充說明。

我們是小小地圖
頁面四處藏著小小地圖，歡迎找找看！

目次

1月

- **1**日 - 歐洲聯盟開始使用歐元的日子 ... 19
- **2**日 - 世界初次成功發射月球無人探測器的日子 ... 20
- **3**日 - 馬丁·路德被逐出教會的日子 ... 21
- **4**日 - 牛頓出生的日子 ... 22
- **5**日 - 路易十四逃出巴黎的日子 ... 23
- **6**日 - 富蘭克林出生的日子 ... 24
- **7**日 - 羅馬教宗葛利果十三世出生的日子 ... 25
- **8**日 - 馬可·波羅去世的日子 ... 26
- **9**日 - 「血腥星期日」發生的日子 ... 27
- **10**日 - 世界上第一條地鐵在倫敦開通的日子 ... 28
- **11**日 - 大峽谷被指定為國家公園的日子 ... 29
- **12**日 - 教育家裴斯泰洛齊出生的日子 ... 30
- **13**日 - 作家左拉的信《我控訴》公開的日子 ... 31
- **14**日 - 路易斯·卡羅去世的日子 ... 32
- **15**日 - 大英博物館開幕的日子 ... 33
- **16**日 - 屋大維獲得「奧古斯都」稱號的日子 ... 34
- **17**日 - 波斯灣戰爭爆發的日子 ... 35
- **18**日 - 孟德斯鳩出生的日子 ... 36
- **19**日 - 德國飛船對英國發動空襲的日子 ... 37
- **20**日 - 史上第一位非裔美國總統就任的日子 ... 38
- **21**日 - 法王路易十六被處死的日子 ... 39
- **22**日 - 吳哥窟被發現的日子 ... 40
- **23**日 - 隋朝完成永濟渠的日子 ... 41
- **24**日 - 「淘金熱」起源的日子 ... 42
- **25**日 - 第一屆冬季奧林匹克運動會開幕日 ... 43
- **26**日 - 印度成為共和國的日子 ... 44
- **27**日 - 國際大屠殺紀念日 ... 45
- **28**日 - 探險家史坦利出生的日子 ... 46
- **29**日 - 普希金因為決鬥而去世的日子 ... 47
- **30**日 - 甘地被暗殺的日子 ... 48
- **31**日 - 舒伯特出生的日子 ... 49

2月

- 1日 - 哥倫比亞號在空中解體的日子 50
- 2日 - 史達林格勒戰役結束的日子 51
- 3日 - 美國決定對古巴禁運的日子 52
- 4日 - Facebook網站上線的日子 53
- 5日 - 墨西哥頒布新憲法的日子 54
- 6日 - 貝比‧魯斯出生的日子 55
- 7日 - 呂布被處死的日子 56
- 8日 - 選出美利堅邦聯總統的日子 57
- 9日 - 羅馬共和國誕生的日子 58
- 10日 - 蒙古大軍攻占巴格達的日子 59
- 11日 - 愛迪生出生的日子 60
- 12日 - 達爾文出生的日子 61
- 13日 - 威廉和瑪麗夫婦登基英國王位的日子 62
- 14日 - 「情人節」起源的日子 63
- 15日 - 伽利略出生的日子 64
- 16日 - 卡斯楚就任總理的日子 65
- 17日 - 哲學家布魯諾被處死的日子 66
- 18日 - 秦始皇出生的日子 67
- 19日 - 哥白尼出生的日子 68
- 20日 - 忠臣海瑞入獄的日子 69
- 21日 - 醫學家班廷去世的日子 70
- 22日 - 華盛頓出生的日子 71
- 23日 - 小說家凱斯特納出生的日子 72
- 24日 - 蘇聯公開批評史達林的日子 73
- 25日 - 軍事家華倫斯坦被暗殺的日子 74
- 26日 - 王安石成為副宰相的日子 75
- 27日 - 舉辦第二屆巴黎世界博覽會的日子 76
- 28日 - 埃及脫離英國獨立的日子 77
- 29日 - 英國中止自由貿易的日子 78

每四年一次的閏年有29日

3月

- **1**日 - 朝鮮展開「三一運動」的日子 —— 79
- **2**日 - 吉薩金字塔入口被打開的日子 —— 80
- **3**日 - 發明家貝爾出生的日子 —— 81
- **4**日 - 威爾遜就任總統的日子 —— 82
- **5**日 - 等角地圖之父麥卡托出生的日子 —— 83
- **6**日 - 米開朗基羅出生的日子 —— 84
- **7**日 - 德軍占領萊茵蘭的日子 —— 85
- **8**日 -「國際婦女節」起源的日子 —— 86
- **9**日 - 安汶大屠殺發生的日子 —— 87
- **10**日 - 皮埃蒙特革命爆發的日子 —— 88
- **11**日 - 佛萊明醫師去世的日子 —— 89
- **12**日 - 孫文去世的日子 —— 90
- **13**日 - 發現天王星的日子 —— 91
- **14**日 - 馬克思去世的日子 —— 92
- **15**日 - 匈牙利革命開始的日子 —— 93
- **16**日 - 液體燃料火箭初次升空的日子 —— 94
- **17**日 - 發明家戴姆勒出生的日子 —— 95
- **18**日 - 發明家狄塞爾出生的日子 —— 96
- **19**日 - 聖家堂開始建造的日子 —— 97
- **20**日 - 作曲家拉赫曼尼諾夫出生的日子 —— 98
- **21**日 - 巴哈出生的日子 —— 99
- **22**日 - 明朝重新實施科舉制度的日子 —— 100
- **23**日 -「世界氣象日」制定的日子 —— 101
- **24**日 - 柯霍醫師發現結核桿菌的日子 —— 102
- **25**日 - 戈登成為常勝軍司令官的日子 —— 103
- **26**日 - 巴比倫古城開始挖掘的日子 —— 104
- **27**日 - 物理學家倫琴出生的日子 —— 105
- **28**日 -「夢幻王國」樓蘭被發現的日子 —— 106
- **29**日 - 英屬北美法令立法的日子 —— 107
- **30**日 - 梵谷出生的日子 —— 108
- **31**日 - 海頓出生的日子 —— 109

4月

- **1**日 - 蘇聯限制東西德交通的日子 ……… 111
- **2**日 - 安徒生出生的日子 ……… 112
- **3**日 - 作曲家布拉姆斯去世的日子 ……… 113
- **4**日 - 金恩牧師被暗殺的日子 ……… 114
- **5**日 - 復活節島被發現的日子 ……… 115
- **6**日 - 「北極日」起源的日子 ……… 116
- **7**日 - 沙勿略出生的日子 ……… 117
- **8**日 - 《米洛的維納斯》被發現的日子 ……… 118
- **9**日 - 美國南北戰爭結束的日子 ……… 119
- **10**日 - 海軍將領培里出生的日子 ……… 120
- **11**日 - 簽訂《米制公約》的日子 ……… 121
- **12**日 - 小羅斯福去世的日子 ……… 122
- **13**日 - 《南特詔書》簽署頒布的日子 ……… 123
- **14**日 - 天文學家惠更斯出生的日子 ……… 124
- **15**日 - 李奧納多·達文西出生的日子 ……… 125
- **16**日 - 卓別林出生的日子 ……… 126
- **17**日 - 敘利亞脫離法國獨立的日子 ……… 127
- **18**日 - 物理學家弗萊明去世的日子 ……… 128
- **19**日 - 第一屆波士頓馬拉松舉行的日子 ……… 129
- **20**日 - 希特勒出生的日子 ……… 130
- **21**日 - 學者韋伯出生的日子 ……… 131
- **22**日 - 第一屆「世界地球日」舉辦的日子 ……… 132
- **23**日 - 莎士比亞出生的日子 ……… 133
- **24**日 - 發明家卡特賴特出生的日子 ……… 134
- **25**日 - 美國向西班牙宣戰的日子 ……… 135
- **26**日 - 德軍空襲格爾尼卡的日子 ……… 136
- **27**日 - 倫敦動物園開幕的日子 ……… 137
- **28**日 - 穆斯林占領直布羅陀的日子 ……… 138
- **29**日 - 大不里士市民軍被殲滅的日子 ……… 139
- **30**日 - 三明治伯爵去世的日子 ……… 140

5月

- 1日 - 「國際勞動節」起源的日子 …… 141
- 2日 - 馬德里市民與法軍交戰的日子 …… 142
- 3日 - 英國由女性當上首相的日子 …… 143
- 4日 - 奧黛麗・赫本出生的日子 …… 144
- 5日 - 忽必烈登基為皇帝的日子 …… 145
- 6日 - 英國在世界上首次使用郵票的日子 …… 146
- 7日 - 柴可夫斯基出生的日子 …… 147
- 8日 - 《人民憲章》公布的日子 …… 148
- 9日 - 黑人當上南非總統的日子 …… 149
- 10日 - 政治家施特雷澤曼出生的日子 …… 150
- 11日 - 達利出生的日子 …… 151
- 12日 - 南丁格爾出生的日子 …… 152
- 13日 - 英國船隊航向澳洲的日子 …… 153
- 14日 - 「種痘紀念日」起源的日子 …… 154
- 15日 - 馬奈展出《草地上的午餐》的日子 …… 155
- 16日 - 初代普魯士公爵出生的日子 …… 156
- 17日 - 畫家波提切利去世的日子 …… 157
- 18日 - 海牙和平會議舉行的日子 …… 158
- 19日 - 凱末爾展開土耳其民族革命的日子 …… 159
- 20日 - 三國同盟締結的日子 …… 160
- 21日 - 畫家杜勒出生的日子 …… 161
- 22日 - 雨果去世的日子 …… 162
- 23日 - 海盜基德被處死的日子 …… 163
- 24日 - 人類首次用電報傳送摩斯密碼的日子 …… 164
- 25日 - 基督教世界收復托雷多的日子 …… 165
- 26日 - 美術評論家龔固爾出生的日子 …… 166
- 27日 - 生物學家卡森出生的日子 …… 167
- 28日 - 泰利斯預測日蝕發生的日子 …… 168
- 29日 - 鄂圖曼帝國消滅拜占庭帝國的日子 …… 169
- 30日 - 聖女貞德去世的日子 …… 170
- 31日 - 拉美西斯二世成為第十九王朝法老王的日子 …… 171

6月

- **1**日 - 「國際兒童節」起源的日子 172
- **2**日 - 威廉一世暗殺未遂案的發生日 173
- **3**日 - 溫莎公爵與辛普森夫人結婚的日子 174
- **4**日 - 英國上議院通過議會改革法案的日子 175
- **5**日 - 亞當‧史密斯受洗的日子 176
- **6**日 - 諾曼第登陸作戰開始的日子 177
- **7**日 - 《托德西利亞斯條約》簽訂的日子 178
- **8**日 - 穆罕默德去世的日子 179
- **9**日 - 著作《愛彌兒》被判有罪的日子 180
- **10**日 - 亞歷山大大帝去世的日子 181
- **11**日 - 作曲家史特勞斯出生的日子 182
- **12**日 - 安妮‧法蘭克出生的日子 183
- **13**日 - 召開柏林會議的日子 184
- **14**日 - 普奧戰爭開始的日子 185
- **15**日 - 《大憲章》簽訂的日子 186
- **16**日 - 女性首次上太空的日子 187
- **17**日 - 作曲家古諾出生的日子 188
- **18**日 - 百年戰爭「帕提戰役」發生的日子 189
- **19**日 - 帕斯卡出生的日子 190
- **20**日 - 網球廳宣誓發生的日子 191
- **21**日 - 《米飛兔》繪本出版的日子 192
- **22**日 - 伽利略被判有罪的日子 193
- **23**日 - 荷蘭艦隊抵達爪哇的日子 194
- **24**日 - 「世界幽浮日」起源的日子 195
- **25**日 - 韓戰開始的日子 196
- **26**日 - 「哈梅爾的吹笛人」事件發生日 197
- **27**日 - 海倫‧凱勒出生的日子 198
- **28**日 - 《凡爾賽條約》簽訂的日子 199
- **29**日 - 莎士比亞環球劇場燒毀的日子 200
- **30**日 - 「狹義相對論」發表的日子 201

7月

- **1日** - 聖路易斯奧運舉辦的日子 …… 203
- **2日** - 盧梭去世的日子 …… 204
- **3日** - 卡夫卡出生的日子 …… 205
- **4日** - 《獨立宣言》發表的日子 …… 206
- **5日** - 發現法老塞提一世木乃伊的日子 …… 207
- **6日** - 湯瑪斯・摩爾被執行死刑的日子 …… 208
- **7日** - 盧溝橋事變發生的日子 …… 209
- **8日** - 齊柏林出生的日子 …… 210
- **9日** - 森帕赫戰役發生的日子 …… 211
- **10日** - 攝影師達蓋爾去世的日子 …… 212
- **11日** - 世界人口超過50億的日子 …… 213
- **12日** - 卡爾馬聯盟成立的日子 …… 214
- **13日** - 第一屆世足賽開幕的日子 …… 215
- **14日** - 法國大革命爆發的日子 …… 216
- **15日** - 發現《羅塞塔石碑》的日子 …… 217
- **16日** - 世界首次進行原子彈爆炸實驗的日子 …… 218
- **17日** - 明朝永樂皇帝登基的日子 …… 219
- **18日** - 日內瓦高峰會舉行的日子 …… 220
- **19日** - 竇加出生的日子 …… 221
- **20日** - 人類第一次登陸月球的日子 …… 222
- **21日** - 金字塔戰役爆發的日子 …… 223
- **22日** - 孟德爾受洗的日子 …… 224
- **23日** - 「底特律事件」發生的日子 …… 225
- **24日** - 發現馬丘比丘遺址的日子 …… 226
- **25日** - 高麗王朝建國的日子 …… 227
- **26日** - 《波茨坦宣言》發表的日子 …… 228
- **27日** - 道爾頓去世的日子 …… 229
- **28日** - 七月革命爆發的日子 …… 230
- **29日** - 墨索里尼出生的日子 …… 231
- **30日** - 福特出生的日子 …… 232
- **31日** - 無敵艦隊與英國對戰的日子 …… 233

8月

- **1**日 - 亞歷山大城被攻陷的日子 — 234
- **2**日 - 伊拉克入侵科威特的日子 — 235
- **3**日 - 溫泉關悲劇發生的日子 — 236
- **4**日 - 萬里長城開始大興土木的日子 — 237
- **5**日 - 留克特拉戰役爆發的日子 — 238
- **6**日 - 神聖羅馬帝國滅亡的日子 — 239
- **7**日 - 德意志社會民主工黨成立的日子 — 240
- **8**日 - 東南亞國協組成的日子 — 241
- **9**日 - 朵貝・楊笙出生的日子 — 242
- **10**日 - 「八月十日事件」發生的日子 — 243
- **11**日 - 《威瑪憲法》制定的日子 — 244
- **12**日 - 克麗奧佩脫拉去世的日子 — 245
- **13**日 - 阿茲提克帝國滅亡的日子 — 246
- **14**日 - 西頓出生的日子 — 247
- **15**日 - 印度與巴基斯坦分治的日子 — 248
- **16**日 - 貓王去世的日子 — 249
- **17**日 - 土耳其大地震發生的日子 — 250
- **18**日 - 成吉思汗去世的日子 — 251
- **19**日 - 經濟學者帕雷托去世的日子 — 252
- **20**日 - 「世界蚊子日」起源的日子 — 253
- **21**日 - 法國國王腓力二世出生的日子 — 254
- **22**日 - 德布西出生的日子 — 255
- **23**日 - 《德蘇互不侵犯條約》簽訂的日子 — 256
- **24**日 - 龐貝火山爆發的日子 — 267
- **25**日 - 比利時獨立革命爆發的日子 — 258
- **26**日 - 《法國人權宣言》被採納的日子 — 259
- **27**日 - 德雷莎修女受洗的日子 — 260
- **28**日 - 歌德出生的日子 — 261
- **29**日 - 飛船齊柏林號成功環行世界一周的日子 — 262
- **30**日 - 毛澤東動念建立人民公社的日子 — 263
- **31**日 - 梳毛工起義以失敗告終的日子 — 264

9月

- 1日 - 第二次世界大戰開打的日子 ……………… 265
- 2日 - 鐵達尼號被發現的日子 …………………… 266
- 3日 - 政治家克倫威爾去世的日子 ……………… 267
- 4日 - 史懷哲醫師去世的日子 …………………… 268
- 5日 - 探險家庫克發現新島嶼的日子 …………… 269
- 6日 - 麥哲倫探險隊完成航行世界一周的日子 … 270
- 7日 - 巴西獨立的日子 …………………………… 271
- 8日 - 《舊金山和平條約》簽訂的日子 ………… 272
- 9日 - 桑德斯上校出生的日子 …………………… 273
- 10日 - 津芝叛亂爆發的日子 …………………… 274
- 11日 - 美國發生恐怖攻擊的日子 ……………… 275
- 12日 - 馬拉松的起源——馬拉松戰役爆發的日子 … 276
- 13日 - 西班牙將軍發動軍事政變的日子 ……… 277
- 14日 - 但丁去世的日子 ………………………… 278
- 15日 - 戰車啟用的日子 ………………………… 279
- 16日 - 土耳其舊帝國船隻遇難的日子 ………… 280
- 17日 - 楊玉環被冊封為貴妃的日子 …………… 281
- 18日 - 報紙《紐約時報》創刊的日子 ………… 282
- 19日 - 微波爐問世的日子 ……………………… 283
- 20日 - 遺跡調查結果發表的日子 ……………… 284
- 21日 - 完顏阿骨打發明新文字的日子 ………… 285
- 22日 - 始祖地猿相關消息傳到海外的日子 …… 286
- 23日 - 俾斯麥成為普魯士首相的日子 ………… 287
- 24日 - 穆罕默德移居麥地那的日子 …………… 288
- 25日 - 世界首次舉行鐵人三項的日子 ………… 289
- 26日 - 鄂圖曼帝國攻打奧地利的日子 ………… 290
- 27日 - 改良式蒸汽動力火車運行的日子 ……… 291
- 28日 - 孔子出生的日子 ………………………… 292
- 29日 - 慕尼黑協定會議召開的日子 …………… 293
- 30日 - 柯波帝出生的日子 ……………………… 294

10月

- 1日 - 亞歷山大大帝打敗大流士三世的日子 ········ 296
- 2日 - 泛美會議首度召開的日子 ················ 297
- 3日 - SOS被採用的日子 ······················ 298
- 4日 - 米勒出生的日子 ······················· 299
- 5日 - 宣布南極上空發現臭氧層破洞的日子 ······· 300
- 6日 - 波士尼亞與赫塞哥維納成為他國領土的日子 ··· 301
- 7日 - 勒潘陀海戰爆發的日子 ·················· 302
- 8日 - 亞羅號事件爆發的日子 ·················· 303
- 9日 - 制定「世界郵政日」的日子 ··············· 304
- 10日 - 武昌起義發生的日子 ··················· 305
- 11日 - 高昌國滅亡的日子 ····················· 306
- 12日 - 哥倫布發現北美新大陸的日子 ············ 307
- 13日 - 倫敦時間被定為世界通用標準時間的日子 ··· 308
- 14日 - 諾曼征服英格蘭的日子 ················· 309
- 15日 - 波羅的海艦隊被派往日本海的日子 ········ 310
- 16日 - 「世界糧食日」起源的日子 ··············· 311
- 17日 - 蕭邦去世的日子 ······················ 312
- 18日 - 蘇聯探測機登陸金星的日子 ·············· 313
- 19日 - 電影發明者盧米埃出生的日子 ············ 314
- 20日 - 大長征成功的日子 ····················· 315
- 21日 - 反越戰集會召開的日子 ················· 316
- 22日 - 複印機發明的日子 ····················· 317
- 23日 - 第一次石油危機爆發的日子 ·············· 318
- 24日 - 《西發里亞和約》簽訂的日子 ············· 319
- 25日 - 法蘭克王國軍隊戰勝伊斯蘭軍的日子 ······ 320
- 26日 - 越南成立新國家的日子 ················· 321
- 27日 - 制定「泰迪熊日」的日子 ················ 322
- 28日 - 約翰·洛克去世的日子 ·················· 323
- 29日 - 哈雷出生的日子 ······················ 324
- 30日 - 廣播劇《世界大戰》播出的日子 ·········· 325
- 31日 - 維梅爾出生的日子 ····················· 326

11月

- 1日 - 發生里斯本大地震的日子 — 327
- 2日 - 史上第一家民營廣播電臺開播的日子 — 328
- 3日 - 小狗乘坐太空船上太空的日子 — 329
- 4日 - 發現圖坦卡門陵墓的日子 — 330
- 5日 - 奧蘭治親王威廉登陸英國的日子 — 331
- 6日 - 北魏實施「均田制」的日子 — 332
- 7日 - 俄國革命爆發的日子 — 333
- 8日 - 紐約現代藝術博物館開幕的日子 — 334
- 9日 - 促成柏林圍牆倒塌起因的日子 — 335
- 10日 - 馬丁・路德出生的日子 — 336
- 11日 - 第一次世界大戰結束的日子 — 337
- 12日 - 奧古斯特・羅丹出生的日子 — 338
- 13日 - 公開發表利用結核菌素於治療的日子 — 339
- 14日 - 克洛德・莫內出生的日子 — 340
- 15日 - 地租馬克貨幣發行的日子 — 341
- 16日 - 引起印加帝國滅亡導火線的日子 — 342
- 17日 - 蘇伊士運河開通的日子 — 343
- 18日 - 威廉・泰爾射蘋果的日子 — 344
- 19日 - 林肯發表著名演說的日子 — 345
- 20日 - 成為「披薩日」起源的日子 — 346
- 21日 - 史上第一次以氣球載人飛行的日子 — 347
- 22日 - 瓦斯科・達伽馬繞過好望角的日子 — 348
- 23日 - 比利小子出生的日子 — 349
- 24日 - 菸草抗議活動蔓延各地的日子 — 350
- 25日 - 「國際終止婦女受暴日」起源的日子 — 351
- 26日 - 卡爾・賓士出生的日子 — 352
- 27日 - 創設諾貝爾獎的日子 — 353
- 28日 - 麥哲倫發現太平洋的日子 — 354
- 29日 - 巴勒斯坦分割案決議通過的日子 — 355
- 30日 - 邱吉爾出生的日子 — 356

12月

- 1日 - 制定「世界愛滋病日」的日子 …… 357
- 2日 - 舉行儀式承認拿破崙為皇帝的日子 …… 358
- 3日 - 馬爾他峰會落幕的日子 …… 359
- 4日 - 首爾爆發甲申政變的日子 …… 360
- 5日 - 華特・迪士尼出生的日子 …… 361
- 6日 - 愛爾蘭建國的日子 …… 362
- 7日 - 太平洋戰爭爆發的日子 …… 363
- 8日 - 約翰・藍儂被暗殺的日子 …… 364
- 9日 - 巴圖塔完成遊記的日子 …… 365
- 10日 - 諾貝爾去世的日子 …… 366
- 11日 - 聯合國兒童基金會成立的日子 …… 367
- 12日 - 愛德華・孟克出生的日子 …… 368
- 13日 - 召開特利騰大公會議的日子 …… 369
- 14日 - 羅阿爾・阿蒙森到達南極點的日子 …… 370
- 15日 - 古斯塔夫・艾菲爾出生的日子 …… 371
- 16日 - 發生「波士頓茶葉事件」的日子 …… 372
- 17日 - 萊特兄弟成功實現載人飛行的日子 …… 373
- 18日 - 西晉滅亡的日子 …… 374
- 19日 - 印度奪回果亞的日子 …… 375
- 20日 - 蘇俄組成祕密警察的日子 …… 376
- 21日 - 尚・亨利・法布爾出生的日子 …… 377
- 22日 - 第一次公開演奏《命運》與《田園》的日子 …… 378
- 23日 - 召開白虎觀會議的日子 …… 379
- 24日 - 焦耳出生的日子 …… 380
- 25日 - 紀念耶穌・基督聖誕的日子 …… 381
- 26日 - 毛澤東出生的日子 …… 382
- 27日 - 路易・巴斯德出生的日子 …… 383
- 28日 - 西西里島發生大地震的日子 …… 384
- 29日 - 托馬斯・貝克特遭到暗殺的日子 …… 385
- 30日 - 蘇聯成立的日子 …… 386
- 31日 - 英國設立東印度公司的日子 …… 387

歇腳小專欄	1年的前3個月結束囉！ **世界史小典故 古代篇**	110
	今年要過完一半了！ **世界史小典故 中世篇**	202
	今年只剩下3個月了！ **世界史小典故 近世篇**	295
	好棒，過完1年了！ **世界史小典故 近代篇**	388

作者的話 ……………………………………………… 389
實用索引！世界史年表 ……………………………… 390

開始前的迷你專欄

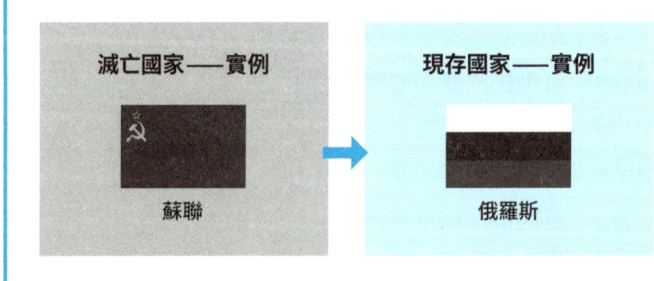

滅亡國家——實例
蘇聯

→

現存國家——實例
俄羅斯

當國家名稱變更、國家政權改變時，視同「滅亡」。

有些人可能會問：「國家怎麼會不見呢？」事實上，國家的確會因為國與國之間的戰爭，或是國家內部爆發的內戰而滅亡。例如直到近年都還存在，但是現在已經解體的蘇維埃共和國（蘇聯）就是最有名的代表。蘇聯曾經是世界上最大的國家，不過已在1991年瓦解。

1月1日 （西元2002年）

歐洲聯盟開始使用歐元的日子

時代劃分 ▶ 古代 中世 近世 近代 **現代**

國名 ▶ 加入歐盟的國家
☑ 現存　☐ 滅亡

大概在這裡

導入歐元的國家
可以用一樣的鈔票和硬幣買東西♪

為了促進國與國之間的交易，以及人與人之間的經濟交流，歐洲國家決定一起使用一樣的貨幣「歐元」。

> 每個歐盟國家，都能用一樣的錢買東西！

用一樣的錢，使歐洲成為一個龐大的經濟體系！

歐盟的共同貨幣「歐元」，最早始於1999年1月1日的電子交易，並在2002年正式成為流通的貨幣。當時加入歐盟（EU）的27個國家裡，有三分之二以上的國家使用了「歐元」。不同的國家因為使用一樣的錢，成為一個龐大的經濟體系！即使只是小小的國家，也擁有不輸給美國的經濟實力，好厲害啊！

💡 問題　以下哪個國家沒有使用歐元？

❶ 瑞典　　❷ 法國　　❸ 德國　　❹ 義大利

答案：① 瑞典使用的貨幣是「瑞典克朗」；英國在脫歐之前，也是使用自己的貨幣「英鎊」。

19

1月2日 （西元1959年）

世界初次成功發射月球無人探測器的日子

時代劃分 ▶ 古代 中世 近世 近代 **現代**

國名 ▶
蘇聯
☐ 現存　☑ 滅亡

為了將人類送上外太空
先使用**無人探測器**進行探路

這天，人類成功發射第一臺月球無人探測器「月球1號」。由太空競賽的領航國家蘇聯（現今俄羅斯），跨出歷史性的一大步。

> 哎呀！降落失敗……
> 咻

月球1號實現了人類探測器飛越月球的夢想

1957年，蘇聯成為史上第一個成功發射人工衛星的國家，為太空探索時代揭開序幕。接著，蘇聯又在1月2日這天成功發射探測器，月球1號也是蘇聯開發的史上第一臺月球無人探測器喔！不過很可惜，當時未能順利抵達月球。同年，蘇聯發射的月球2號用撞擊的方式登陸月球，接下來的3號成功拍下了月球背面的照片。

問題　和蘇聯進行太空競賽的是哪個國家呢？

❶ 美國　　❷ 德國　　❸ 中國　　❹ 日本

答案：① 1969年，阿波羅11號成功登陸月球，美國成為史上第一個在月球表面留下人類腳印的國家。

20

1月3日 （西元1521年）

馬丁·路德被逐出教會的日子

時代劃分 ▶ 古代 中世 **近世** 近代 現代

國名 ▶ 神聖羅馬帝國（現為德國）
□ 現存　☑ 滅亡

馬丁·路德**批評教會**被教宗(※)趕了出去

在基督教的歷史當中，宗教改革扮演相當重要的角色。以結果來看，基督教分裂成兩派，契機是來自於馬丁·路德。

「給我滾出去！」

逐出教會的意思是被趕出基督教世界，對信徒來說，是相當嚴重的事情。

「我只是說出實話而已……」啜泣

因為馬丁·路德的改革，才有了新的基督教誕生

宗教改革使基督教會分裂成天主教和新的基督教，其中的關鍵人物就是我喔！《聖經》說「神職人員和一般信徒，不分身分高低。」但是，現在的神職人員卻變成坐擁權力地位的階級。我批評「這樣很奇怪」，沒想到就被天主教會趕出去了。

※神職人員當中的最高職位。

問題　「新的基督教」又稱什麼呢？

❶ 路德派　　❷ 反教會派　　❸ 舊教　　❹ 新教

答案：④　新的基督教在明治時期傳入日本，為了與舊教（天主教）作出區別，所以又稱新教。

1月4日

1月4日（西元1643年）

牛頓出生的日子

時代劃分 ▸ 古代 中世 **近世** 近代 現代

大概在這裡

國名 ▸
英國
☑ 現存　☐ 滅亡

東西會往下掉
是什麼力量造成的呢？

蘋果會咚的掉落地面，是因為受到某種力量吸引？
觀察入微的艾薩克・牛頓，因此發現並發明了許多定律。

據說提供牛頓靈感，進而發現萬有引力的蘋果樹，其繁衍的後代樹木至今仍被小心的保存下來、悉心照料呢！

為什麼不會往上飛、往旁邊飛，每次都是往下掉呢？

在自然科學領域留下許多偉大的貢獻

所有物體之間，都受到一股力量互相吸引，發現這套「萬有引力定律」的人就是我喔！我既是物理學家和數學家，也是一位天文學家，在自然科學領域留下數不清的發明！例如反射望遠鏡（※）中的「牛頓望遠鏡」，就是我發明的。

艾薩克・牛頓

※使用透鏡折射的叫「折射望遠鏡」，使用鏡面組合來反射光線的叫「反射望遠鏡」。

💡 **問題**　愛貓人士牛頓，還發明了什麼呢？

❶ 磨爪板　　❷ 逗貓棒　　❸ 自動餵食器　　❹ 貓門

答案：④　據說牛頓為了讓貓咪自由進出研究室，發明了彈簧式的專用貓門。

1月5日 （西元1649年）

路易十四逃出巴黎的日子

時代劃分 ▶ 古代　中世　**近世**　近代　現代

國名 ▶
法國
☑ 現存　☐ 滅亡

「國王當然很偉大！」馬薩林的言論引發**內亂**

在17世紀的法國，宰相(※)馬薩林增加徵稅，導致國家發生內亂（國家內發生的戰爭），也間接鞏固了王權。

> 啊！石頭飛進來了——哇！
> 哐噹——

投石黨之亂間接強化了王權

「投石黨之亂」是法國在1648至1653年之間發生的內亂，最初起因於貴族不滿宰相馬薩林增加徵稅。這股反叛的風潮繼續延燒到巴黎市民，最終引發全國暴動。這天，年僅10歲的國王路易十四居住的王宮被敵人包圍，馬薩林帶著年幼的國王逃出巴黎。不過，暴動平定之後，反而間接鞏固了王權。附帶一提，投石黨又叫「福隆德」，名稱來自孩童投石時使用的玩具。

※宰相是輔佐君主（國王）施政的最高權力者。

問題　路易十四建造的建築物是什麼呢？

① 艾菲爾鐵塔　② 羅浮宮博物館　③ 凡爾賽宮　④ 凱旋門

答案：③　路易十四把路易十三的居所改建、擴增為宮殿，裡面有美麗寬廣的庭園。

23

1月6日 （西元1705年） （儒略曆）*公曆為1/17

富蘭克林出生的日子

時代劃分 ▶ 古代 ／ 中世 ／ 近世 ／ **近代** ／ 現代

國名 ▶ 美國　☑現存　☐滅亡

大概在這裡

美國國父曾是知名科學家?!

富蘭克林由印刷業起家，同時也是一位科學家，後來加入美國政壇，成為殖民地代表，帶領美國獨立建國，照片被人印在鈔票上。

> 我開過印刷行，但不是我自己要把照片印在百元鈔票上面的喔！

一躍成為美國獨立功臣的科學政治家

班傑明・富蘭克林曾做過印刷業，接著成為政治家，窮盡畢生心力幫助美國獨立建國。現在100美元的紙鈔上面，依然能看見這位「美國國父」！聽說，他生於英國殖民時期的波士頓，父親是蠟燭師傅。除此之外，富蘭克林也是一位有名的物理學家及氣象學家，發現了打雷是一種放電現象。

💡 **問題**　波士頓是美國哪個州的首府呢？

① 華盛頓州　② 麻薩諸塞州　③ 佛羅里達州　④ 紐約州

答案：② 麻薩諸塞州的面積雖然很小，卻是美國重要的政治、經濟、教育中樞。

24

1月7日 （西元1502年）

羅馬教宗葛利果十三世出生的日子

時代劃分：古代 中世 **近世** 近代 現代

國名 ▶ **教宗國**　☐ 現存　☑ 滅亡

大概在這裡

廢除古老的曆法 頒布了**新的曆法**

葛利果十三世熱愛學問，是積極改革的教宗（神職人員的最高職位），最有名的事蹟是採用了現在全世界通用的公曆——「格里曆」。

> 好啦！日曆上的日期總算正確了。

因為是天主教教宗決定的曆法，新教徒不想使用，曾進行抗議。

把西元前使用的古老曆法，改良成更正確的版本

我當教宗的期間做過最偉大的改革？我想是採用了新曆法吧！之前的「儒略曆」誤差太大，數百年沒有人修正，我決定廢除儒略曆，改用新的「格里曆（※）」。這是1582年發生的事情，也是豐臣秀吉統一日本天下的時代，日本曾派4名使節過來，當時接見他們的就是我喔！

※改變1年的長度計算方式，用4年1度的閏年作調整的曆法。

問題　日本是在哪個時代採用了公曆（格里曆）呢？

① **明治**　1868年10月23日至1912年7月30日
② **大正**　1912年7月30日至1926年12月25日
③ **昭和**　1926年12月25日至1989年1月7日
④ **平成**　1989年1月8日至2019年4月30日

答案：① 明治5年12月3日改曆，變成明治6年1月1日。

25

1月8日 （西元1324年）

馬可‧波羅去世的日子

時代劃分 ▶ 古代 | **中世** | 近世 | 近代 | 現代

國名 ▶ 威尼斯共和國
☐ 現存　☑ 滅亡

「你真聰明！」
蒙古皇帝讚賞的青年

馬可‧波羅在蒙古皇帝忽必烈的命令下，前往亞洲旅遊，寫下的遊記成為全世界喜愛的讀物。

找出3個不一樣的地方！

在牢房裡分享旅遊見聞的探險家

馬可‧波羅跟隨從事貿易的父親去見蒙古皇帝，因為聰明才智而受到賞識，皇帝指派工作給他，要他去看看各地的領土，回來向他報告所見所聞。在此之前，馬可‧波羅只知道自己的故鄉，並為初次看見的景物而心醉！後來，<u>馬可‧波羅被敵國抓到，在牢房結識了一位作家，並把自己的旅遊回憶告訴了他</u>。這些回憶被寫成了書，最後成為世界名著。

補充　馬可‧波羅遊記被翻譯成各國語言，在日本以《東方見聞錄》之名為人所知，書中介紹的「吉班黃金之國」就是日本。

看圖找不同的答案：　①船頭的旗幟　②海鷗的數量　③有沒有太陽

1月9日 （西元1905年）

（儒略曆）*公曆為1/22

「血腥星期日」發生的日子

時代劃分 ▶ 古代 中世 近世 近代 **現代**

大概在這裡

國名 ▶ **俄羅斯帝國**　□ 現存　☑ 滅亡

人民不需要「命令軍隊、朝市民開槍的暴虐皇帝」

這天，軍隊朝著示威抗議的民眾開槍，造成市民流血死亡，此事件成為俄國革命的導火線。

一場和平示威活動化作血海的日子

由皇帝獨攬大權的俄羅斯帝國，後來爆發了俄國革命，並於1917年瓦解。導火線就是1905年這天發生的流血事件，史稱「血腥星期日」。當天，加邦神父率領超過10萬人的勞工及其家族，前往首都聖彼得堡進行和平示威抗議，提出政治改革與保護勞工階級的訴求。結果，被皇帝率領的軍隊開槍血腥鎮壓，造成2000人以上的嚴重傷亡。

問題

停戰也是這場示威的訴求之一，請問當時與帝俄交戰的國家是？

❶ 日本　　❷ 美國　　❸ 英國　　❹ 中國

答案：① 1904至1905年發生了日俄戰爭，當時帝俄正與日本（大日本帝國）交戰。

27

1月10日 （西元1863年）

世界上第一條地鐵在倫敦開通的日子

時代劃分：古代／中世／近世／**近代**／現代
國名：英國　☑現存　☐滅亡

地上太過擁擠
在地下興建鐵路

這時候的英國被稱作「大英帝國」，是世界第一大國，剛邁向最繁榮的時期，世界上第一條地下鐵路也在首都倫敦開通。

> 火車在哪裡？
> 叩隆　叩隆

第一輛地下列車是蒸氣火車＋木造車廂

世界上最古老的地下鐵，是位在倫敦地下車站的大都會鐵路。這天，從倫敦市內的柏靈頓車站通往法靈頓街車站的6公里路段正式開通！聽說，第一輛地下列車的構造是用蒸氣火車牽引木造車廂，排出的黑煙曾令車站人員傷透了腦筋。1890年代後，蒸氣火車漸漸被替換成電車。附帶一提，當初開通的路線，現在大部分都還在行駛。

💡 **問題**　日本開通的第一條地鐵路線是？

① 丸之內線　② 東西線　③ 淺草線　④ 銀座線

答案：④　在倫敦地鐵開通的64年後（1927年），東京淺草車站到上野車站的區間正式開通地鐵。

1月11日 （西元1908年）

大峽谷被指定為國家公園的日子

時代劃分 ▶ 古代　中世　近世　近代　**現代**

國名 ▶ 美國　☑現存　☐滅亡

至少要去一次
世界公認的絕美景點

大峽谷是世界有名的觀光勝地，美國前總統曾用「此生必去一次」介紹這個漂亮的景點。

問題

切割出大峽谷的是哪一條河川？

❶ 密西西比河
❷ 科羅拉多河
❸ 亞馬遜河

由河川削成的自然公園

在這天，大峽谷周邊區域被指定為國家公園。大峽谷在1919年成為國家公園，之後也被登記為世界遺產，是美國最古老、最有名的國家公園！在這裡能看到20億年前的地層堆積形成的岩壁，以及被河川切割出來的壯闊峽谷，擁有豐富的自然景觀。

補充

大峽谷可以開車前往，也有單日來回的接駁巴士載客欣賞夕陽，相當受歡迎喔。

答案：② 大峽谷是科羅拉多河流經亞利桑那州形成的自然景觀。

1月12日

1月12日 （西元1746年）

教育家裴斯泰洛齊出生的日子

時代劃分：古代　中世　近世　**近代**　現代

國名▶ 瑞士　☑現存　□滅亡

大概在這裡

教育不能光靠老師 要讓學生**主動**學習

讀書不是義務，最重要的是自己想學。
裴斯泰洛齊確立的教育法，為近代初等教育打下基礎。

> 經營農業和貧民學校失敗之後，他利用寫書的空檔，持續研究教育方法。

> 我們當老師的也要學習才行。

致力尋找兒童教育裡，最重要的東西

我叫約翰・海因里希・裴斯泰洛齊，我認為教導小學生年紀的孩童，<u>最重要是引導他們的學習動力</u>，所以，我會使用圖畫和模型來幫助孩子學習思考。許多教育家對我的教學方法很感興趣，沿用之後發展出現代教育。

約翰・海因里希・裴斯泰洛齊

💡 **問題**　受到裴斯泰洛齊啟發，寫下《愛彌兒》的哲學家是？

❶ 康德　　❷ 盧梭　　❸ 黑格爾　　❹ 笛卡兒

答案：②　《愛彌兒》是一本小說形式的教育論，也是哲學家尚・雅克・盧梭的代表作。

1月13日 （西元1898年）

作家左拉的信《我控訴》公開的日子

時代劃分：古代 中世 近世 **近代** 現代

國名▶ 法國　☑現存　☐滅亡

根本就沒有證據！
你們**不該判他有罪**

推行反猶太政策的法國政府抓了一位猶太軍官，指控他是間諜，當時知名的作家埃米爾·左拉在報紙發表公開信，替猶太人發聲。

作家左拉公然與政府作對。

左拉7歲喪父，度過貧窮的青春期。曾任職出版社，後來邁向寫作之路。

這是歧視猶太人造成的栽贓之罪，不民主（※）的判決

猶太軍官屈里弗斯被指控為間諜、遭到逮捕，這是反猶太勢力策動的陰謀，是公然的栽贓！《我控訴》是刊登在報紙上的信，目的是為屈里弗斯辯護。儘管這麼做讓我陷入艱難處境，但最後屈里弗斯獲得了平反。

※不重視多數民意。

問題　屈里弗斯被栽贓為哪個歐洲國家的間諜呢？

❶ 德國　　❷ 英國　　❸ 美國　　❹ 奧地利

答案：① 當時法國因為戰敗、領土被奪等原因，反德意識高漲。

1月14日

1月14日（西元1898年）

路易斯・卡羅去世的日子

| 時代劃分 | 古代 | 中世 | 近世 | ☑近代 | 現代 |

國名▸ 英國　☑現存　□滅亡

大概在這裡

《愛麗絲夢遊仙境》的作者竟然是一位**數學家**?!

現在依然受到全球喜愛的兒童文學作家，把畢生都奉獻給了數學。

找出3個不一樣的地方！

為朋友的女兒寫下《愛麗絲夢遊仙境》

路易斯・卡羅生於牧師家庭，是11位兄弟姊妹當中的長子，進入名門大學就讀，畢業後也在同一間大學任教，是一位數學家。聽說在他去世以前，留下了超過10本的數學著作！除了數學著作為其他數學家帶來啟發，路易斯・卡羅也很喜歡小孩，為朋友的女兒——叫做愛麗絲的小女孩，創作了《愛麗絲夢遊仙境》。

補充：路易斯的興趣是拍照，替孩子們留下了許多照片。

看圖找不同的答案：　①小女孩的髮飾　②相機旁邊的蝴蝶　③男人的頭部位置

1月15日 （西元1759年）

大英博物館開幕的日子

時代劃分：古代 中世 近世 **近代** 現代

國名 ▶ 英國　☑ 現存　☐ 滅亡

大概在這裡

世界上規模最大的**博物館**
有木乃伊，也有摩艾石像

在英國還被稱為大英帝國，統治四分之一的世界時，大英博物館在首都倫敦開幕！這裡擁有豐富的館藏，以及來自世界各地的珍貴文物。

（漫畫：哇嗚／哇～）

世界上最大的博物館，在倫敦開幕了！

位在倫敦的大英博物館，是世界首屈一指的博物館，成立於19世紀末至20世紀初，英國擁有最強國力、在各國都有殖民地的大英帝國鼎盛期。館內收藏了來自世界各地、約800多萬件的出土文物、文化遺產及美術工藝品。其中又以《羅塞塔石碑》(※)與古埃及金字塔裡的木乃伊最為有名。館藏如此驚人，但除了部分特展之外，一般人都可免費入場喔！

※在埃及發現的古代石碑，成為解讀古象形文字的重要線索。

問題 是哪一國人發現了羅塞塔石碑呢？

❶ 埃及　　❷ 英國　　❸ 法國　　❹ 蘇丹

答案：③　發現者是加入拿破崙埃及遠征隊的法國士兵。

33

1月16日

（西元前27年）

屋大維獲得「奧古斯都」稱號的日子

時代劃分 ▶ **古代** | 中世 | 近世 | 近代 | 現代

國名 ▶ **羅馬帝國**　□現存　☑滅亡

大概在這裡

奧古斯都＝神聖至尊？
很符合**皇帝**的身分呢！

偉大的政治家凱撒大帝去世後，是屋大維統一了混亂的羅馬，獲得稱號「奧古斯都」，這個字帶有「神聖至尊」的意思。

> 屋大維戰勝了安東尼與雷必達，成為羅馬帝國的初代皇帝。

領導者只需要一人就夠了！

不需要我們了？！

繼凱撒大帝之後，攀上權力的頂點！

我是羅馬帝國的初代皇帝，奧古斯都是我的稱號，也是我現在的名字。我是偉大的政治家凱撒大帝（※）的養子，從前的名字叫做屋大維。我打倒了當時並駕齊驅的競爭者、站上了頂點，獲得代表「神聖至尊」的稱號。

屋大維

※尤利烏斯・凱撒（或稱儒略・凱撒）是古羅馬的政治家、軍人。

💡 **問題**　古羅馬由三位有權之人主導的政治體制叫什麼呢？

❶ 三方會談　❷ 三人委員會　❸ 三權分立　❹ 三頭同盟

答案：④　屋大維本來也是「三頭同盟」當中的一人，最後在鬥爭中勝出。

34

1月17日 （西元1991年）

波斯灣戰爭爆發的日子

時代劃分 ▶ 古代 | 中世 | 近世 | 近代 | **現代**

國名 ▶ 伊拉克
☑ 現存 ☐ 滅亡

大概在這裡

1月17日

贊成聯合國決策的國家
請在波斯灣集合

因為伊拉克對科威特展開軍事侵略，歐美各國團結一致，組成以美國為首的多國聯軍（※），對伊拉克展開空襲。

> 當時的夜間空襲就跟白晝一樣亮。
>
> 砰
> 咻
> 咚咚咚咚
>
> 明明是夜晚，天空卻這麼亮！

多國聯軍對伊拉克展開攻擊

這天，以美國為首的多國聯軍對伊拉克展開空襲，爆發了波斯灣戰爭。導火線來自伊拉克總統薩達姆・海珊率領國家出兵攻打科威特，搶奪石油資源。戰火整整持續了1個月以上，最後在2月28日停止。伊拉克遭受重創，不得已決定停戰，但因拒絕接受核武防治調查，所以受到了經濟制裁。

※同意聯合國的決定，由美國領導的30多個國家組成的聯合軍隊。

💡 **問題** 哪個國家沒有加入波斯灣戰爭的多國聯軍呢？

❶ 義大利　　❷ 法國　　❸ 日本　　❹ 埃及

答案：③　日本雖然沒有加入聯軍，但是提供大約130億美元的資金協助。

35

1月18日 （西元1689年）

孟德斯鳩出生的日子

| 時代劃分 | 古代 | 中世 | **近世** | 近代 | 現代 |

國名 ▶ **法國**　☑ 現存　☐ 滅亡

權力集中在一人手上 最後一定會出問題

權力必須分成立法、司法、行政，才能達到三權制衡，法國思想家孟德斯鳩提出的「三權分立」，影響了近代憲法。

- 立法（國會）
- 行政（內閣）
- 司法（法院）

分散權力、彼此能互相檢查，是非常重要的事情。

孟德斯鳩晚年時期因為視力衰退所苦，於66歲過世。

跟現代憲法一樣？三權分立其實是我的點子！

獨裁政權因為把權力集中在特定領導者手上，常常引發許多問題。因此，我提議把國家權力分成立法（制定法律）、行政（依法施政）、司法（違法懲處），分別交給不同的機關來管理，這個構想就叫做三權分立，是近代民主政治（※）的基礎。

※國民有權力決定國家政策及施政，以民意為基礎的政治型態。

💡 **問題**　孟德斯鳩闡述三權分立的著作是哪一本呢？

❶《社會契約論》　❷《論法的精神》　❸《國富論》　❹《法哲學原理》

答案：②　1748年出版，聽說花了將近20年才寫完。

36

1月19日 （西元1915年）

德國飛船對英國發動空襲的日子

時代劃分 ▶ 古代 ／ 中世 ／ 近世 ／ 近代 ／ **現代**

國名 ▶ 德國　☑ 現存　☐ 滅亡

黑夜裡 德國悄悄出動新型飛船

可以高速移動的德國齊柏林飛船對英國發動空襲，嚇壞了不曾經歷過空中轟炸的英國市民。

空中轟炸成為新的戰爭方法

第一次世界大戰期間，德國使用齊柏林飛船，對英國本土展開空襲。不同於過去在船體填入瓦斯、外型渾圓的飛船，新型的齊柏林飛船是硬式飛船，船體由鋁合金製成，內部裝了瓦斯袋，可以高速飛行。這天，德國飛船越過海洋、出現在上空，嚇壞了英國人。後來，不利於空戰的飛船逐漸被淘汰，由大型轟炸機取而代之。

問題　「齊柏林」用來指飛船的種類，請問名稱出處？

❶ 人名　　❷ 地名　　❸ 國民　　❹ 金屬名

答案：① 沿用了德國軍人斐迪南・馮・齊柏林伯爵的名字。

37

1月20日 （西元2009年）

史上第一位非裔美國總統就任的日子

時代劃分：古代 中世 近世 近代 **現代**

國名▶ 美國 ☑現存 ☐滅亡

我們的國家可以改變
由人民和我**推動改革**

以「Change（變革）」當作口號的民主黨候選人歐巴馬，獲選為第44任美國總統。他是史上第一位非裔、非白人、夏威夷出生的美國總統。

> Yes We Can！
> （是，我們可以！）

巴拉克・歐巴馬於2017年1月20日卸任，做滿兩任（8年）的總統任期。

史上第一位出任總統的非裔美國人

我是巴拉克・歐巴馬，這天是美國值得紀念的日子，我成為美國史上第一位非裔總統。在種族歧視嚴重的美國，這是了不起的創舉，我也回應了人民的期待，做了許多改革，推動「無核武世界」讓我獲得諾貝爾和平獎。

問題 在歐巴馬執政時，拜登（第46任美國總統）擔任的職務是？

❶ 副總統　　❷ 白宮幕僚長　　❸ 國防部長　　❹ 白宮發言人

答案：❶　拜登在歐巴馬兩任（8年）的任期中，都是擔任副總統。

1月21日 （西元1793年）

法王路易十六被處死的日子

時代劃分 ▶ 古代　中世　近世　**近代**　現代

國名 ▶
法國
☑ 現存　☐ 滅亡

大概在這裡

就算是國王
背叛祖國仍屬**重罪**

財政危機引發人民的不滿，最終演變為法國大革命，路易十六抵抗到最後一刻，仍因叛國罪而遭到處刑。

揮舞

什麼——
我不要！

手腳

法國大革命推翻了君主專制（※）

當時，法國財政因為戰爭及農作物歉收而陷入危機，國王路易十六想到的解決方案是向貴族徵稅，此事成為了導火線，貴族大力反彈，聯合人民一起抗議，最後推翻了由國王統治的君主專制，史稱「法國大革命」。路易十六被迫退下王位，因為叛國罪送上斷頭台。

※權力集中於國王一人，國王可任意行使強大權力的獨裁政治。

💡 **問題**　路易十六的王后——瑪麗・安東妮出生於哪個國家？

❶ 英國　　❷ 德國　　❸ 瑞士　　❹ 奧地利

答案：④　她是奧地利女大公瑪麗亞・泰瑞莎的女兒。

1月22日

1月22日（西元1860年）

吳哥窟被發現的日子

時代劃分 ▶ 古代 中世 近世 **近代** 現代

國名 ▶ 柬埔寨　☑現存　☐滅亡

古代王朝的**寺廟遺跡**成為現在柬埔寨的觀光勝地

吳哥窟是高棉帝國最具代表性的遺跡，特色是美麗的雕刻，遺跡發現的消息傳到歐洲之後，迅速成為世界名勝。

> 這些全是用石頭做的啊！

印度教神廟，變身文化遺產

在這天，法國生物學家亨利‧穆爾抵達位在柬埔寨西北部的吳哥窟。吳哥窟是高棉帝國（※）時代建造的印度教神廟遺跡，是一座東西寬1500公尺、南北長1300公尺的巨型石造建築，由穆爾介紹到歐洲之後，一下子便受到大家喜愛，現在跟高棉帝國的其他遺跡群一起被登記為世界文化遺產。

※存在於9至15世紀的高棉人（建立柬埔寨的民族）王朝。

問題 柬埔寨現在的首都是？

❶ 曼谷　❷ 金邊　❸ 永珍　❹ 河內

答案：② 金邊是柬埔寨的政治、經濟、文化中樞，在法國殖民時期成為首都。

1月23日 （西元608年）

隋朝完成永濟渠的日子

時代劃分 ▶ 古代 | **中世** | 近世 | 近代 | 現代

國名 ▶ 隋　□ 現存　☑ 滅亡

大概在這裡

運河(※)把首都和地方連起來 順利運送食材

隋朝統一中國領土，沿著大河蓋了許多運河，用來運送糧食物資及方便作戰。

連接大陸南北的重要水路　永濟渠

中國擁有廣大的領土，世界排行前幾名的大河都流經此處，像是黃河和長江等。在隋朝統一中國的時代，為了加強都市和偏鄉（糧食產地）之間的運輸，針對不同的大河開鑿了許多運河，永濟渠就是其中一條，聽說建造時動用了100萬人！現在的永濟渠全長達1800公里，從北京通往南部杭州，多數渠道都是在13至17世紀的元朝和明朝時代修建完成。

※人工建造的水路。

問題　永濟渠完成的西元608年，日本正值哪個時代？

❶ 古墳時代（西元3世紀至592年）
❷ 飛鳥時代（西元592至710年）
❸ 奈良時代（西元710至794年）
❹ 平安時代（西元794至1185年）

答案：② 這是日本聖德太子在推古天皇身邊活躍的時代，曾透過遣隋使與隋朝交流。

1月24日 （西元1848年）

「淘金熱」起源的日子

時代劃分：古代　中世　近世　**近代**　現代

國名▶ 美國　☑現存　☐滅亡

發財了！
農場工作者在小溪裡發現砂金

有砂金埋藏在溪流底部的消息傳開後，許多人為了淘金，趨之若鶩的趕至美國加州。

找出3個不一樣的地方！

許多人為了淘金聚集而來

這天，美國加州一座農場裡的工人，在附近的溪流中發現了砂金。砂金是指如砂一般細小的金子，只要收集到許多砂金，就能變成高價的金塊。得知消息的人，紛紛聚集到加州淘金，這是淘金熱最早的起源，所以也稱作「淘金熱紀念日」。

補充：據說，在農場工作的第一位砂金發現者，因為不小心吸引了太多人過來，被農場老闆開除了。

看圖找不同的答案：　①竹篩裡篩到的東西　②溪邊有沒有鼴鼠　③屋子的煙囪

1月25日 （西元1924年）

第一屆冬季奧林匹克運動會開幕日

時代劃分 ▶ 古代 ｜ 中世 ｜ 近世 ｜ 近代 ｜ **現代**

國名 ▶ **法國** ☑ 現存 ☐ 滅亡

夏天有，冬天當然也要有！
史上第一屆冬季奧運開幕

冬季奧運才有的競賽項目，包括：滑雪、滑冰、冰壺（冰上溜石）等，值得紀念的第一屆冬季奧運，舉辦於法國的夏慕尼。

冬季奧運的歷史由此展開

夏慕尼是一座位在歐洲阿爾卑斯山最高峰——白朗峰山麓的城市，也是第一屆冬季奧林匹克運動會的舉行地點，舉辦的期間為1924年1月25日至2月5日，總共16國、約250名選手參加了這場冬季盛事，其中分成16種運動競賽項目。事實上，夏慕尼運動會本來只是「國際冬季運動週」，但是因為迴響很熱烈，而被認定為第一屆冬季奧林匹克運動會。

問題 當時的女子競賽只有一項，請問是什麼呢？

❶ 跳台滑雪　　❷ 競速滑冰　　❸ 花式滑冰　　❹ 冰壺

答案：③　這也是在下屆冬季奧運連續3年奪冠的挪威選手——桑雅·赫尼，於11歲初次登場的比賽。

43

1月26日 (西元1950年)

印度成為共和國的日子

時代劃分：古代 / 中世 / 近世 / 近代 / **現代**

國名▶ 印度　☑現存　☐滅亡

成功獨立，也有了憲法！
從今以後，印度就是**共和國**

英國的國力衰退，世界各地的英屬殖民地紛紛出現獨立運動，第二次世界大戰後，印度也成功獨立，成為印度共和國。

在首都新德里舉行了盛大的遊行

印度在1947年獨立後，隨即在1949年制定了憲法，從這天起，正式成為共和國（※），這就是共和國紀念日的由來。每年從紀念日這天到29日，各地都會舉辦熱鬧的慶祝活動。其中又以首都新德里的活動最為盛大，不但有陸軍閱兵，還有穿戴華美傳統服飾的人進行演奏跳舞，抬神轎及大象的遊行隊伍也穿插其中，吸引世界各地的觀光客前來參與。

※追求全體國民的共通利益，而非為了特定人士（君主）利益的政治體制國家。

問題　象徵印度國獸的動物是？

❶ 印度象　　❷ 印度犀牛　　❸ 孟加拉虎　　❹ 印度孔雀

答案：③　老虎出現在神話和權力傳承，也是印度人的信仰對象。

1月27日 （西元2005年）

國際大屠殺紀念日

時代劃分 ▶ 古代　中世　近世　近代　**現代**

國名 ▶
世界各國
☑ 現存　☐ 滅亡

不能再次發生
絕對**不能重蹈覆轍**

第二次世界大戰期間，納粹德國對猶太人展開了大屠殺，聯合國在2005年決議將這天定為國際大屠殺紀念日，以悼念犧牲者。

> 是！
>
> 絕對不能重演！

超過600萬人遭到殺害的屠殺行動

第二次世界大戰期間，納粹德國對猶太人採取了種族滅絕政策，數以萬計的人因為大屠殺而失去性命。為了警惕同樣的事不要再發生，聯合國將這天定為「悼念大屠殺犧牲者的國際日（大屠殺紀念日）」。源自1945年的同日，大屠殺發生的主要舞台──奧斯威辛集中營(※)的解放日。

※集中營設有毒氣室，大屠殺犧牲的600萬人裡面，有110萬人在此殞命。

> **問題**　奧斯威辛集中營位在哪個國家？
>
> ❶ 德國　　❷ 奧地利　　❸ 匈牙利　　❹ 波蘭

答案：❹　奧斯威辛集中營蓋在德國占領的波蘭南部。

1月28日（西元1841年）

探險家史坦利出生的日子

時代劃分 ▶ 古代　中世　近世　**近代**　現代

國名 ▶ 英國　☑ 現存　☐ 滅亡

大概在這裡

尼羅河的源頭竟然在這種地方！

美國報社記者兼探險家史坦利，找到了失蹤的探險家李文斯頓；發現尼羅河源頭，也是他的有名事蹟。

> 李文斯頓去世後，史坦利繼承了他想追尋尼羅河源頭的遺志。

顫抖　顫抖

「李文斯頓先生？你瘦了一大圈呢！」

「喔唷！」

發現非洲最長河流——尼羅河的源頭

我叫亨利・莫頓・史坦利，我是一名記者，也是一位探險家，成功找到了失蹤的知名探險家李文斯頓。除此之外，在人們積極尋找尼羅河源頭的時代，我也是第一個想到水源可能來自魯文佐里山脈的歐洲人，魯文佐里山脈的最高峰史坦利山，就是用我的名字命名呢！

亨利・莫頓・史坦利

問題　當時的歐洲人是如何稱呼未開發的「非洲大陸」呢？

❶ 黑暗大陸　❷ 闇之大陸　❸ 夜之大陸　❹ 恐怖大陸

答案：① 當時非洲還是一片遼闊的未開發土地，給人們黑暗的印象。

1月29日 （西元1837年）

普希金因為決鬥而去世的日子

時代劃分 ▶ 古代 中世 近世 **近代** 現代

國名 ▶ 俄羅斯帝國 □現存 ☑滅亡

大概在這裡

〈儒略曆〉＊公曆為2/10

老婆被厚臉皮的冒失傢伙追求 只能找他決鬥

普希金是一位詩人，也是一位小說家，更是俄羅斯近代文學的創始者。反對皇帝獨裁政權(※)的他，最後死於跟妻子有關的決鬥。

嗚！

大文學家挺身決鬥，捍衛妻子

亞歷山大・普希金是俄國詩人兼小說家，他將口語融入文章裡，開創了全新的寫作方式，奠定俄國近代文學的基礎。這年，普希金向猛烈追求自己美麗太太岡察洛娃的軍官（接受專門教育的軍人）丹特斯決鬥，結果腹部中槍，並於兩天後死亡。由於普希金生前反對帝制，也有傳聞認為他的死與國家勢力有關。

※把權力集中在特定領導者或集團手上，任其行使強大權力的獨裁政治。

💡 **問題**　普希金的同名小鎮，位在俄羅斯的哪一州呢？

❶ 阿穆爾州　　❷ 列寧格勒州　　❸ 莫斯科州　　❹ 伏拉迪米爾州

答案：② 普希金年輕時曾在這裡上學，聖彼得堡的一座小鎮因而被命名為普希金鎮。

1月30日（西元1948年）

甘地被暗殺的日子

時代劃分：古代／中世／近世／近代／**現代**

國名▶ 印度　☑現存　☐滅亡

大概在這裡

千萬不能使用暴力 但也不能一味服從

印度政治家甘地被尊稱為「聖雄」（偉大的靈魂），他用「非暴力主義」的方式帶領印度邁向獨立。

> 甘地想要居中協調印度教和伊斯蘭教，結果被不認同他的激進印度教徒暗殺。

砰——！

啊！神啊

你這個叛徒！

用「非暴力主義」帶領印度獨立

為使印度從英國殖民地當中獲得解放，我一路貫徹非暴力的「不合作運動」，成功幫助印度獨立。但是國家仍被印度教和伊斯蘭教對立嚴重的巴基斯坦撕裂成兩半，和平理念真是不容易實現啊！

聖雄甘地

💡 **問題**　甘地剛出社會時，本來從事的工作是？

① 政治家　② 醫師　③ 律師　④ 會計師

答案：③　當時他在英國殖民地南非擔任律師。

48

1月31日 （西元1797年）

舒伯特出生的日子

時代劃分 ▶ 古代　中世　近世　**近代**　現代

大概在這裡

國名 ▶
奧地利
☑ 現存　☐ 滅亡

人生只活了短短31年
作曲量卻不容小覷

法蘭茲・舒伯特天資聰穎，10幾歲便發表《魔王》、《野玫瑰》等名曲，年僅31歲就病故，仍留下數量可觀的交響樂、鋼琴演奏曲。

> 曲子要多少？就有多少！

舒伯特生前創作了許多樂曲，可惜他去世以後，作品才廣為人知。

年紀輕輕便天資過人，被封為「歌曲之王」

《魔王》和《野玫瑰》是我在18歲時完成的歌曲，接著也著手製作各領域的音樂，眾所周知，「超過600首的歌曲創作」是我的代名詞。儘管31歲就去世有點可惜，不過，我很高興自己死後被稱為「歌曲之王」。

💡 **問題**　舒伯特創作歌曲的《魔王》和《野玫瑰》，歌詞出自哪位詩人？

❶ 歌德　　❷ 里爾克　　❸ 波特萊爾　　❹ 韓波

答案：① 德國詩人歌德也是小說家、自然科學家及政治家，活躍於不同領域。

2月1日（西元2003年）

哥倫比亞號在空中解體的日子

時代劃分 ▶ 古代 中世 近世 近代 **現代**

國名 ▶ 美國　☑ 現存　☐ 滅亡

大概在這裡

太空梭發生**重大事故** 震驚全世界

結束太空飛行準備返回地球的太空梭哥倫比亞號，進行重返(※)時，突然在空中解體，造成7名太空人全數罹難的重大事故。

> 我還以為這次也能平安歸來。

意外造成的機體損傷為失事原因

哥倫比亞號是值得紀念的太空梭，創下初次抵達外太空的紀錄，從1981年起，一共完成了27次飛行任務。日本太空人——向井千秋與土井隆雄也參加過哥倫比亞號的飛行任務。在它執行第28次任務的這天，發生了不幸的意外，<u>機體在重返時，突然在空中解體</u>。事後研判，太空梭在發射的時候，隔熱材料的碎片從燃料箱掉下來，擊中哥倫比亞號的左翼、造成損傷，成為回程時的失事原因。

※從太空進入大氣層（地球外圍的大氣）。

問題　實際投入飛行任務的太空梭，下列哪一架也失事了？

❶ 挑戰者號　❷ 探索者號　❸ 亞特蘭提斯號　❹ 奮進號

答案：① 1986年，挑戰者號在發射後的73秒發生爆炸意外。

50

2月2日 （西元1943年）

史達林格勒戰役結束的日子

時代劃分 ▶ 古代　中世　近世　近代　**現代**

國名 ▶ 蘇聯　□現存　☑滅亡

德國和蘇聯展開激戰
戰況陷入膠著

德軍進攻史達林格勒，激烈戰役在這座以蘇聯（現今俄羅斯）最高領導人史達林命名的城市爆發，最後以德軍投降收場。

> 我們不打了！
> 啪沙　啪沙

史達林格勒戰役成為第二次世界大戰的轉捩點

第二次世界大戰期間，以德國為中心的軸心國(※)軍隊進攻蘇聯的重要城市史達林格勒，蘇聯軍激烈抵抗，導致德國25萬名士兵被包圍在城內。最後，德軍元帥包路斯帶領倖存的9萬1000名士兵一起投降。這場戰爭造成軸心國軍隊80萬名士兵傷亡，蘇聯軍方和平民加起來死傷超過120萬人，這場戰役也成為德國最終戰敗的轉捩點。

※以日本、德國、義大利組成的德義日三國同盟為主的國家。

問題　德國是在何年向同盟國（蘇聯、美國、英國、法國等）投降戰敗？

❶ 1943年　　❷ 1944年　　❸ 1945年　　❹ 1946年

答案：③　1945年5月，當時德國中央政府已經名存實亡。

2月3日 （西元1962年）

美國決定對古巴禁運的日子

時代劃分 ▶ 古代 / 中世 / 近世 / 近代 / **現代**

國名 ▶ 美國　☑現存　☐滅亡

差點就要引發第三次世界大戰

美國認為古巴的新政權偏向社會主義，決定對古巴採取全面禁運^{（※）}；另一方面，古巴則向蘇聯靠攏，雙方差點就要引發世界大戰。

> 不准跟古巴交易！
> 你說什麼？

核武戰爭成為隱憂？

1959年古巴革命成功，誕生了社會主義國家。美國對此並不樂見，出兵古巴想要扳倒政權，但是失敗了。接著，美國決定在這天對古巴禁運；另一方面，古巴則與蘇聯達成軍事協議。同年10月，擁有核武的美國和蘇聯分別部署了彈道飛彈，差一點就要引發第三次世界大戰。

※與特定國家中斷進出口貿易。

問題　古巴危機發生時，任職美國總統的是誰？

❶ 羅斯福　　❷ 杜魯門　　❸ 甘迺迪　　❹ 雷根

答案：③　甘迺迪是美國第35任總統，1963年於在任期間遭到暗殺。

2月4日（西元2004年）

Facebook網站上線的日子

時代劃分：古代　中世　近世　近代　**現代**

國名：美國　☑現存　☐滅亡

創造龐大網路服務的人是一位 **19歲** 的大學生

現今擁有約30億用戶的Facebook，是一種使用者可以在網路上交換資訊、維持聯繫的網路社交服務。

問題

Facebook（臉書）的創立者是誰呢？

❶ 馬克・祖克柏
❷ 唐納・川普
❸ 哈利・波特

輕鬆與多人聊天的劃時代便利服務

現今全世界都在使用的Facebook網路服務，就是在這天，經由一位年僅19歲的大學生之手開發出來。Facebook只要年滿13歲就能免費自由使用，可以跟住在遙遠國家的陌生人交流興趣、輕鬆聊天。開發者當初發明的目的，是為了讓同　間學校的朋友可以在網路上交談，結果這項服務風靡了全美的學生，現在全世界的人都在使用Facebook（臉書）。

補充

越多人使用的服務，越有可能被壞人利用。因此，Facebook公司也積極取締那些為非作歹的人。

答案：① 2004年，祖克柏當時還是一位19歲的大學生。

2月5日（西元1917年）

墨西哥頒布新憲法的日子

時代劃分：古代　中世　近世　近代　**現代**

國名▶ 墨西哥　☑現存　□滅亡

拉丁美洲首次出現**民主憲法**

為了推翻迪亞斯總統長達35年的獨裁統治，墨西哥爆發革命，結果為拉丁美洲帶來了首次的民主憲法。

> 墨西哥社會可以改變！
> 沙喀 沙喀 沙喀

帶領革命邁向成功的新憲法！

這天，墨西哥頒布了新的憲法。過去長期受到西班牙殖民統治的墨西哥，於1821年獨立，並在1824年制定了第一套憲法，進而在1857年實施第二套憲法。因此，1917年頒布的這套新憲法，是墨西哥獨立後的第三套憲法。新憲法的制定，<u>促使墨西哥自1910年起，展開一連串扳倒迪亞斯獨裁政權的革命能邁向成功</u>，並且奠定了墨西哥今日的基礎。

問題　因為太陽金字塔而聞名的墨西哥古代都市是？

① 特奧蒂瓦坎　② 帕倫克　③ 奇琴伊察　④ 烏斯馬爾

答案：①　特奧蒂瓦坎文明遺跡存在於西元前2至6世紀，為世界文化遺產。

2月6日 （西元1895年）

貝比・魯斯出生的日子

時代劃分 ▶ 古代　中世　近世　**近代**　現代

大概在這裡

國名 ▶ **美國**　☑現存　□滅亡

綽號叫「貝比」
拿起球棒卻是**世界第一**

貝比・魯斯在大聯盟的生涯全壘打數及單季全壘打數，當年全都創下新紀錄，是棒球史上第一位二刀流選手。

元祖二刀流！

早在日籍選手大谷翔平出現的100年前，貝比・魯斯這位投打兼優的選手，便以二刀流活躍於大聯盟。

大聯盟的傳奇人物，人稱「棒球之神」

我叫小喬治・赫爾曼・魯斯，雖然是個大塊頭，但因為擁有一張娃娃臉，從小的綽號就是「貝比（小寶寶）」，大家也都叫我貝比・魯斯。我在波士頓紅襪隊時，擔任的位置是投手；轉到紐約洋基隊之後，開始專心當一名打者。我留下了許多紀錄，所以被大家稱作「棒球之神」。

💡 **問題**　當時創下歷史紀錄的貝比・魯斯，生涯總共擊出多少支全壘打呢？

❶ 714支　　❷ 755支　　❸ 762支　　❹ 868支

答案：① 繼貝瑞・邦茲的762支與漢克・阿倫的755支全壘打之後，排在歷代第3名。

2月7日（西元199年）

呂布被處死的日子

時代劃分：**古代** | 中世 | 近世 | 近代 | 現代

國名▶ 東漢　☐現存　☑滅亡

一再背叛別人的人 最後因背叛而**自取滅亡**

在中國古代的三國時期，由魏、蜀、吳爭奪天下，呂布是當時最勇猛的戰士，人人聞風喪膽，最後被自己的部下背叛了。

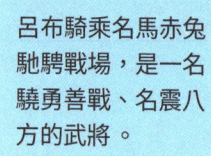

> 呂布騎乘名馬赤兔馳騁戰場，是一名驍勇善戰、名震八方的武將。

啜泣

你是站在我這邊的吧？

真頭痛啊……

靠著身手馳騁亂世的最強武將

中國東漢後期，英雄輩出，迎來人人都想爭奪下一個寶座的戰亂時代，<u>武將們各個身手不凡，但裡面最強的就是我！</u>不過，我有個致命缺點：個性隨心所欲！我能夠輕易背叛別人，最後也遭部下背叛而死，難道這就是自作自受？

呂布

💡 **問題**　東漢滅亡後，接著由哪一個朝代統一中國？

❶ 魏　　❷ 吳　　❸ 蜀　　❹ 晉

答案：④　晉篡奪了魏而建國，剷除三國當中僅剩的吳，統一了中國。

2月8日 （西元1861年）

選出美利堅邦聯總統的日子

時代劃分 ▶ 古代　中世　近世　**近代**　現代

國名 ▶ 美國　☑現存　☐滅亡

大概在這裡

美國分裂為南北兩派 也有**兩位總統**？！

反對奴隸制的北部與支持的南部之間，對立逐漸加深，最後演變為南北戰爭。南部的11個州組成美利堅邦聯，國家一分為二、彼此交戰。

> 絕對不能使用奴隸！
> 我
> 敲
> 嗚！

奴隸制的對立導致國家分裂

當時，跟快速工業化的北部相比，美國南部仍以奴隸制度撐起的棉花種植產業為主。這時，反對奴隸制持續擴大的林肯被選為總統！南部的11個州為了表示抗議，從合眾國中獨立出來，自稱美利堅邦聯（※），傑佛遜‧戴維斯為第1任也是最後1任的總統。當時的美國原本是34州，分裂為北部的23州及南部的11州，人民之間發生內戰，史稱「南北戰爭」。

※美利堅邦聯在1865年投降，從此滅亡。

💡 **問題**　美國現在有幾個州呢？

❶ 13　　❷ 34　　❸ 48　　❹ 50

答案：④　北美大陸中央有48個州，加上阿拉斯加州和夏威夷州，共有50個州。

2月9日（西元1849年）

羅馬共和國誕生的日子

時代劃分 ▶ 古代　中世　近世　**近代**　現代

國名 ▶ **羅馬共和國**　☐現存　☑滅亡

好不容易建國 結果半年不到就**滅亡**

羅馬共和國在義大利統一勢力的努力下誕生，雖然頒布了民主憲法，但是法國採取軍事入侵，僅僅四個月就滅亡了。

> 統一之路相當坎坷
> 這裡而已……

雖然建國時間很短暫，但制定了統一國家的憲法

19世紀初，義大利半島由數個小國家所組成。當時，國家統一運動越演越烈，羅馬教宗害怕發生革命而逃出領地。統一運動的領導人馬志尼宣布成立羅馬共和國，用憲法保障信仰自由、廢除死刑，成為時代先驅。但是不久之後，路易・拿破崙（※）率領的法國軍隊攻打羅馬，結束了羅馬共和國不到半年的短暫歷史。

※指英雄拿破崙・波拿巴，法國皇帝、拿破崙三世。

💡 **問題**　義大利是在什麼時候統一國家的？

❶ 1849年　　❷ 1850年　　❸ 1861年　　❹ 1922年

58　答案：③　在維多・伊曼紐二世時完成統一，義大利王國就此誕生（譯註*1861年至1946年，之後成為現在的義大利共和國）。

2月10日 （西元1258年）

蒙古大軍攻占巴格達的日子

時代劃分 ▶ 古代 **中世** 近世 近代 現代

國名 ▶ 蒙古帝國 　現存 　☑滅亡

蒙古大軍降臨
反抗者**格殺勿論**

這天，皇帝的弟弟旭烈兀攻占了阿拔斯王朝⁽※⁾的首都巴格達，在蒙古軍隊的大肆掠奪及破壞下，阿拔斯王朝從此滅亡。

> 通通摧毀吧！
> 咻啪啪
> 遵命！！

從這天起，阿拔斯王朝從歷史上消失

蒙古帝國的大汗（皇帝）蒙哥，指派弟弟旭烈兀去征服伊朗。於是旭烈兀遵從命令，擊敗人稱「暗殺教團」的伊斯蘭教阿薩辛派，朝阿拔斯王朝的首都──當時為伊斯蘭文化中心的巴格達進軍，摧毀了整座城市。接著，在現在的伊朗一帶建立了蒙古帝國的地方政權──伊兒汗國。

※ 8至13世紀統治中東的伊斯蘭教王朝。

💡 **問題**　蒙古帝國的巔峰時期，領土曾經排名世界第二，請問第一名是？

❶ 美國　　❷ 英國　　❸ 德國　　❹ 墨西哥

答案：② 1913年時，英國的領土曾占了地球陸地面積的24%之廣。

2月11日 （西元1847年）

愛迪生出生的日子

時代劃分 ▶ 古代 | 中世 | 近世 | **近代** | 現代

大概在這裡

國名 ▶ 美國
☑ 現存　☐ 滅亡

發明電燈泡的**天才發明家**
感興趣的事情全都想知道

現代人的日常生活，經常需要仰賴電燈泡，它是由美國一位科學家發明出來的。

問題

除了電燈泡之外，愛迪生還發明了什麼呢？

❶ 電話
❷ 留聲機
❸ 飛機

接二連三發明出改變世界的物品！

發明家湯瑪斯・愛迪生從小就是一位好奇寶寶，在意的事通通都想知道，因此不適應學校教學，教他讀書的人是媽媽。聽說不管他問媽媽什麼問題，媽媽都會回應他，讓他感到很開心。愛迪生在世的期間，總共發明了超過1000個物品，電燈泡只是其中之一！在此之前，人們必須靠點蠟燭才能生活，是愛迪生成功讓電力發出亮光的電燈泡普及化。

補充　除了電燈泡和留聲機，愛迪生還擁有複印機、蓄電池、電影攝影機等上千項專利。

答案：② 愛迪生聽力不好，所以發明了可以聽聲音的留聲機。

2月12日 （西元1809年）

達爾文出生的日子

時代劃分：古代 / 中世 / 近世 / **近代** / 現代

大概在這裡

國名 ▶ 英國
☑ 現存　☐ 滅亡

人類是**猴子的親戚** 對現代人來說是常識，對吧？

生物學家達爾文因為提出進化論而知名，他發現進化是有方向的，並將自己觀察動植物所得出的研究成果，彙整成《物種起源》。

「物競天擇」理論提出，生物為了贏得生存競爭，會盡量朝適應環境的方向進行演化。

大口咀嚼

脖子變長了！

發表了揭開人類起源的「進化論」

人類花費數百萬年的時間，從猿類動物進化成現在的樣了，發現這件事的人就是我──生物學家查爾斯·達爾文。我一邊旅行，一邊觀察動植物，發現不同的棲息地，可能使物種產生變化。經過多年的研究，我發表了闡述進化論的《物種起源》。

查爾斯·達爾文

💡 **問題**　達爾文是在哪座島上獲得進化論的靈感？

❶ 關島　❷ 加拉巴哥群島　❸ 小笠原諸島　❹ 復活節島

答案：② 位在赤道正下方、點狀相連的太平洋群島。

2月13日（西元1689年）

威廉和瑪麗夫婦登基英國王位的日子

時代劃分：古代 中世 **近世** 近代 現代

國名▶ 英國 ☑現存 □滅亡

先生是國王！太太也是國王！英國首次出現**夫妻共治**

相當於荷蘭國家元首的奧蘭治親王威廉，帶著妻子瑪麗，同時登基為英國國王，開啟了夫妻共同統治的時代。

> 夫妻都是國王！
> 閃 亮！

同意《權利法案》，開創英國君主立憲制

這天，荷蘭統治者——奧蘭治親王威廉與妻子瑪麗，兩人一起登上英國王位，成為威廉三世與瑪麗二世。當時，議會提出宣言，希望人民的自由和權利由議會決定，國王其次，威廉和瑪麗也答應了。不久之後，權利宣言被寫成《權利法案》，成為憲法的重要依據，為英國的憲政主義⁽※⁾奠下基石。

※憲法必須守護人權和自由，政治必須依照這個規則運行。

💡 **問題**　荷蘭的首都是？

① 阿姆斯特丹　② 鹿特丹　③ 格羅寧根　④ 烏特勒支

答案：① 阿姆斯特丹現在依然是荷蘭首都，位在北荷蘭省。

2月14日 （西元269年）

「情人節」起源的日子

時代劃分 ▶ **古代** | 中世 | 近世 | 近代 | 現代

國名 ▶ 羅馬帝國
☐ 現存　☑ 滅亡

大概在這裡

確認彼此相愛的日子
其實是**聖人的祭日**?!

從前有一位天主教神父瓦倫泰，為了替相愛的情侶證婚，反抗禁令遭到處刑，後來演變為女性向男性告白的西洋情人節。

> 結婚會降低軍隊的士氣！
>
> 不要這麼死腦筋，結個婚而已，讓他們自由決定吧！
>
> 嗶——！

天主教的聖人遭到處刑的日子

在日本，情人節是女孩子送巧克力給男孩子表白的日子。這個習俗流傳自歐洲，人們會送花加卡片給情人和親友。追溯是源自於西元3世紀左右的一起事件，情人節（聖瓦倫泰節）本來是一個人名，當時，羅馬帝國禁止人民自由結婚，天主教神父瓦倫泰持反對意見。根據歷史，情人節這天是瓦倫泰因為反叛罪遭到處決的日子。

💡 **問題**　男性收到情人節巧克力後，會在哪個日子向女性回禮呢？

❶ 橘子日　　❷ 男性情人節　　❸ 白色情人節　　❹ 聖喬治日

答案：③　1個月後的3月14日稱作「白色情人節」，是日本發明的節日，男性會在這天回送餅乾糖果。

63

2月15日 （西元1564年）

伽利略出生的日子

時代劃分 ▶ 古代 / 中世 / **近世** / 近代 / 現代

國名 ▶ **佛羅倫斯公國**
☐ 現存　☑ 滅亡

大概在這裡

用望遠鏡看看就知道 **地動說**是正確的

當時，望遠鏡還是一項新發明，伽利略對此很感興趣，於是自行製作，透過觀察望遠鏡，發現天文學的無數成就，也證實「地動說」。

> 原來太陽臉上也長了痣?!

用望遠鏡觀測太陽相當危險，但在當時是很普遍的事，聽說這就是伽利略後來失明的原因。

用望遠鏡觀測到太陽黑子，以及月球表面的凹凸不平

我是物理學家和天文學家——伽利略‧伽利萊，我用自己做的望遠鏡進行天文觀測，發現了太陽黑子與月球表面的凹凸不平。在此之前有兩種學說，一種是認為宇宙繞著地球轉的「天動說」；另一種是認為地球會一邊自轉一邊繞著太陽轉的「地動說」，證實地動說的人就是我！

💡 **問題**　月球的義大利文是什麼呢？

❶ luna　　❷ moon　　❸ mond　　❹ lune

答案：① 義大利文是luna；英文是moon；德文是mond；法文是lune。

64

2月16日 （西元1959年）

卡斯楚就任總理的日子

時代劃分：古代　中世　近世　近代　**現代**

國名▸ 古巴　☑現存　☐滅亡

大概在這裡

推翻獨裁政府的英雄
成了古巴的<u>新獨裁者</u>

卡斯楚曾是古巴革命領袖，在革命後就任總理，後來，古巴向社會主義（※）勢力靠攏，成為體制與美國對立的國家。

> 哥倆好！
> 唔嗯

古巴史上擁有最高權力的領導人從此誕生

為了打倒巴蒂斯塔總統的獨裁政府、跟美國建立外交，古巴爆發革命，其中一位革命領袖就是斐代爾‧卡斯楚。卡斯楚在革命後出任古巴總理，建立了共產黨一黨專治的獨裁政府，身兼黨內權力最大的第一書記，成為古巴的最高領導人。後來，古巴和美國關係惡化，古巴漸漸轉向蘇聯（現今俄羅斯）為中心的社會主義勢力靠攏。

※以實現人人平等為目標，把財產和土地全部交由國家分配管理，人民無法自己管理。

問題　古巴平時使用的官方語言是？

❶ 英語　　❷ 西班牙語　　❸ 法語　　❹ 葡萄牙語

答案：②　從15世紀末到1898年為止，古巴都是西班牙的殖民地。

2月17日 （西元1600年）

哲學家布魯諾被處死的日子

時代劃分 ▶ 古代 | 中世 | **近世** | 近代 | 現代

國名 ▶
教宗國
☐ 現存　☑ 滅亡

大概在這裡

我並沒有對神不敬
只是**闡述真理**

16世紀末，天文學迎來了史上的重大發展，哲學家布魯諾提出「宇宙說」，結果被視為違反天主教，遭到了火刑。

> 依照天主教的異端審判（被教會認為反對信仰的人所受到的審判），布魯諾在羅馬廣場被處以火刑。

> 宇宙比神更早存在！

> 胡說八道！

因為嶄新的「宇宙說」而遭到處決

哥白尼提出「地動說」，認為地球繞著太陽運轉，我接受太陽比地球更接近宇宙中心的說法，但不是完全滿意。無論是地球還是太陽，都只是星星罷了。宇宙是無限的，比神更早存在！本人——焦爾達諾‧布魯諾提出這樣的主張後，被天主教會視同反叛，遭到了火刑。

焦爾達諾‧布魯諾

💡 問題　布魯諾的判決，直到幾世紀才被天主教會撤銷呢？

❶ 18世紀　　❷ 19世紀　　❸ 20世紀　　❹ 21世紀

答案：③　直到1979年，天主教會才正式取消異端審判。

2月18日 （西元前259年）

秦始皇出生的日子

時代劃分：**古代** | 中世 | 近世 | 近代 | 現代

大概在這裡

國名▶ 秦　☐現存　☑滅亡

從今以後
請叫**統治天下**的人「皇帝」

秦始皇在戰國時代打敗天下群雄、統一了中國，為了中央集權，把所有權力集中在自己手中，推出許多新政策。

> 皇帝……不錯，很悅耳！

投入許多新制度來統一國家，同時建造萬里長城、防止外族入侵。

在戰國時代勝出，成為中國史上第一位皇帝

在中國古代神話裡，共有8位帝王——也就是俗稱的「三皇五帝」，秦朝之後，新王一律稱為「皇帝」。我在七國爭霸的戰國時代平定六國、統一了中國，正好適合這個霸氣的稱呼。<u>從今以後，中國開啟了2000多年的專制政治，直到清朝末代皇帝溥儀才結束。</u>

💡 **問題**　秦統一了中國之後，維持了多久的政權呢？

❶ 15年　　❷ 50年　　❸ 100年　　❹ 250年

答案：① 西元前210年，始皇帝過世，秦朝隨後在西元前206年滅亡。

67

2月19日（西元1473年）

哥白尼出生的日子

時代劃分：古代 中世 **近世** 近代 現代

國名▶ 波蘭　☑現存　☐滅亡

地球不是宇宙的中心
宇宙的中心是太陽

自古流傳的「天動說」(※)跟實際觀測到的天文景象不相符，於是，哥白尼提出質疑。

> 類似這樣吧？

環繞的不是宇宙天體，而是地球

尼古拉‧哥白尼是波蘭天文學家，他一邊在天主教會擔任聖職，一邊積極從事天文觀測，靈光一閃提出「地動說」，觀點跟當時被視為常識的「天動說」完全不同。他認為太陽位在宇宙的中心，地球和其他行星會繞著太陽運行。哥白尼在臨終前，把有別於過去思維的新理論整理成一本書。

※古希臘天文學家托勒密完成的學說，認為地球位在天體環繞的中心。

問題　地球繞著太陽旋轉，這個現象在天文學叫什麼呢？

❶ 自轉　　❷ 公轉　　❸ 回轉　　❹ 移轉

答案：② 地球以逆時針方向繞著太陽公轉，1圈為1年。

2月20日 （西元1566年）

忠臣海瑞入獄的日子

時代劃分 ▶ 古代 ／ 中世 ／ **近世** ／ 近代 ／ 現代

國名 ▶ 明　□現存　☑滅亡

既然沒有人敢勸諫皇帝 就由我來吧！

中國古代有一位朝臣叫做海瑞，曾因勸諫皇帝被關入牢房，出獄之後出任地方官，一再被委付重任。

> 不可以做壞事！
> 對不起！
> 嚴厲——！

導正皇帝的錯誤是家臣的義務

海瑞是中國明朝政治家，這天，他因勸諫不關心政治的皇帝而入獄。皇帝後來原諒了他，他在出獄後成為優秀的地方官，嚴厲懲治貪官污吏、為弱者主持公道，帥氣的身姿在1960年代被拍成歷史劇，大受好評。然而，《海瑞罷官》的戲劇內容被人影射是在批評當權者毛澤東，此事成為文化大革命（※）的導火線。

※毛澤東為了剷除資本主義政敵而發動的權力鬥爭，死了非常多人。

問題 毛澤東成為初代中國領導人的職務名稱是？

❶ 首相　❷ 總統　❸ 書記長　❹ 國家主席

答案：④　現在的中共領導人叫中國共產黨中央委員會總書記，同時兼任中央軍事委員會主席。

2月21日 （西元1941年）

醫學家班廷去世的日子

時代劃分：古代　中世　近世　**近代**　現代

大概在這裡

國名▶ **加拿大**
☑現存　☐滅亡

終於**找到了**！
如此一來，就能治療糖尿病

糖尿病若是持續惡化，有可能導致失明，面對這個難以恢復的疾病，班廷發現了可以幫助治療的胰島素。

> 來，要打針囉！
>
> 真的沒問題嗎？

發現病因來自胰島素不足

糖尿病若是持續惡化，會導致血管變硬，對身體的各項機能造成損害，不但容易得到傳染病，還有罹患白內障失明的風險，是相當可怕的疾病，病因出在胰臟分泌的胰島素不足、無法降低血糖值[※]。出生於1891年的生理學家兼醫師弗雷德里克・班廷發現了原因，這項了不起的成就讓他獲得了諾貝爾生理醫學獎。

※血液中葡萄糖的含量，數值太高會使糖尿病惡化。

問題　班廷用來進行實驗的是哪一種動物？

❶ 犬　　❷ 貓　　❸ 猴子　　❹ 老鼠

答案：① 他曾對一隻名叫瑪喬里的糖尿病犬測試施打胰島素的效果。

2月22日（西元1732年）

華盛頓出生的日子

時代劃分：古代 / 中世 / 近世 / **近代** / 現代

國名 ▶ 美國
☑ 現存　☐ 滅亡

從小就是誠實的孩子
長大成為人民信賴的總統

喬治・華盛頓擁有率直的個性與果敢的行動力，使他能獲得人民青睞，成為美國第一任總統。

找出3個不一樣的地方！

人見人愛的美國總統

華盛頓是農場人家的小孩。當時，美國還在英國的統治下。華盛頓長大以後，開始經營農場，<u>率直的個性受到鄉親喜愛，成為地區的議員</u>。接著，美國和英國爆發獨立戰爭，華盛頓也為了守護國家英勇上戰場，努力的身影讓他獲得人民肯定，在美國獨立之後，成為第一任美國總統。

補充　華盛頓在當上總統以後，穩定了因為戰亂而動盪的國家局勢，並且和英國修復關係，是美國史上重要的偉人。

看圖找不同的答案：　①國旗的圖案　②領飾的種類　③華盛頓拿的物品

2月23日 （西元1899年）

小說家凱斯特納出生的日子

時代劃分：古代／中世／近世／**近代**／現代

大概在這裡

國名▶ 德國 ☑現存 ☐滅亡

雖然是寫給兒童看的書 大人也能**樂在其中**

凱斯特納是德國知名兒童文學作家，留下《小偵探愛彌兒》、《雙胞胎麗莎與羅蒂》等經典，他的作品在德國以外的國家也歷久不衰。

> 我喜歡愛彌兒！
>
> 我喜歡雙胞胎！

持續對抗納粹的世界兒童文學作家

1929年，詩人及小說家耶里希‧凱斯特納發表了兒童文學小說《小偵探愛彌兒》，受到大眾喜愛，成為聞名全球的兒童文學作家。除此之外，他還寫了《飛行教室》、《雙胞胎麗莎與羅蒂》等膾炙人口的作品，也許你曾在學校圖書館看過也說不定喔！在納粹德國時代，凱斯特納的作品被禁止出版，吃了很多苦仍不畏強權。戰後，凱斯特納長期在西德寫作俱樂部^{（※）}擔任會長。

※ Pen Club，守護創作自由的國際團體。

💡 **問題** 日本的哪個劇團曾經公演《雙胞胎麗莎與羅蒂》？

❶ 寶塚歌劇團　❷ 松竹歌劇團　❸ 四季劇團　❹ 東京兒童兄弟音樂劇團

答案：③　四季劇團從1971年初次公演以來，至今仍會定期演出這部舞台劇。

2月24日 （西元1956年）

蘇聯公開批評史達林的日子

時代劃分 ▶ 古代 ／ 中世 ／ 近世 ／ 近代 ／ **現代**

國名 ▶ 蘇聯　☐ 現存　☑ 滅亡

讓國家變強是大功 但政策失敗就是失敗！

社會主義國家領袖——長年帶領蘇聯（現今俄羅斯）前進的史達林過世後，繼位者赫魯雪夫公開批評史達林。

> 赫魯雪夫的政策和史達林相反，政治傾向集體領導，外交主張和平共存。

「這樣不對！」

「史達林搞錯方向了！」

嚴厲批判史達林的獨裁政權！

史達林長年站在指揮國家的立場，很多政策都失敗了。他把自己當作神一般，要人民崇拜他，還把許多無辜的人定罪，這是錯誤的行為！本人——尼基塔・赫魯雪夫在蘇聯共產黨第20次代表大會時，當著全國人民的面，公開批評史達林，此事也震撼了國際。

尼基塔・赫魯雪夫

問題　赫魯雪夫之後的下一位蘇聯領導人是？

❶ 列寧　　❷ 布里茲涅夫　　❸ 戈巴契夫　　❹ 普丁

答案：② 接下來長達18年的時間，都由布里茲涅夫擔任最高領導人。

73

2月25日 （西元1634年）

軍事家華倫斯坦被暗殺的日子

時代劃分 ▶ 古代 中世 **近世** 近代 現代

國名 ▶ 波希米亞王國
☐ 現存　☑ 滅亡

拚命為國家奮戰
最後卻落得這種下場？

在德國（神聖羅馬帝國）內部因為宗教對立展開30年戰爭時，華倫斯坦為國家賣命，最後卻被自己擁護的皇帝所暗殺。

> 你們知道我是為誰而戰？
> 納命來！
> （顫抖）

最後遭到親信暗殺，結束一生

當時，德國內部出現宗教對立，基督教的舊教（天主教）與新教（新基督教）爆發衝突，戰況甚至波及周邊國家，演變成30年戰爭。在這場戰事裡，野心勃勃的波希米亞貴族——阿爾布雷希特·馮·華倫斯坦選擇站在支持舊教的羅馬皇帝身邊，受命為大元帥大顯身手。但是，當他想要與新教展開祕密和解時，卻被皇帝下令暗殺了。

💡 問題　波希米亞王國所在的區域，現在是哪個國家？

❶ 德國　　❷ 奧地利　　❸ 波蘭　　❹ 捷克

答案：④　波希米亞走過了漫長的歷史，現今大約位在捷克共和國西部到中部左右的區域。

2月26日（西元1069年）

王安石成為副宰相的日子

時代劃分：古代 / **中世** / 近世 / 近代 / 現代

國名▶ 北宋　□現存　☑滅亡

改革太急太快
結果招致嚴重反彈

王安石侍奉古代中國王朝──北宋的神宗皇帝，受命整頓國庫赤字，不停推出新的變法，努力使國家邁向富強。

作為神宗皇帝的左右手，實行政治改革

神宗皇帝年僅19歲便成為北宋皇帝，命令王安石整治財政赤字，使國庫恢復均衡。這天，王安石成為副宰相（※），為國家發展推出許多新法規，並在隔年升遷為宰相，大刀闊斧進行改革。但也因為改革方式過於急切，引來周遭激烈反彈，於1077年被迫退出朝廷。

※宰相是輔君主施政的官位，副宰相是宰相的副手。

💡 **問題**　北宋的首都是那一個地方？

① 長安　② 北京　③ 南京　④ 開封

答案：④　開封為中國古代城市，位於現在的河南省。

2月27日 （西元1867年）

舉辦第二屆巴黎世界博覽會的日子

時代劃分 ▶ 古代 ／ 中世 ／ 近世 ／ **近代** ／ 現代

國名 ▶ **法國**　☑ 現存　☐ 滅亡

（儒略曆）＊公曆為4/1

來！讓全世界看見自己國家的**技術**

世界各地的許多國家都會參加世界博覽會，藉機展示技術，並吸引大批人潮共襄盛舉。

找出3個不一樣的地方！

引領時代先驅的技術，在此匯聚一堂！

這是第二次在法國首都巴黎舉行的世界博覽會，聽說當時共有42個國家參展，吸引了大約1500萬人潮前往巴黎觀看。這是把自己國家的美妙文化和技術展現給全世界看的重要活動，除此之外，也是盛大的外交場合，參展國之間可藉機介紹彼此的國家盛事和技術、促進感情。

補充：日本也有參加1867年的巴黎世界博覽會，受到世界矚目。現場展出了代表日本的繪畫和武士刀，還有藝妓奉茶，氣氛相當熱鬧。

看圖找不同的答案：　①中間的建築物　②背景的天空　③女人手上拿的東西

2月28日 （西元1922年）

埃及脫離英國獨立的日子

時代劃分：古代 / 中世 / 近世 / 近代 / **現代**

國名▶ 埃及　☑現存　□滅亡

雖然成功獨立了 卻持續受到**間接統治**

這年，占領埃及的英國承認埃及獨立，然而在獨立之後，英國仍維持著間接統治。

> 英國人滾出去！
> 快逃啊！
> 氣噗噗

從表面的獨立，邁向實質的獨立

英國看上埃及的蘇伊士運河和棉花，在1882年把埃及列為殖民地。但是，隨著獨立運動越來越激烈，英國終於在這天承認埃及獨立。埃及王國就此誕生，但只是形式上的獨立，實際仍受到英國間接把持。後來，埃及在1952年發生政變，國王被趕了出去，隔年埃及共和國誕生，史稱「埃及革命」。

問題　現代埃及的首都是那一個地方？

❶ 亞歷山卓　　❷ 埃及　　❸ 開羅　　❹ 吉薩

答案：③　開羅是非洲大陸最大的國際都市，也是阿拉伯世界人口最多的都市。

2月29日（西元1932年）

英國中止自由貿易的日子

時代劃分：古代 / 中世 / 近世 / 近代 / **現代**

國名▶ 英國　☑現存　☐滅亡

為了減少貿易虧損 只能**放棄理想**

過去的英國，秉持自由貿易理念，但面對全球經濟動盪，不得不放棄理想，開始對進口貨物課徵關稅。

> 嘿嘿
> 抱歉啦，從今天起要繳稅喔！
> 之前沒聽說啊？

經濟大蕭條使自由貿易時代畫下句點

「不限制關稅和交易量、可自由進出口的自由貿易」，曾經是英國理想的貿易方式。但是到了19世紀末，從外國進口的商品大幅超越出口量，破壞經濟平衡。加上1929年發生了全球經濟大蕭條（※），導致英國出現大量失業人口，不得已才對外國進口商品增設關稅，這天就是英國正式立法的日子。

※ 發生於1929至1933年，從資本主義國家擴散到全世界的史上最大經濟危機，造成經濟衰退、百業蕭條。

問題　經濟大蕭條是從哪個國家開始的？

❶ 英國　　❷ 美國　　❸ 日本　　❹ 中國

答案：② 始於美國華爾街股市崩盤。

3月1日 （西元1919年）

朝鮮展開「三一運動」的日子

時代劃分：古代／中世／近世／近代／**現代**

國名▶ 日治時代的朝鮮　□現存　☑滅亡

不想被其他國家統治！
我們是自由的

日治時代的朝鮮發生「三一獨立運動」，朝鮮表示自己是獨立的國家，人民是自由的，獨立運動轉眼間就遍及全國。

> 禁止遊行！
> 我們是自由的！
> 氣噗噗
> 3.1 獨立萬歲

人民一邊遊行，一邊高喊「獨立萬歲」

當時，全世界的殖民地興起一股獨立運動的風潮，其中之一就是在日本統治下的朝鮮發生「三一運動」。在前代國王舉行葬禮的這天，數千人聚集在京城的公園發表獨立宣言。由於示威民眾一致高喊口號「獨立萬歲」，故又稱為「萬歲事件」，規模遍及全國上下，即使不斷受到日本武力鎮壓，運動仍持續至年末。

💡 **問題**　爆發獨立運動的京城，現在的地名是？

❶ 首爾　　❷ 仁川　　❸ 釜山　　❹ 光州

答案：①　首爾為現在的韓國首都。

3月2日 （西元1818年）

吉薩金字塔入口被打開的日子

時代劃分 ▸ 古代 ／ 中世 ／ 近世 ／ **近代** ／ 現代

國名 ▸ 埃及　☑ 現存　□ 滅亡

開啟第二座金字塔的人是來自倫敦的馬戲團表演者?!

埃及的吉薩沙漠裡有三座金字塔，這天是第二座金字塔的入口被人發現、開啟的紀念日。

問題

來自倫敦的馬戲團表演者叫什麼名字？

1. 貝爾佐尼
2. 馬可
3. 克里斯

締造重大歷史發現的傳奇男子

埃及共有三座著名的金字塔。這天，吉薩沙漠的第二座金字塔被人推開大門。締造這個史上重大發現的人，<u>不是專業的考古學家，而是來自倫敦的馬戲團男子</u>。不具備詳細考古知識的他，憑著一股熱情和衝勁，發現了金字塔的入口，真是了不起！除了金字塔，這名男子也在埃及知名的「帝王谷」發現了新的陵墓喔！

補充

男子發現了許多埃及沉睡的寶藏，並且悄悄運到國外，意外造就了考古史上的重大成果。

答案：① 貝爾佐尼是義大利人，曾在倫敦的馬戲團擔任大力士。

3月3日

（西元1847年）

發明家貝爾出生的日子

時代劃分：古代 中世 近世 **近代** 現代

大概在這裡

國名▶ **英國**
☑現存 ☐滅亡

有了電話無論距離多遙遠都能對話

貝爾是研究聲音的發明家，最知名的代表就是發明了電話，電話是遠距離溝通的機器，實現了人類的夢想。

據說實驗成功送出的第一句話是：「華森（助手的名字），快來啊！我有事情找你！」

喂！
快來啊！

真的聽得見！

在專利競爭中勝出，成為電話的發明者

我是發明家格拉漢姆‧貝爾，我非常熱衷於研究聲音，其中很重要的一個原因是：我的媽媽和太太都是聾人。我贏過當時的競爭對手以利沙‧格雷，在1876年獲得電話的專利(※)，當天剛好也是我29歲的生日。

格拉漢姆‧貝爾

※國家設下的制度，用來保障發明家及其發明品的獨占權利。

💡 **問題** 史上第一次透過電話線傳送的語言是英語，請問第二次呢？

❶ 日語　　❷ 法語　　❸ 德語　　❹ 英語

答案：① 當時在美國留學的日本人伊澤修二和金子堅太郎去拜訪貝爾，進行了通話。

3月4日 （西元1913年）

威爾遜就任總統的日子

時代劃分：古代／中世／近世／近代／**現代**

國名：美國　☑現存　□滅亡

大概在這裡

減少國與國之間的糾紛 需要成立龐大的國際組織

威爾遜當選美國總統之後，在任期內經歷了第一次世界大戰，領悟不同國家之間必須保持交涉，並傾注心力創設國際聯盟。

> 提倡國際聯盟的人就是我——第28任美國總統威爾遜，但是美國自己並未加入。
> 哼哼

創設國際聯盟得到肯定，獲頒諾貝爾獎

這天，伍德羅·威爾遜就任第28任美國總統。不久之後，爆發第一次世界大戰，威爾遜認為應該成立國際組織來協調爭端。各位應該曾經在新聞中聽過「聯合國」吧？聯合國的前身——國際聯盟，就是威爾遜提倡的組織，這個貢獻讓他獲得諾貝爾和平獎。

💡 **問題**　國際聯盟總部所在的日內瓦，是哪個國家的都市呢？

❶ 美國　　❷ 法國　　❸ 奧地利　　❹ 瑞士

答案：④　在國際聯盟之後成立的聯合國等國際組織，辦事處也設在日內瓦。

3月5日 （西元1512年）

等角地圖之父麥卡托出生的日子

時代劃分 ▶ 古代 中世 **近世** 近代 現代

國名 ▶ 佛蘭德　☐現存　☑滅亡

大概在這裡

想把**立體世界畫成平面圖**可以運用這種方法

在人類積極拓展世界航路的大航海時代，想要安全跨越海域，就要製作精確的地圖。想出這個方法的人，名叫格拉杜斯・麥卡托。

從這樣──變這樣！

麥卡托的發明，徹底改變了地圖的歷史

將立體球面畫成平面圖的「麥卡托投影法」，是最具代表的製圖方式。這種畫法將地圖分割成一個個小方格，上面的直線和橫線用經度和緯度來標示，就能畫出正確的角度。當時，製作地圖被視為違背宗教信仰的行為，麥卡托曾因此被抓去關。後來，他搬離故鄉、移居德國，仍繼續繪製地圖，並在1569年靠著麥卡托投影法，完成世界地圖。

💡 問題　　麥卡托出生的佛蘭德，英語發音的譯名是？

❶ 法蘭德斯　　❷ 法蘭德倫　　❸ 法蘭登　　❹ 法拉德倫

答案：① 法蘭德斯（Flanders）是兒童文學《龍龍與忠狗》故事發生的舞台，也是比利時的前身。

3月6日 （西元1475年）

米開朗基羅出生的日子

時代劃分 ▶ 古代 中世 **近世** 近代 現代

國名 ▶
義大利
☑ 現存　☐ 滅亡

大概在這裡

無論繪畫、雕刻或建築
都難不倒這位天才

米開朗基羅・博納羅蒂是文藝復興時期的重要人物，本業是雕塑家，除此之外，還留下許多不同領域的傑出作品。

這座大教堂也是我蓋的！

他和李奧納多・達文西、拉斐爾・聖齊奧，合稱為「文藝復興藝術三傑」的天才。

多才多藝
代表文藝復興的藝術家

文藝復興是14至16世紀發生在歐洲的古典文化運動，代表人物之一就是我！我在繪畫、雕塑、建築等各領域都留下許多作品。大家都聽過的大理石雕像《哀悼基督》、《大衛像》，以及西斯汀禮拜堂的大壁畫《最後的審判》都是我的作品喔！

💡 問題　收藏《大衛像》的美術學院位在哪個都市呢？

❶ 羅馬　　❷ 拿坡里　　❸ 米蘭　　❹ 佛羅倫斯

答案：④　佛羅倫斯是義大利中部的都市，過去舊宮的領主廣場也在其中。

3月7日 （西元1936年）

德軍占領萊茵蘭的日子

時代劃分：古代 / 中世 / 近世 / 近代 / **現代**

國名▶ 德國　☑現存　☐滅亡

禁止一切軍事活動？
這種事情**我才不管**

德國打破條約，在這天出兵占領了當初協議的非軍事區（※），作戰成功後，希特勒也在人民心中建立無可動搖的地位。

> 這裡不是禁止軍事活動嗎？
> 既然是上級的命令，也只能服從了……
> （竊竊私語）

希特勒贏得了一場危險的賭注

萊茵蘭是德國西部萊茵河的沿岸地區。第一次世界大戰後，德國和法國、英國等國家簽訂條約，規定河川東岸為非軍事區。但是就在這天，德國無視規定，出兵占領萊茵蘭。據說德國領導人希特勒一口咬定法國和英國不會反擊，結果他們真的沒有採取反擊。希特勒贏得了一場賭局，在德國人民心中成為神一般的存在。

※由互相競爭的國家一同制定的區域，在這裡禁止一切軍事活動。

問題　萊茵河的總長度是？

❶ 367公里　　❷ 1233公里　　❸ 6380公里　　❹ 9695公里

答案：② 以德國為首，總共流經6個國家。

3月8日

（西元1904年）

「國際婦女節」起源的日子

時代劃分 ▶ 古代 ／ 中世 ／ 近世 ／ 近代 ／ **現代**

國名 ▶
世界各國
☑ 現存　☐ 滅亡

女性為自己爭取
權利與和平

歷史上的這天，曾有許多勞動婦女走上街頭，提出自己在職場上遇到的各種問題，並且提出訴求。

問題

國際婦女節是由哪個機構制定的？

❶ 聯合國
❷ 歐盟
❸ 世界衛生組織

女性持續發聲，要求改善社會環境

在這天，美國紐約的勞動婦女鼓起勇氣走上街頭，替女性的權利與安全發聲。這件事成為契機，許多人響應：「不如來制定一個國際女性日吧！」不過直到1975年，「國際婦女節」才正式誕生。每年的3月8日，全世界的人都會站出來，為女性的勇氣與決心發聲。

補充

為了消弭性別歧視所造成的社會打壓、教育不均、工作不平，以及加諸於女性的各種社會壓力，世界各國仍在持續努力。

答案：① 1975年，聯合國制定了國際婦女節。

3月9日 （西元1623年）

安汶大屠殺發生的日子

時代劃分 ▶ 古代 中世 **近世** 近代 現代

國名 ▶ 荷屬東印度摩鹿加群島
☐ 現存 ☑ 滅亡

拷問到最後，演變成屠殺
沒必要這樣吧？

安汶島是香料產地，荷蘭和英國在此爭奪權利，情況越演越烈。荷蘭軍隊在這天逮捕英國東印度公司人員，從拷問演變成屠殺悲劇。

> 用水？
> 用火？
> 救命啊！
> 這裡也有劍！

屠殺事件發生後，英國人撤離小島

當時，有一座叫安汶島的小島是荷蘭領地，荷蘭及英國東印度公司為了爭奪在此興建商館、進行香料貿易的權利，雙方發生激烈衝突。起先是英國人襲擊荷蘭人的據點，接著換荷蘭人抓了英國商館的館長等人，在嚴刑逼供之下，殺死了10名英國人、9名日本傭兵及1名葡萄牙人，最終把英國人趕出小島。

問題 事件發生時，日本是哪個時代？

① 鎌倉時代 ＊1185年至1333年
② 室町時代 ＊1336年至1573年
③ 安土桃山時代 ＊1568年至1603年
④ 江戶時代 ＊1603年至1868年

答案：④ 事件發生的1623年，德川家光正繼位成為幕府第3代將軍。

87

3月10日 （西元1821年）

皮埃蒙特革命爆發的日子

時代劃分：古代　中世　近世　**近代**　現代

國名▶ 義大利　☑現存　□滅亡

義大利制定民主憲法 邁向獨立

當時，在奧地利統治下的義大利紛紛發起運動，以制定憲法保障人民自由為目標，皮埃蒙特革命也是其中之一。

> 我們是自由的！
> 祕密結社感覺好可疑啊？！

反叛是為了制定憲法

19世紀發生義大利統一復興運動，初期是由一個叫做「燒炭黨」(※) 的祕密組織所推動，他們對拿坡里王國發起革命，訴求是要國王制定保障自由的憲法。接下來，發生在薩丁尼亞王國的叛亂，就是「皮埃蒙特革命」。由於燒炭黨是有錢資產階級組成的政黨，人民的支持情況不如預期，沒過多久，叛亂就被國王平定。

※「燒炭人」的意思，名稱取自燒炭工會的概念。

問題　曾是薩丁尼亞王國的首都，並在2006年舉辦冬季奧運的都市？

❶ 羅馬　　❷ 米蘭　　❸ 拿坡里　　❹ 杜林

答案：④　杜林，現為皮埃蒙特區的首府。

3月11日 （西元1955年）

佛萊明醫師去世的日子

時代劃分： 古代 ／ 中世 ／ 近世 ／ 近代 ／ **現代**

國名 ▶ 英國　☑現存　□滅亡

大概在這裡

世界首次出現的抗生素是從青黴菌裡面發現的

過去傳染病只能靠減緩症狀進行治療，醫師亞歷山大・弗萊明發現了青黴素（盤尼西林），成為第一個有效治療傳染病的藥物。

> 只有長青黴的地方沒有細菌，由此察覺青黴製造的化學物質具有殺菌的作用。

青黴菌：「我？」
「哇——快逃啊！」

發現青黴素，得到諾貝爾獎

我在擔任軍醫時，經常看到士兵因為傷口細菌感染而死，心裡便想著有朝一日要做出可以抵抗細菌的藥物。沒錯，世界上首次出現的抗生素^(※)青黴素就是我發明的！我因此得到諾貝爾生理醫學獎，但真正令我高興的是拯救了無數人命。

亞歷山大・弗萊明

※ 一種治療藥物，除了減輕症狀，還能直接對抗造成疾病原因的細菌。

問題　到目前為止，有幾位日本人獲得諾貝爾生理醫學獎呢？

❶ 0人　　❷ 1人　　❸ 3人　　❹ 5人

答案：④　分別是利根川 進、山中伸彌、大村 智、大隅良典和本庶 佑等5人。

89

3月12日 （西元1925年）

孫文去世的日子

時代劃分 ▶ 古代 | 中世 | 近世 | 近代 | **現代**

國名 ▶
中華民國
☑ 現存　☐ 滅亡

大概在這裡

為了實現民族自決 只能發動**革命**

革命家孫文建立了中華民國、推翻滿清，接著組成中國國民黨，為了實現國家理想，將其一生奉獻給革命。

民族
民權　民生

這三點非常重要！

中華民國是亞洲第一個民主共和國，孫文成為臨時大總統，但沒有多久，地位就被奪走。

提倡三民主義，將人生奉獻給革命運動

我的革命運動有三個重點：一、民族主義（民族的自由與獨立）；二、民權主義（國民的政治平等）；三、民生主義（國民的社會平等），三者合稱「三民主義」。我建立了中華民國，成功推翻與外國戰爭而國力低下的清朝，人稱「革命之父」。

💡 **問題**　中華民國的國家元首叫什麼呢？

❶ 總統　　❷ 大總統　　❸ 總督　　❹ 國家主席

答案：① 現在（2025年）的國家元首為第16任總統賴清德。

90

3月13日 （西元1781年）

發現天王星的日子

時代劃分：古代　中世　近世　**近代**　現代

國名：英國　☑現存　☐滅亡

大概在這裡

史上大發現
找到**天王星**

一位熟悉星象的音樂家發現了天王星，除此之外，他還找出大約2500個星體。

問題

發現天王星的人物是誰呢？

❶ 愛因斯坦
❷ 赫雪爾
❸ 牛頓

用自製望遠鏡完成史上大發現！

這天，英國人發現了行星「天王星」。完成這項創舉的人，竟然是一位音樂家！出生於德國的他，本身是一位音樂家，同時也相當熟悉天文學。聽說，他這一生大約自己做了400台望遠鏡，也用自己製作的望遠鏡發現了天王星。不僅如此，他也是發現最多星星的人喔！

補充

天王星是太陽系裡排名第三大的行星，最接近地球的時候，用肉眼就能看見它。

答案：② 一位叫做威廉‧赫雪爾的管風琴演奏家。

91

3月14日（西元1883年）

馬克思去世的日子

時代劃分 ▶ 古代　中世　近世　**近代**　現代

國名 ▶ 英國　☑ 現存　☐ 滅亡

我來告訴你——資本主義的下一個潮流

思想家卡爾・馬克思和摯友恩格斯（※）一起創立馬克思主義政治經濟學，出版《資本論》尖銳剖析資本主義的問題。

> 據說馬克思寫的字跡非常潦草，除了恩格斯以外，沒有人看得懂。

鏘鏘

就是這麼一回事！

看不懂……

馬克思預言了社會主義時代的來臨

我在好友弗里德里希・恩格斯的協助下，完成了馬克思主義政治經濟學，並將所有精華凝聚在《資本論》一書中，這是學生研習經濟學的必讀書單。在我的假設下，資本主義之後會迎接社會主義、共產主義的來臨，請問我說對了嗎？

卡爾・馬克思

※馬克思去世時未完成的《資本論》第二、三卷，也是恩格斯替他編輯完成的。

問題　世界上第一個社會主義國家是？

❶ 中國　　❷ 蘇聯　　❸ 古巴　　❹ 北韓

答案：②　蘇維埃社會主義共和國聯盟成立於1922年，是世界上第一個社會主義國家，也是俄羅斯的前身。

3月15日 （西元1848年）

匈牙利革命開始的日子

時代劃分 ▶ 古代　中世　近世　**近代**　現代

國名 ▶ 匈牙利
☑ 現存　☐ 滅亡

不要錯過**時代潮流** 正義握在我們手裡

當時歐洲各國吹起民眾高喊自由的風氣，匈牙利也透過革命成立新政府，擺脫奧地利的統治，發表了獨立宣言。

> 謝謝俄羅斯——
> 不用客氣！
> 這次失敗了……

目標是脫離奧地利，想要獨立建國

這年，歐洲各地接連爆發想要推翻君主專制的叛亂，史稱「1848年革命」。這股風潮也吹向了匈牙利，人民聚集在布達佩斯，成功讓奧地利廢除農奴制(※)。不僅如此，新政府更在隔年發表獨立宣言！但是，因為俄羅斯帝國出手援助奧地利，獨立最終以失敗收場。

※農民單方面付出勞力和租金，被領主強行支配的制度。

問題　匈牙利現在的貨幣單位是？

❶ 元　　❷ 歐元　　❸ 福林　　❹ 荷蘭盾

答案：③　匈牙利雖然有加入歐盟，但使用的不是歐元，而是自己的貨幣福林。

3月16日（西元1926年）

液體燃料火箭初次升空的日子

時代劃分 ▶ 古代 / 中世 / 近世 / 近代 / **現代**

國名 ▶ 美國　☑現存　☐滅亡

邁向太空的第一步
值得紀念，卻沒人理解

物理家戈達德成功發射人類史上第一枚液體燃料火箭，但在當時不被世人所理解，直到死後才受到認同。

> 不可能啦，笑死人！
> 嘻嘻嘻嘻
> 嘎哈哈
> 你們想笑就儘管笑吧！

生不逢時的「現代火箭之父」

這天，在美國麻薩諸塞州的奧本農場，火箭科學家羅伯特・戈達德完成一項實驗——他發射了人類史上第一枚液體燃料火箭。在這之後，戈達德持續研究火箭，但幾乎被身邊的人無視了。直到去世後，成果才獲得世人認同。戈達德研發取得的200多項專利，後來被展開太空計畫的美國政府買下，他也得到「現代火箭之父」的尊稱。

💡 **問題**　火箭的語源「rocchetto」來自何種語言？

❶ 英語　　❷ 義大利語　　❸ 西班牙語　　❹ 葡萄牙語

答案：② 意思是「捲線棍」，這也是義大利製造的火箭形狀由來。

3月17日 （西元1834年）

發明家戴姆勒出生的日子

時代劃分 ▶ 古代　中世　近世　**近代**　現代

大概在這裡

國名 ▶
德國
☑ 現存　☐ 滅亡

接下來是——
汽車的時代

19世紀後期，使用汽油當燃料的汽車誕生，不僅如此，戴姆勒還讓兩輪車和四輪車裝了新引擎上路奔馳。

> 噗——！
> 第一輛汽車在此！

用高速引擎奔馳的新交通工具，成功登場！

德國技術人員戈特利布・戴姆勒開發出小型高速引擎，做出全世界第一輛兩輪車（機車），並在隔年成功讓第一輛四輪汽車上路奔馳，被尊稱為「汽車之父」。在同一時期，戴姆勒有一位競爭對手叫做卡爾・賓士。戴姆勒去世後，兩人的公司被合併為戴姆勒－賓士集團（譯註＊2007年曾改為戴姆勒集團）。

💡 問題　戴姆勒集團擁有的世界品牌叫做？

❶ 梅賽德斯　　❷ 福特　　❸ 奧迪　　❹ BMW

答案：① 2022年2月1日起，戴姆勒集團將名稱變更為梅賽德斯-賓士。

3月18日（西元1858年）

發明家狄塞爾出生的日子

時代劃分 ▶ 古代　中世　近世　**近代**　現代

國名 ▶
法國出生（德國籍）
☑ 現存　☐ 滅亡

想讓大型器械動起來 就交給**狄塞爾**

柴油引擎迅速在世界普及，它的英文叫做 Diesel Engine，取自發明家狄塞爾。現代的大型車、船，很多仍用柴油引擎發動。

> 我最擅長讓大型器械動起來！
> 鏘鏘——！　鏘鏘——！

新引擎用發明者的名字來命名！

一般載人用的汽機車都是使用汽油引擎，不過如果是卡車、巴士等大型車及大型船，就會使用柴油引擎（Diesel Engine）。柴油引擎的發明者叫做魯道夫・狄塞爾，他是一位經驗豐富的技術人員，著手開發內燃機（※），成功發明柴油引擎。這種引擎不適合高速奔馳，但能產生極大的動能，現在仍運用在許多大型器械。

※將燃料燃燒之後產生的氣體，轉化為動能的機械裝置。

💡 **問題**　狄塞爾發明的引擎主要使用哪種燃料？

❶ 汽油　　❷ 柴油　　❸ 氫能　　❹ 導光板（LGP）

答案：②　在加油站也標示成「柴油（Diesel）」。

3月19日（西元1882年）

聖家堂開始建造的日子

時代劃分：古代　中世　近世　**近代**　現代

國名▶ **西班牙**　☑現存　☐滅亡

人生過於短暫 不夠用來蓋出**理想的形狀**

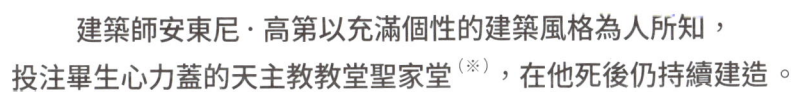

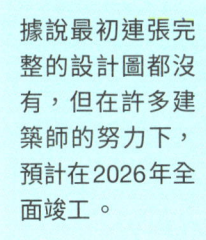

建築師安東尼・高第以充滿個性的建築風格為人所知，投注畢生心力蓋的天主教教堂聖家堂（※），在他死後仍持續建造。

> 據說最初連張完整的設計圖都沒有，但在許多建築師的努力下，預計在2026年全面竣工。

> 我自己也越蓋越迷惘了！

現在仍在蓋的聖家堂

多虧有喜愛我作品的大富豪——歐塞比・奎爾出資贊助，我才能挑戰許多作品，其中也包含了聖家堂的建造工程。可惜由於資金不足和面臨各種問題，工程遲遲無法順利進展，在我死後仍未蓋好，這次真的花了太多時間啊。

安東尼・高第

※正式名稱為「聖家宗座聖殿暨贖罪殿」，高第從1882年開始動工，一直做到1926年去世前。

問題　聖家堂現在的主要雕刻家是哪國人？

① 西班牙　② 義大利　③ 日本　④ 韓國

答案：③　由日本雕刻家外尾悅郎從2013年起著手進行。

3月20日 (西元1873年)

作曲家拉赫曼尼諾夫出生的日子

時代劃分：古代／中世／近世／**近代**／現代

大概在這裡

國名▶
俄羅斯帝國
☐ 現存　☑ 滅亡

（儒略曆）*公曆為4/1

演奏時總是思念著**祖國俄羅斯**

拉赫曼尼諾夫原先過著順遂的音樂家生活，直到俄國革命爆發，不得已前往國外避難，結果直到去世都無法返回故鄉。

> 音樂是由心而生的，如果無法觸動心靈，便失去意義了。

原本以為還能回國，結果祖國變成社會主義國家，他再也無法回到故鄉，最後在美國去世。

日日夜夜思念著祖國的自然風景

我很幸運，擁有美好的妻子與朋友，無論是當指揮家、作曲家還是鋼琴家都很成功。然而，俄國發生革命改變了這一切。我展開流亡(※)，好不容易在美國安頓下來，卻找不回從前的創作靈感。少了黑麥田與白樺樹林的沙沙聲，我要如何作曲呢？

※因為政治因素逃往國外。

問題 曾與拉赫曼尼諾夫有交集的俄羅斯音樂家是？

❶ 穆索斯基　❷ 蕭士塔高維奇　❸ 鮑羅丁　❹ 柴可夫斯基

答案：④　柴可夫斯基以《天鵝湖》和《睡美人》為人所知，連他也認同拉赫曼尼諾夫的才華。

3月21日 （西元1685年）

（儒略曆）＊公曆為 3/31

巴哈出生的日子

時代劃分 ▶ 古代　中世　**近世**　近代　現代

大概在這裡

國名 ▶
德國
☑ 現存　☐ 滅亡

音樂之父巴哈
作品至今仍受到大眾喜愛

巴哈被稱作「音樂之父」，不用特別說明他的偉大，現在全世界的人都知道他的名字。

問題

以下哪首曲子是巴哈創作的？

❶ 給愛麗絲
❷ 土耳其進行曲
❸ G弦上的詠嘆調

流傳至今的名曲，就是出自巴哈之手

約翰‧塞巴斯蒂安‧巴哈是18世紀的音樂家，聽說他既能作曲，還能自己演奏樂器。他在現代依然很有名，大家應該都聽過巴哈的名字，他也被尊稱為「音樂之父」。對了！由於巴哈全家都是音樂家，為了和其他人做區別，表示他是家族裡最了不起的人物，也有人稱他為「大巴哈」。

補充

德國有三大作曲家，分別是巴哈、貝多芬和布拉姆斯，由於名字都是B開頭，所以合稱「德國三B」。

答案：③　這是為了當時德國受歡迎的音樂劇團公演所作的曲子。

99

3月22日 （西元1384年）

明朝重新實施科舉制度的日子

時代劃分：古代 / **中世** / 近世 / 近代 / 現代

國名▶ 明　□現存　☑滅亡

大概在這裡

中國史上赫赫有名的**最難考試**
金榜題名是出人頭地的捷徑

科舉是中國持續1300多年的公務員考試，元朝時期曾一度衰退，但在明朝洪武帝的提倡下，再次興盛。

> 好睏啊！　好擠啊！　好難啊！

傳統的考試制度，在明朝時期復活！

中國的「選舉」指的是公務員的任用制度，顧名思義，「科舉」就是用科目來選舉，分成不同科目進行考試。科舉最早源自西元587年的隋朝，前後實施時間竟然超過1300年！儘管在全盛期的宋朝只有1個科目，但名稱維持不變。元朝時期曾經一度衰退，直到明朝的洪武帝推翻元朝後，恢復了科舉制，這個選才制度也再次興盛。

問題　明朝是漢族建立的國家，那麼元朝呢？

❶ 大和民族　　❷ 朝鮮民族　　❸ 滿族　　❹ 蒙古族

答案：④　元朝存在於1271至1368年，是蒙古人建立的王朝。

3月23日（西元1961年）

「世界氣象日」制定的日子

時代劃分：古代 / 中世 / 近世 / 近代 / **現代**

國名▶ 世界各國
☑ 現存　☐ 滅亡

收集全世界的氣象資訊 促進人類的發展

世界氣象組織（WMO）是聯合國的專門機構，會員國之間互相交換資訊，舉行各項氣象相關的活動。

統整氣象情報的國際專門機構

世界氣象組織是1950年聯合國設立的其中一個專門機構，負責統整世界氣象的相關工作，發現問題便致力改善，固定四年一度召開會議，協助世界各國交換資訊。除了氣象之外，目的也是要幫助人類發展。世界氣象日是為了紀念組織成立而訂立的，每年世界氣象組織都會在這天舉辦各種主題活動。

問題 同屬聯合國專門機構的「世界衛生組織」，縮寫是什麼？

❶ IMF　　❷ UNESCO　　❸ WHO　　❹ WWW

答案：③　世界衛生組織成立於1948年，目的是守護全人類的健康。

3月24日 （西元1882年）

柯霍醫師發現結核桿菌的日子

時代劃分：古代 / 中世 / 近世 / **近代** / 現代

國名▶ 德國　☑現存　□滅亡

大概在這裡

不治之症**結核病**的真相被人發現了！

德國微生物家羅伯・柯霍證明了細菌會成為動物的病原體，其中最知名的，就是發現結核病的病因是病原體結核桿菌。

柯霍因結核病的研究及發現貢獻卓越，於1905年獲得諾貝爾生理醫學獎。

就是它！

柯霍的發現，使結核病不再是不治之症！

結核病曾經是感染就會死亡的疾病，我發現致病原因來自結核桿菌，以及結核桿菌能夠透過空氣傳染，這是傳染病研究領域的重大發現！除此之外，我還發明了用來診斷結核病的結核菌素。對了，霍亂弧菌也是我發現的喔！

羅伯・柯霍

問題　柯霍的徒弟——發現鼠疫桿菌的日籍醫師是？

❶ 森鷗外　　❷ 北里柴三郎　　❸ 野口英世　　❹ 志賀潔

答案：②　北里柴三郎被派遣到鼠疫大流行的香港時，發現了鼠疫桿菌。

3月25日 （西元1863年）

戈登成為常勝軍司令官的日子

時代劃分：古代 中世 近世 **近代** 現代

國名▶ 清　□ 現存　☑ 滅亡

大概在這裡

常勝就是經常勝利嗎？
最強的軍隊出動

19世紀中葉，一個叫太平天國的組織對清朝發動革命，戰亂持續了14年，最後是戈登率領的西洋軍隊平定動亂。

擁有西洋裝備，戰無不勝

1851年到1864年間，中國發生「太平天國(※)之亂」。本來英國、法國、美國等強國不站在任何一方，最後決定幫助清朝政府，「常勝軍」就是當時的軍隊。美國籍的初任司令官戰死後，由英國籍的喬治·戈登繼任。戈登手持西洋武器，率領中國士兵，逐一攻破太平軍，平定叛亂。

※受基督教影響的民間宗教團體，建立了革命政府，最後被清朝借助歐美國家的力量所殲滅。

問題　被太平天國改名為天京的首都，是中國的哪個都市呢？

❶ 北京　　❷ 南京　　❸ 長安　　❹ 洛陽

答案：② 南京、長安（現在的西安）、北京、洛陽，合稱中國四大古都。

3月26日 （西元1899年）

巴比倫古城開始挖掘的日子

時代劃分 ▶ 古代　中世　近世　**近代**　現代

國名 ▶
鄂圖曼帝國
☐ 現存　☑ 滅亡

真的有古代城市巴比倫 空中花園不是幻想

19世紀末，考古學家對美索不達米亞地區的巴比倫遺跡展開探索，接二連三挖出傳說中的奇特造景。

> 這裡曾經有過空中花園啊……

從土裡冒出「世界奇蹟」

這天，德國考古學家科爾德威開始探索巴比倫遺跡。巴比倫是存在於西元前18至6世紀的古代城市，原本僅出現在西元前的古老歷史書卷裡面。聽說科爾德威在挖掘前期也感到相當不安，直到巴比倫古城真的出土。他還發現了列入世界七大奇蹟（※）的空中花園與《舊約聖經》記載的巴比倫塔（巴別塔）。

※存在於古代的七座美麗建築物，其中處處充滿驚奇。

問題　以下哪一座建築未列入古代世界七大奇蹟？

❶ 埃及的大金字塔　❷ 奧林帕斯的宙斯神像　❸ 羅得島的太陽神銅像　❹ 萬里長城

答案：④　但是萬里長城已被「世界新七大奇蹟協會」選入世界新七大奇蹟。

3月27日 （西元1845年）

物理學家倫琴出生的日子

時代劃分 ▶ 古代　中世　近世　**近代**　現代

國名 ▶ 德國　☑ 現存　☐ 滅亡

大概在這裡

世紀大發現
身體內部看得一清二楚

多虧倫琴發現X光，讓醫師能夠了解骨折的情形，看見身體裡的異物並給予治療。

找出3個不一樣的地方！

使醫學大幅躍進的偉大發現

威廉‧倫琴是促使醫學出現重大進步的重要人物。他曾在多所大學裡學習機械和物理學，50歲時於研究當中發現了一種新的射線，竟然能夠穿透皮膚看見骨頭，實在太神奇了！這種射線被命名為「X射線」。倫琴也因為這個了不起的發現，獲得第一屆諾貝爾物理學獎。

補充　日文中的「照X光」叫做「照倫琴」，就是直接沿用了威廉‧倫琴的名字喔！

看圖找不同的答案：①背景的骨頭數量　②右手比的手勢　③有無鬍子

3月28日 （西元1900年）

「夢幻王國」樓蘭被發現的日子

時代劃分：古代／中世／近世／**近代**／現代

國名▶ 清　□現存　☑滅亡

原來不是幻想
古代城市從砂中現身

「絲路」是唐三藏和冒險家馬可·波羅走過的地方，人們在這裡的沙漠中發現曾繁榮一時的古城樓蘭。

> 這是什麼建築物的痕跡啊？

絲路曾經出現「夢幻古城」

絲路(※)是古代連接中國、西亞和歐洲，促進東西交流的重要通道。這天，曾經存在的古城樓蘭遺跡，在中亞被找到了。有「夢幻王國」之稱的樓蘭（大約位於現在的新疆維吾爾自治區），發現者是瑞典探險家斯文·赫定，但他完全是碰巧發現的！因為探險隊在行進中不小心遺落了鐵鍬，派人回去尋找時，意外地發現古城遺跡。

※除了運送絲綢等貨物，這條路也在宗教、文化交流扮演重要的角色。

問題　在故事《西遊記》裡，唐三藏要去的地方是？

❶ 樓蘭　　❷ 香巴拉　　❸ 天竺　　❹ 極樂淨土

答案：③　天竺是日本和中國等地區對古印度的稱呼。

3月29日 （西元1867年）

英屬北美法令立法的日子

時代劃分 ▶ 古代　中世　近世　**近代**　現代

大概在這裡

國名 ▶ 加拿大
☑ 現存　☐ 滅亡

邁向獨立的第一步
加拿大整合為區域

英國原本在北美擁有加拿大殖民地，英屬北美法令將加拿大統整，從四個州成為自治領（※），朝獨立跨出一步。

> 總算爭取到了！
> 外交權
> 自治權
> 哼哼哼……
> 這個還不能給你們喔！

加拿大有了基本法，自治權受到認同

這天，英國女王批准了日後成為加拿大基本法的英屬北美法令。自19世紀中葉起，英屬北美開始被承認擁有自治權，但是尚未成為一個國家，因為其中還存在著英裔和法裔居民的族群對立。這項法令的目的，就是為了解決問題。四塊殖民地被統整為一塊區域，加拿大成為英國聯邦內的自治領。

※雖然領土仍屬於其他國家，但是就像一個獨立的國家，可以自行判斷、決定事情。

問題　加拿大的國土面積排行世界第二，請問第一名是？

❶ 美國　　❷ 俄羅斯　　❸ 中國　　❹ 澳洲

答案：② 俄羅斯第一，美國第三，中國第四，巴西第五，澳洲第六，印度第七。

107

梵谷出生的日子

3月30日（西元1853年）

時代劃分 ▶ 古代 中世 近世 **近代** 現代

國名 ▶ 荷蘭　☑現存　☐滅亡

大概在這裡

短短10年的畫家人生
留下超過2000幅作品

梵谷從16歲起開始賣畫，做過許多工作，27歲決定朝畫家之路邁進。

找出3個不一樣的地方！

對繪畫灌注滿腔熱情的男人

文森·梵谷是荷蘭畫家，他的作品現在仍廣受全世界喜愛，使用美麗的用色與強勁的筆觸表現出奇妙的世界，奪去許多人的目光。梵谷27歲才成為畫家，但37歲就去世了。也就是說，他只當了短短10年的畫家。即使如此，梵谷仍用10年的時間，留下了超過2000幅的作品！

補充：梵谷雖然留下了許多畫作，但是生前只賣出1幅作品，多數作品都是在他去世之後才成名的。

看圖找不同的答案：　①調色盤上的顏料數量　②筆的形狀　③花的種類

3月31日 （西元1732年）

海頓出生的日子

時代劃分：古代　中世　近世　**近代**　現代

國名 ▶ 神聖羅馬帝國（現為德國）
*也包含了奧地利
☐ 現存　☑ 滅亡

寫下成為德國國歌的曲子
人們敬稱**交響曲之父**

除了交響曲，海頓也創作管弦樂曲和協奏曲，在不同的音樂領域留下大量作品，連莫札特和貝多芬也受到他的啟發。

海頓獻給皇帝的《帝皇頌》，現在被用來當作德國國歌。

鏘——鏘——鏘鏘

恭喜拿到金牌！

這是海頓寫的曲子沒錯吧？

奠定了交響曲形式的大作曲家

我是法蘭茲・約瑟夫・海頓，29歲時成為匈牙利貴族——埃斯特哈齊家族的副樂長，沒過多久升為樂長，在這裡工作了將近30年，利用空檔創作許多曲子。樂團解散後，我經由英國回到奧地利的維也納，再次獲得巨大的成就。

法蘭茲・約瑟夫・海頓

💡 問題　海頓創作過的知名神劇作品是？

❶ 時鐘　　❷ 軍隊　　❸ 皇帝　　❹ 創世紀

答案：④　《時鐘》、《軍隊》是交響曲；《皇帝》是弦樂四重奏。

歇腳小專欄

1年的前3個月結束囉！

世界史小典故
古代 篇

> 輸了就會死……賭上性命而戰！
>
> 上啊！
>
> 幹掉他！

古羅馬曾有令現代人嚇一跳的競技場

義大利現在還保留著古羅馬時代建造的競技場。聽說這棟建築物最多能容納5萬人進場！古羅馬人的樂趣之一，就是聚集在競技場裡看表演。內容不是猛獸和角鬥士戰鬥，就是角鬥士和角鬥士之間戰鬥，常常發生流血或是死亡，聽說一年有數千人在決鬥中喪命。對現代人來說，這是完全無法想像的恐怖節目，但聽說國王當時舉辦熱鬧刺激的活動，目的是想減少民眾叛亂喔！

4月1日（西元1948年）

蘇聯限制東西德交通的日子

時代劃分 ▶ 古代 中世 近世 近代 **現代**

國名 ▶ **蘇聯**　☐現存　☑滅亡

不許自由往來
東西德的交通被禁止

蘇聯（蘇維埃共和國）開始盤查送進柏林的貨物，從這天起，占領西柏林的三個國家與蘇聯的關係急遽惡化。

譯註：此事件為第一次柏林危機，又稱柏林封鎖。

> 從此以後東西德之間不准自由往來！
>
> 咻啪
>
> 統治德國的總共有四個國家耶！

四個國家因為德國統治(※)問題發生對立！

第二次世界大戰後，美國、英國、法國和蘇聯等四個國家，曾一起統治戰敗的德國。蘇聯統治東柏林，美、英、法統治西柏林。但是從這天起，連接東西德的道路與鐵路等交通路線，被蘇聯單方面的封鎖，兩邊再也無法自由往來。從此以後，統治西柏林的三個國家與蘇聯之間，關係也急遽惡化。

※統治就是強行占領、支配該國家的土地和人民。

💡 **問題**　蘇維埃共和國為現在哪個國家的前身呢？

❶ 中華人民共和國　　❷ 俄羅斯聯邦　　❸ 巴西　　❹ 日本

答案：② 蘇維埃共和國是存在於1991年之前的世界大國，在幾個國家獨立之後解體，成為現在的俄羅斯聯邦。

4月2日 （西元1805年）

安徒生出生的日子

時代劃分：古代 中世 近世 **近代** 現代

國名▶ 丹麥 ☑現存 ☐滅亡

大概在這裡

安徒生的作品非常多
人人都知道的 童話故事

安徒生就是《人魚公主》和《賣火柴的小女孩》等故事的作者，直到今日，他創作的童話依然被孩子們反覆閱讀。

> 當不成演員，我就來寫好看的童話吧！

安徒生曾立志當演員，但是未能實現，於是他決定「來創作好看的故事吧！」

安徒生的經典童話至今仍被反覆閱讀

我叫漢斯·克里斯汀·安徒生，是一名童話作家。我曾經想當歌劇演員，但是並不順利，於是決定改當作家。我在30歲時出版了最早的童話集，並陸續推出《人魚公主》、《醜小鴨》和《賣火柴的小女孩》等作品，這些故事現在依然受到人們喜愛。

💡 **問題** 以下哪個故事是安徒生的創作？

❶ 輝夜姬　　❷ 浦島太郎　　❸ 拇指姑娘　　❹ 白鶴報恩

答案：③　故事描述一個拇指大小的姑娘，經歷了一場大冒險，最後和王子結婚。

4月3日（西元1897年）

作曲家布拉姆斯去世的日子

時代劃分 ▶ 古代 中世 近世 **近代** 現代

國名 ▶
普魯士王國
☐ 現存 ☑ 滅亡

有沒有聽過搖籃曲？
這首**名曲**是我寫的

布拉姆斯出生於普魯士王國的漢堡，連大音樂家舒曼也讚美他的才華，畢生創作了許多名曲，最後在奧地利的維也納去世。

> 我能成為有名的作曲家，要感謝舒曼老師幫忙！

近代德國的知名作曲家——布拉姆斯病逝

這天是19世紀德國作曲家約翰尼斯・布拉姆斯去世的日子。布拉姆斯從小便以鋼琴家的身分活動，隨後開始自己作曲。他創作的曲子受到大音樂家舒曼讚賞，名字也因此紅遍歐洲。除了接二連三寫下名曲，布拉姆斯也在樂曲中添加古典音樂元素，被譽為「新古典樂派的完成者」。

問題　以下哪位人物和布拉姆斯一樣，是德國作曲家？

❶ 阿爾伯特・愛因斯坦　❷ 安格拉・梅克爾　❸ 麥可・舒馬克　❹ 路德維希・范・貝多芬

答案：④　貝多芬也是德國代表性的作曲家，創作了有名的《命運交響曲》。

113

4月4日（西元1968年）

金恩牧師被暗殺的日子

時代劃分：古代・中世・近世・近代・**現代**

國名▶ 美國　☑現存　□滅亡

反對暴力的偉大牧師最後遭人暗殺

金恩牧師生前致力提倡消除社會的人種歧視，最後卻被反對派人士暗殺了。

金恩牧師使用非暴力的和平抗議爭取權利，並得到1964年的諾貝爾和平獎。

> 白人和黑人都應該享有平等的權利！

為和平奉獻人生的美國英雄

我叫馬丁・路德・金恩，在我生長的年代，美國社會還普遍存在歧視膚色不同的人種，黑人和白人無法享有相同的待遇。為了讓所有膚色的人能平等生活，我跑遍美國各地演講。但是就在這天，我遭受到槍擊而死亡。

馬丁・路德・金恩
（金恩牧師）

💡 **問題**　在美國，1月的第三個星期一是什麼日子呢？

❶ 馬丁・路德・金恩紀念日　❷ 成人日　❸ 體育日　❹ 春分假期

答案：① 從1986年起，將這天定為國定假日「馬丁・路德・金恩紀念日」。

4月5日 （西元1722年）

復活節島被發現的日子

時代劃分：古代 中世 近世 **近代** 現代

大概在這裡

國名▶ 智利
☑ 現存　☐ 滅亡

發現復活節島
島上有巨大的摩艾石像

位在南太平洋東邊的復活節島以摩艾石像而聞名，在復活節（Easter）的這天，荷蘭軍官發現了這座島嶼。

> 摩艾石像是祖先和部落的守護神喔！
>
> 以後這裡就叫復活節島

荷蘭人發現了復活節島！

復活節島是一座神祕的小島，島上存在著巨大的摩艾石像。這天，荷蘭軍官雅可布・羅赫芬成為歐洲史上第一位造訪島嶼的人，因為這天剛好是復活節，所以命名為「復活節島」。據說島上有超過九百座摩艾石像，一度全部是傾倒的狀態。現在大家看到立著的摩艾石像，是20世紀後重新立起的，日本也有參與修復工作。

💡 **問題**　摩艾石像為什麼是倒著的呢？

❶ 因為戰爭　　❷ 火山爆發　　❸ 暴風雨　　❹ 隧道工程

答案：① 據說部落之間曾經發生「打倒摩艾戰爭」。

4月6日（西元1909年）

「北極日」起源的日子

時代劃分 ▶ 古代 中世 近世 近代 **現代**

大概在這裡

國名 ▶ 北極
☑ 現存　☐ 滅亡

他是全世界首位踏上**北極點**的人

這天，美國海軍軍官皮里成為世界上首位抵達北極點的人，後來被美國地理學家協會認定為「北極日」。

> 失敗了無數次，總算來到北極點啦！
>
> 終站 北極點

皮里踏上北極點，成為世界第一人

這天，來自美國的羅伯特・皮里成為世界上首位抵達北極點的人。北極點指的是地球的最北端，皮里失敗了好幾次，終於在第六次挑戰成功。但是，關於他是否真的抵達北極點，世人持續爭論了80年。直到皮里去世後，美國地理學家協會才正式認定他的豐功偉業，並將這天定為「北極日」，此時已經是1989年了。

💡 問題　地球的最南端「南極點」所在的大陸叫做？

① 澳洲大陸　② 南極大陸　③ 南非大陸　④ 非洲大陸

答案：②　南極點位在南極大陸，高度約2800公尺的冰面上。

4月7日 （西元1506年）

沙勿略出生的日子

| 時代劃分 | 古代 | 中世 | **近世** | 近代 | 現代 |

大概在這裡

國名▶
西班牙
☑現存　☐滅亡

天主教傳教士(※)沙勿略曾經到日本傳教

沙勿略是來自西班牙的耶穌會傳教士，為了宣揚天主教，在室町時代到達日本。

1549年，耶穌會傳教士沙勿略造訪日本，成為日本史上第一位天主教傳教士。

為了宣揚天主教義，我終於來到日本啦！

日本史上首位天主教傳教士

我叫方濟・沙勿略，這天誕生於西班牙。我曾在巴黎留學，下定決心要成為布教大使，於是創立了耶穌會。我先去印度宣揚天主教義，接著又去了日本，以「日本史上第一位天主教傳教士」之名為人所知。

方濟・沙勿略

※去外國宣揚天主教的工作者。

問題　沙勿略是搭乘什麼交通工具前往日本的？

❶ 船　　❷ 火車　　❸ 飛船　　❹ 飛機

答案：① 沙勿略乘船渡海，並從鹿兒島上岸。

4月8日 （西元1820年）

《米洛的維納斯》被發現的日子

時代劃分 ▶ 古代　中世　近世　**近代**　現代

國名 ▶ 希臘　☑現存　☐滅亡

古希臘的偉大雕像 米洛的維納斯被找到了！

這天，一位農夫在米洛斯島發現一尊大理石雕像，是古希臘的女神像，後來被稱作《米洛的維納斯》。

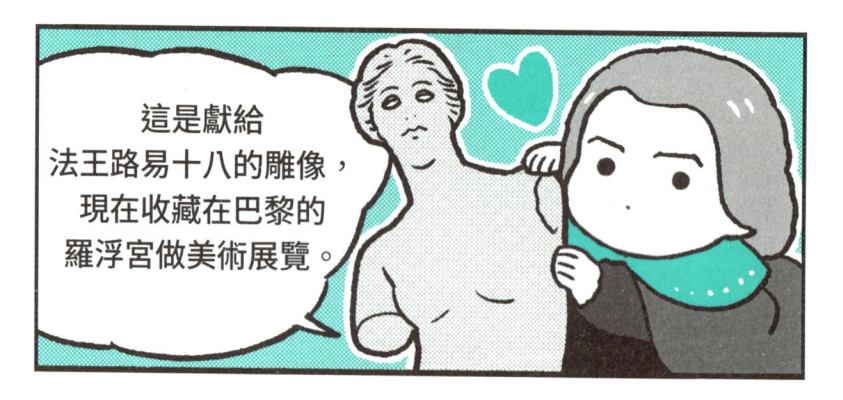

> 這是獻給法王路易十八的雕像，現在收藏在巴黎的羅浮宮做美術展覽。

在米洛斯島發現《米洛的維納斯》

這天，古希臘雕像《米洛的維納斯》在米洛斯島被農夫找到了。維納斯[※]是神話裡奧林帕斯十二神當中的美之女神。這尊雕像是古希臘代表性的傑作，推測創作於西元前130年左右。儘管缺少了整隻左手和右手臂，不過也有人說，這樣的形象反而更能激發大家的想像力呢！

※希臘神話中的女神阿佛洛狄忒，即是羅馬神話的女神維納斯。因雕像在希臘被發現，故稱作《米洛的維納斯》。

問題　希臘的米洛斯島位在哪片海域呢？

❶ 瀨戶內海　❷ 鄂霍次克海　❸ 愛琴海　❹ 北極海

答案：③　米洛斯島是位在愛琴海基克拉澤斯群島西南端的島嶼。

4月9日 （西元1865年）

美國南北戰爭結束的日子

時代劃分：古代 / 中世 / 近世 / **近代** / 現代

大概在這裡

國名▸ 美國
☑ 現存　☐ 滅亡

反對奴隸制的北部戰勝了南部

美國曾經發生過南部和北部激烈對立的南北戰爭，最後由反對奴隸制的北部贏得勝利。

> 咚咚！
> 打贏南北戰爭啦！
> 從今以後解放黑奴，美國也將邁向統一。

美國的南北戰爭終於結束！

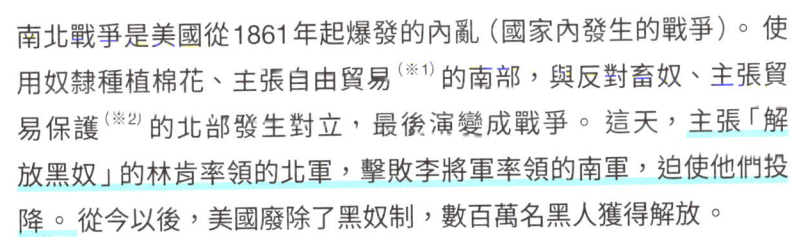

南北戰爭是美國從1861年起爆發的內亂（國家內發生的戰爭）。使用奴隸種植棉花、主張自由貿易（※1）的南部，與反對畜奴、主張貿易保護（※2）的北部發生對立，最後演變成戰爭。這天，主張「解放黑奴」的林肯率領的北軍，擊敗李將軍率領的南軍，迫使他們投降。從今以後，美國廢除了黑奴制，數百萬名黑人獲得解放。

※1 國家不得干涉貿易，商人可以自由和外國進行貿易。
※2 為了保護國內的產業，對外國的進口貿易商品增設稅金等。

問題　發生在1863年，南北戰爭期間最大戰役是？

❶ 關原之戰　❷ 滑鐵盧戰役　❸ 安卡拉之戰　❹ 蓋茨堡之役

答案：④　發生在蓋茨堡的戰事是南北戰爭中的最大戰役，最後雖由北軍獲勝，但是造成許多人犧牲。

4月10日 （西元1794年）

海軍將領培里出生的日子

時代劃分 ▶ 古代 中世 近世 **近代** 現代

國名 ▶ 美國　☑現存　☐滅亡

大概在這裡

美國東印度艦隊司令官
培里誕生了

美國軍官培里乘坐蒸氣軍艦，於1853年抵達日本的浦賀沖，培里和江戶幕府在隔年簽訂《日美和親條約》。

> 再不開港，我就發射大砲攻擊！

> 我們願意打開港口，簽訂和親條約……

日本當時處於鎖國狀態，不與外國往來，因培里的造訪而打開國門。

需要補給水和燃料，請求日本協助

我叫馬修‧培里，這天在美國的羅德島州誕生，我的父親是一名海軍上校。在我擔任東印度艦隊司令官的期間，**美國在日本近海開拓捕鯨事業，為了保護船員，並為船隻補給食物、水和燃料，我們需要日本港口的協助**。為此，我前往日本、進行交涉。

問題 培里搭乘的蒸氣軍艦，又叫什麼呢？

❶ 黑船　　❷ 紅船　　❸ 白船　　❹ 藍船

答案：① 培里乘坐的蒸氣軍艦是全黑的，所以俗稱「黑船」。

120

4月11日 （西元1875年）

簽訂《米制公約》的日子

時代劃分 ▸ 古代 ／ 中世 ／ 近世 ／ **近代** ／ 現代

國名 ▸ **法國**　☑現存　☐滅亡

大概在這裡

全世界都用**公尺（米）**當作單位吧！

「公尺（米）」是現在全世界通用的度量衡單位，為了讓不同國家統一長度單位，人們在這天簽訂《米制公約》。

> 碼？英寸？尺？太混亂了吧！
> yd？　inch？

在法國簽訂《米制公約》

過去，不同國家和地域經常使用不同的長度計算單位，例如「碼」或「英寸」等等，各國之間沒有一個共通的標準。由於單位不同會造成不便，18世紀末，法國採用「米制（公制）」來規定1公尺的長度，但卻沒什麼人響應。後來各國在法國巴黎舉行會談，締結了「讓各國使用一樣的公尺」的《米制公約》。

💡 **問題**　最初的1公尺長度，是以什麼為基準決定的？

❶ 東京到大阪的距離　❷ 北極到赤道的距離　❸ 富士山的高度　❹ 艾菲爾鐵塔的高度

答案：② 地球從北極到赤道的距離為1萬公里（譯註：1公尺的長度則為「從赤道到北極之間距離的1000萬分之1」），以此為基準來決定的。

4月12日 （西元1945年）

小羅斯福去世的日子

時代劃分：古代　中世　近世　近代　**現代**

國名▶ 美國　☑現存　☐滅亡

美國總統羅斯福
逝世

富蘭克林・羅斯福在全球經濟危機的年代當上總統，推動羅斯福新政，並在第二次世界大戰結束前去世。

> 推行羅斯福新政，使美國的經濟再次富強，並且可以打贏二戰！

推動羅斯福新政，重振美國經濟

富蘭克林・羅斯福在全球經濟大蕭條、許多人口失業的年代當上總統，推動「羅斯福新政」進行改革，重振美國經濟。政策包括為失業者介紹工作、建設水壩等公共事業，並為人民創造新的工作機會。1941年發生了日本偷襲美國的珍珠港事件，美國加入第二次世界大戰，羅斯福則在戰爭快要結束前去世。

💡 問題　羅斯福透過什麼方式，向美國人民喊話呢？

❶ 部落格　❷ 推特　❸ 廣播　❹ LINE

答案：③　羅斯福透過當時普及的收音機廣播進行演講，向人民喊話。

4月13日 （西元1598年）

《南特詔書》簽署頒布的日子

時代劃分：古代　中世　**近世**　近代　現代

國名▶ **法國**　☑現存　☐滅亡

承認信仰的自由
成功結束了宗教戰爭

法王亨利四世簽署了承認法國新教徒信仰自由的《南特詔書》(※)，結束長達30多年的法國宗教戰爭。

> 我承認新教徒的信仰自由，漫長的戰爭就此結束吧！

頒布《南特詔書》，結束了戰爭

16世紀中葉起，法國持續著基督教的舊教（天主教）與新教（新基督教）之間的宗教戰爭。國王亨利三世被暗殺後，由原為新教徒（之後改信舊教）的亨利四世繼位，結果引起舊教徒的反對，使戰爭越演越烈。最後，亨利四世在這天來到南特城，頒布了國王的命令《南特詔書》，承認新教徒的信仰自由，為漫長的戰爭畫下句點。

※詔書又稱敕令，是國王和皇帝直接頒布的命令。

問題　以下哪一座建築物，是位在法國的天主教教堂？

❶ 巴黎聖母院　　❷ 東大寺　　❸ 日光東照宮　　❹ 白金漢宮

答案：① 巴黎聖母院是位在法國巴黎的天主教教堂。

4月14日 （西元1629年）

天文學家惠更斯出生的日子

時代劃分：古代 | 中世 | **近世** | 近代 | 現代

大概在這裡

國名▶ 荷蘭
☑ 現存　☐ 滅亡

土星環和獵戶座大星雲
被人發現了！

天文學家惠更新在這天出生。他用自製的望遠鏡進行天體觀測，發現了土星環、土星的衛星，以及獵戶座大星雲。

> 惠更斯不只懂天文學，還擅長數學、物理學、光學和機械工學，在不同領域皆留下貢獻。

> 世紀大發現，土星的外圍有環啊！

天文學家惠更斯在這天出生

我叫克里斯蒂安‧惠更斯，是荷蘭的天文學家。這天，我出生在一個叫海牙的城市，小時候的夢想是當外交官，但是因為對科學產生興趣，走上研究之路。我用自己製作的望遠鏡發現了土星環、土星的衛星「泰坦」，以及獵戶座大星雲喔。

克里斯蒂安‧惠更斯

💡 **問題**　惠更斯使用擺針發明了什麼呢？

❶ 矽藻土炸藥　❷ 飛機　❸ 蒸汽機　❹ 擺鐘

答案：④　惠更斯使用擺針做出了第一座擺鐘。

124

4月15日 （西元1452年）

（儒略曆）＊公曆為4/23

李奧納多・達文西出生的日子

時代劃分 ▶ 古代 中世 **近世** 近代 現代

大概在這裡

國名 ▶
義大利
☑現存 ☐滅亡

什麼都會的超級天才 李奧納多・達文西

達文西是文藝復興時代活躍於各個領域的天才藝術家，這天，他在義大利的文西村誕生了。

> 繪畫、雕刻、建築、科學，樣樣都會的超級天才！

> 達文西設計了戰車和大砲，並且研究鳥類飛行的原理，畫出飛機的設計圖。

文藝復興時代的天才藝術家達文西的生日！

我叫李奧納多・達文西，這天在義大利托斯卡尼大區的文西村誕生。此時正逢義大利的文藝復興時代，優秀的藝術家人才輩出。其中，我因為名畫《蒙娜麗莎》與《最後的晚餐》，被人稱作「文藝復興的天才」。

問題 達文西的作品《最後的晚餐》畫的是誰呢？

❶ 耶穌的門徒　　❷ 織田信長　　❸ 聖德太子　　❹ 聖母瑪利亞

答案：① 上面畫了耶穌的十二門徒。

4月16日 （西元1889年）

卓別林出生的日子

時代劃分：古代　中世　近世　**近代**　現代

國名▶ 英國　☑現存　☐滅亡

大概在這裡

世界的喜劇之王
光是走路就能逗人發笑

查理·卓別林為許多人帶來歡笑，他在1972年獲得電影界的超級大獎──奧斯卡金像獎。

找出3個不一樣的地方！

他讓人們歡笑不斷

卓別林在英國誕生，24歲便演出美國的喜劇電影，瞬間成為讓眾人歡笑的知名喜劇演員！除了演戲，卓別林也開始創作自己的電影。當戰爭爆發時，他透過自己製作的喜劇電影，傳遞和平反戰的訊息。雖然有人批評卓別林的想法，但他絲毫不服輸，推出一部又一部的電影。

補充　卓別林追求和平的想法，在當時的美國算是一種反叛思想，卓別林曾一度被禁止進入美國。

看圖找不同的答案：　①帽子的形狀　②手杖不同　③有無鬍子

4月17日 （西元1946年）

敘利亞脫離法國獨立的日子

時代劃分 ▶ 古代　中世　近世　近代　**現代**

國名 ▶ 敘利亞
☑ 現存　☐ 滅亡

大概在這裡

被法國統治的敘利亞正式獲得**獨立**

第一次世界大戰後，英國和法國紛紛向中東擴張領土，這天，被法國統治的敘利亞獨立成功。

> 這個地方擁有古老的歷史，但是直到第二次世界大戰後，敘利亞才正式擺脫法國獨立。

法國終於認可敘利亞是獨立國家

敘利亞所在的中東地區擁有世界上最古老的歷史，從8000年前就有農耕的痕跡，但是從第一次世界大戰後的1920年開始，這塊土地便受到法國支配。敘利亞積極展開獨立運動，可惜和法國的交涉尚未有進展，第二次世界大戰就爆發了。直到二戰結束的隔年，法軍才撤離敘利亞，敘利亞也在這天正式獨立。

💡 問題　在20世紀初之前的600年間，是由哪個帝國支配了中東呢？

❶ 俄羅斯帝國　❷ 蒙古帝國　❸ 加米拉斯帝國　❹ 鄂圖曼帝國

答案：❹　從15世紀起，鄂圖曼帝國統治了中東長達600年。

127

4月18日（西元1945年）

物理學家弗萊明去世的日子

時代劃分：古代 / 中世 / 近世 / 近代 / **現代**

國名：**英國** ☑現存 ☐滅亡

馬達為什麼會動？
教學時，發明了**左手定則**

「左手定則」說明馬達和發電機的原理，讓電氣技術大有斬獲，發明者是物理學家弗萊明，這天是他去世的日子。

弗萊明的左手定則
- 磁場
- 力量
- 電流

除了「左手定則」，弗萊明還發明了真空管，在科學領域貢獻卓越。

※他也有提出右手定則喔

這樣就能記住馬達和發電機的運作原理！

弗萊明留下了偉大的發明

我叫約翰・弗萊明，是一位英國電氣工程師和物理學家。我在大學教授電氣工學時，想出了可以簡單說明馬達和發電機原理的「左手定則」。這個定則傳遍全世界，現在學校也有教喔。

約翰・弗萊明

💡 **問題**　弗萊明發明的真空管，之後運用在什麼物品呢？

❶ 電視機　　❷ 自行車　　❸ 手錶　　❹ 眼鏡

答案：①　不久之後，真空管被用來製作收音機、電視機和電話等。

4月19日 (西元1897年)

第一屆波士頓馬拉松舉行的日子

時代劃分：古代／中世／近世／**近代**／現代

國名▶ 美國　☑現存　☐滅亡

大概在這裡

歷史僅次於奧運的**運動大會**「波士頓馬拉松」首次開跑

波士頓馬拉松是世界上擁有最長歷史的馬拉松比賽，這天在麻薩諸塞州的波士頓，舉辦第一屆活動。

> 決勝關鍵是通過30公里路段的「心碎坡」

呼 呼

最古老的馬拉松，波士頓馬拉松開幕！

1897年的這天，為了紀念美國獨立戰爭的開戰日——「愛國者日」，而在麻薩諸塞州的波士頓舉辦了第一屆波士頓馬拉松。這是一般人都可以參加的馬拉松裡面，歷史最古老的傳統賽事。1951年由日本參賽者田中茂樹拿下日本初次優勝，之後還有君原健二、瀨古利彥等日籍選手接連奪下勝利。

💡 **問題**　請問2018年，在波士頓馬拉松拿下優勝的日本人是？

❶ 鈴木一朗　❷ 川內優輝　❸ 大谷翔平　❹ 錦織圭

答案：② 這是自1987年的瀨古利彥以來，睽違31年由日本選手拿下優勝。

4月20日 （西元1889年）

希特勒出生的日子

時代劃分 ▶ 古代 中世 近世 **近代** 現代

國名 ▶ 德國　☑現存　☐滅亡

20世紀最具代表的**獨裁者**把全世界捲入大戰

希特勒是把全世界捲入大戰的關鍵人物，他在自己的國家也是長期維持獨裁政權、為所欲為。

問題

希特勒殘害許多人命的重大歷史事件叫做？

① 南京事件
② 猶太人大屠殺
③ 納粹黨

本來想當畫家，落榜後成為政治家！

德國有名的政治家阿道夫·希特勒在這天誕生了。提到希特勒，人們多半想到他在政治上的專斷獨行，導致最後德國戰敗，還有他在戰爭中殺了許多猶太人，做出殘忍的行為。但是，原來希特勒小時候想當畫家！他曾經想讀美術學校，結果沒有考上，只好一邊賣自己畫的明信片，一邊學習政治知識。

補充

希特勒跟父親感情不好，加上當時正值叛逆期，在學校的成績也不是很好，所以最後沒完成心願。

答案：② 希特勒的大屠殺造成約600萬名猶太人喪生。

4月21日 （西元1864年）

學者韋伯出生的日子

時代劃分：古代　中世　近世　**近代**　現代

國名：德國　☑現存　☐滅亡

深入思考社會與經濟的
大人物

韋伯是活躍於20世紀初的社會、經濟學家，他是政治家的小孩，在富裕的家庭出生長大。

> 西歐的文明為何比其他國家先進呢？好想知道原因啊！

他是足以代表20世紀的社會學家

這天，活躍於20世紀初的德國社會、經濟學家馬克斯・韋伯誕生了。韋伯對於「為何近代歐洲的資本主義會迅速發展？」的問題抱持疑問，他認為原因可能是「新教倫理[※]的道德觀對資本主義的精神造成影響」。韋伯針對經濟、官僚（國家的官員）體制等社會制度皆提出自己的見解，對後世影響很大。

※從16世紀的宗教改革誕生的基督新教派，認為要信奉上帝，並且重視《聖經》的教誨。

問題 韋伯在1920年過世，請問他的死因是？

❶ 交通意外　　❷ 自然衰老　　❸ 西班牙流感　　❹ 戰爭

答案：③　韋伯患上當時全球大流行的西班牙流感而病逝。

4月22日 （西元1970年）

第一屆「世界地球日」舉辦的日子

時代劃分 ▶ 古代 ｜ 中世 ｜ 近世 ｜ 近代 ｜ **現代**

國名 ▶
世界各國
☑ 現存　☐ 滅亡

為了保護**地球環境**而誕生的日子

世界地球日（Earth Day）是思考地球環境的日子，為了紀念這天舉辦的環保運動，而將4月22日設為紀念日。

> 氣候異常、空氣污染、森林砍伐……大家一起動動腦，保護地球環境吧！

世界地球日，大家一起思考環境問題！

這個日子起源於1969年發生在美國加州聖塔芭芭拉海岸的漏油事件，大量原油嚴重污染了海水。隔年同日，美國參議員尼爾森召開了環境保護會議，提醒世人珍惜乾淨的空氣和水，一起保護地球環境，並且設立了「世界地球日」以茲紀念。之後，每年到了這天，全世界都會一起思考環保議題。

💡 **問題**　日本為了響應世界地球日，推行了什麼呢？

❶ 母親節　　❷ 父親節　　❸ 春分假期　　❹ 徒步區

答案：❹　日本東京都銀座的徒步區就是為了響應環保而推行的。

4月23日 （西元1564年）

莎士比亞出生的日子

| 時代劃分 | 古代 | 中世 | **近世** | 近代 | 現代 |

國名 ▶ 英國　☑現存　☐滅亡

大概在這裡

莎士比亞是創作**經典戲劇**的天才作家

以《哈姆雷特》、《馬克白》、《奧賽羅》、《李爾王》四大悲劇為首，留下許多名著的莎士比亞，在這天誕生了。

莎士比亞一生創作了40部左右的劇本，被譽為文藝復興文學的頂點。

寫下許多精準傳達人類感情的悲劇和喜劇。

劇作家莎士比亞誕生的日子

我叫威廉‧莎士比亞，是英國最具代表的劇作家。這天，我出生在英國中部的小鎮。年輕時，我曾站上舞台、立志當一名演員，但是後來成為有名的劇作家，創作《羅密歐與茱麗葉》、《威尼斯商人》等名劇，直到現在仍不斷被搬上舞台演出喔。

威廉‧莎士比亞

💡 **問題**　莎士比亞曾在哪一個劇場活動？

❶ 環球劇場　　❷ 歌舞伎座　　❸ 東京巨蛋　　❹ 宇宙劇場

答案：① 莎士比亞曾在倫敦泰晤士河畔的環球劇場參與活動。

133

4月24日 （西元1743年）

發明家卡特賴特出生的日子

時代劃分：古代　中世　近世　**近代**　現代

國名▶ **英國**　☑現存　☐滅亡

發明動力織布機
一次可以完成許多織品

工業革命時，出現利用蒸汽機動力來織布的「動力織布機」，發明者叫埃德蒙・卡特賴特，這天是他出生的日子。

> 只要有了這台機器，即使人手不足也能織布喔！

嘎吱　嘎吱

工業革命的發明家卡特賴特

這天是英國發明家卡特賴特出生的日子。卡特賴特在牛津大學主修神學，直到40歲之前都是擔任牧師。當時，即使有了大量的線，人們仍為織布的人手不足而煩惱，卡特賴特看見問題，於1785年發明一種利用蒸氣的「動力織布機」，能一次將許多線織成布。儘管織布機做出來的品質比不上手工製品，但一位織布員可以同時操作許多台機器，生產出大量的紡織品。

💡 **問題**　在明治、大正時代，發明自動紡織機的日本發明家是？

① 培里　　② 坂本龍馬　　③ 德川慶喜　　④ 豐田佐吉

答案：④　日本人豐田佐吉發明了「豐田自動織機」。

4月25日 （西元1898年）

美國向西班牙宣戰的日子

時代劃分：古代 / 中世 / 近世 / **近代** / 現代

國名▶ 美國　☑現存　☐滅亡

為了幫助古巴獨立 美國和西班牙**發生戰爭**

因為古巴開始反抗西班牙的統治，美國和西班牙發生對立，美國就在這天向西班牙宣戰，美西戰爭爆發。

> 不能再讓西班牙對古巴為所欲為！
>
> 咕嚕咕嚕

美國宣戰，美西戰爭爆發

1895年，被西班牙統治的古巴發生了反叛，在古巴投資甘蔗產業的美國因此和西班牙對立。本來美國的麥金利總統不希望引發戰爭，但是在1898年，發生了美國的緬因號戰艦在古巴的哈瓦那灣被炸沉的事件。以此為導火線，人民反西班牙的聲浪高漲，美國終於在這天對西班牙宣戰，美西戰爭正式爆發。

問題　在大航海時代發現古巴的人是誰呢？

❶ 麥哲倫　❷ 哥倫布　❸ 馬可·波羅　❹ 德瑞克

答案：② 1492年，探險家克里斯多福·哥倫布發現了古巴。

135

4月26日 （西元1937年）

德軍空襲格爾尼卡的日子

時代劃分：古代 中世 近世 近代 **現代**

國名▶ **西班牙**　☑現存　☐滅亡

大概在這裡

德軍空襲**西班牙城鎮**
畢卡索將這一幕畫了下來

這天，德軍轟炸了陷入內戰的西班牙城鎮格爾尼卡，畢卡索畫出戰火下的人間煉獄。

> 巴勃羅・畢卡索被譽為「20世紀最偉大的藝術家」，他用畫作《格爾尼卡》表達自己對戰爭的憤怒。

> 我要把故鄉西班牙發生戰爭的憤怒，用畫作保存下來！

畢卡索描繪戰爭慘狀的曠世傑作

我叫巴勃羅・畢卡索，被譽為「20世紀最偉大的藝術家」。這天，處於內戰的西班牙城鎮格爾尼卡受到德軍空襲。在得知故鄉西班牙發生悲慘戰爭後，我畫下了《格爾尼卡》這幅畫，表達對於戰爭的憤怒。

巴勃羅・畢卡索

💡 **問題**　《格爾尼卡》是為了在哪裡參展而畫的？

❶ 奧林匹克運動會　❷ 巴黎世界博覽會　❸ 世界盃足球賽　❹ 超級盃冠軍賽

答案：② 在1937年舉辦的巴黎世界博覽會，為了西班牙共和國館展覽而畫。

4月27日 （西元1828年）

倫敦動物園開幕的日子

時代劃分：古代　中世　近世　**近代**　現代

國名▶ **英國**　☑現存　□滅亡

大概在這裡

動物的魅力擄獲所有人的心
假日去**動物園**走走吧！

在此之前，只有王公貴族才能參觀動物園，從這天起，成為每個人都能同遊的去處。

找出3個不一樣的地方！

動物園也在動物研究領域派上用場！

動物園裡聚集了來自世界各地的動物，但是在從前的時代，只有富家子弟才能享受這個奢侈的樂趣。這天，動物園在英國倫敦開幕，因為可愛的稱呼「Zoo」而廣受歡迎，<u>不只有錢人，連一般民眾都能前往觀賞</u>。聽說這座動物園是一位熱愛動物的政治家出資興建，其中的相關人員也都是動物迷呢！

補充　倫敦動物園是由喜愛動物科學的人組成「倫敦動物學協會」經營。

看圖找不同的答案：①動物的顏色　②時鐘指針　③左邊樹上的果實

4月28日 (西元711年)

穆斯林占領直布羅陀的日子

時代劃分 ▶ 古代 **中世** 近世 近代 現代

國名 ▶
伊斯蘭帝國
☐ 現存　☑ 滅亡

伊斯蘭勢力入侵西班牙
占領直布羅陀一帶

信奉伊斯蘭教的穆斯林將軍塔里克攻占西班牙半島，後來，塔里克的名字衍生出「直布羅陀」這個地名。

> 我的名字成為地名，就這樣留下來……

伊斯蘭軍的將領，占領直布羅陀

這天，穆斯林將軍越過歐洲大陸和非洲大陸之間的海峽，對西班牙半島發動攻擊。海峽的北岸有一座巨大的岩山，人們叫它「海格力斯之柱」。塔里克將軍占領此地後，用自己名字的阿拉伯語將這裡命名為「加巴爾・塔里克（塔里克的山峰）」，後來因為腔調的關係，發音變成「直布羅陀」，從此成為這裡的地名。（現在為英國的領土）。

💡 **問題**　「海格力斯之柱」的海格力斯是什麼人？

❶ 畫家　　❷ 建築家　　❸ 希臘神話裡的英雄　　❹ 名偵探

答案：③　海格力斯是希臘神話裡面，宙斯與安菲特律翁的妻子阿爾克墨涅所生的小孩。

4月29日 （西元1909年）

大不里士市民軍被殲滅的日子

時代劃分 ▶ 古代 中世 近世 近代 **現代**

國名 ▶ 伊朗　☑ 現存　☐ 滅亡

市民軍要求恢復立憲制(※)
但是**輸給了**反革命軍

伊朗舉行了第一次國民議會，並且決定採用憲法。
但是，伊朗的沙阿王壓制了首都，大不里士的市民起身抗戰。

> 為了恢復立憲制，我們要和土軍決一死戰！

大不里士市民戰敗，立憲革命以失敗收場

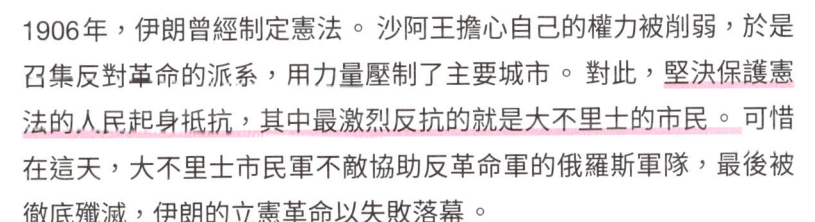

1906年，伊朗曾經制定憲法。沙阿王擔心自己的權力被削弱，於是召集反對革命的派系，用力量壓制了主要城市。對此，堅決保護憲法的人民起身抵抗，其中最激烈反抗的就是大不里士的市民。可惜在這天，大不里士市民軍不敵協助反革命軍的俄羅斯軍隊，最後被徹底殲滅，伊朗的立憲革命以失敗落幕。

※以憲法為依據來治理國家和國民。

💡 **問題**　位在伊朗西北方的城市大不里士有什麼特產？

❶ 哈密瓜　　❷ 西瓜　　❸ 納豆　　❹ 波斯地毯

答案：④　大不里士盛行棉花產業，是有名的波斯地毯生產地。

4月30日 （西元1792年）

三明治伯爵去世的日子

時代劃分：古代　中世　近世　**近代**　現代

大概在這裡

國名▶ **英國**　☑現存　☐滅亡

喜愛玩紙牌遊戲的伯爵
想出**三明治**這種食物

三明治是方便的食物，用麵包夾住肉和蔬菜，就能直接享用。
這天，是「三明治伯爵」去世的日子。

> 約翰·孟塔古是一位有名的政治家，曾經贊助詹姆士·庫克船長前往太平洋探險。

> 這個食物以我的名字來命名，後來成為現代人熟悉的三明治。

三明治伯爵在這天逝世

我是18世紀的英國貴族，第四代三明治伯爵——約翰·孟塔古。我連吃飯的時間都不願意浪費，想拿來玩紙牌遊戲，不禁思考：「有沒有方法可以邊吃邊玩呢？」於是，我想出了把餡料夾在麵包裡吃的三明治。

約翰·孟塔古
（第四代三明治伯爵）

💡 **問題**　最初傳到日本的，是什麼口味的三明治呢？

❶ 火腿蛋　　❷ 鮪魚美乃滋　　❸ 起司火腿　　❹ 漢堡肉排

答案：③　起司火腿三明治在明治時代初次傳到日本。

5月1日 （西元1889年）

「國際勞動節」起源的日子

時代劃分 ▶ 古代　中世　近世　**近代**　現代

國名 ▶
世界各國
☑ 現存　☐ 滅亡

勞動節是全世界的**勞工**共襄盛舉的節日

每年的這天，會固定舉辦勞工的慶祝節目「國際勞動節」，這個節日起源於美國發生的一場罷工事件。

> 訴求
> 勞動時數太長了，改成1天8小時！
> MAY DAY
> 就是說啊！

從罷工遊行演變為國際勞動節

國際勞動節始自1886年發生在美國芝加哥的一場罷工遊行。當時，芝加哥的工人1天經常工作超過12個小時！過長的勞動時數使工人紛紛罷工、走上街頭抗議，提出「1天工作8小時」的訴求。1889年，人們在法國巴黎舉行了國際勞工大會，將每年的這天定為勞工主張自己的權利並團結起來的日子。

💡 問題　日本首次的國際勞動節紀念活動，是在哪裡舉行呢？

❶ 昭和紀念公園　❷ 上野公園　❸ 代代木公園　❹ 大阪城公園

答案：②　日本從1920年開始引進國際勞動節，並在上野公園舉辦首次紀念活動。

5月2日 （西元1808年）

馬德里市民與法軍交戰的日子

時代劃分 ▶ 古代 中世 近世 **近代** 現代

國名 ▶
西班牙
☑ 現存　☐ 滅亡

大概在這裡

拿破崙一世想篡奪王位
西班牙人民奮勇抵抗

法皇拿破崙覬覦西班牙王位，率領軍隊想趕走西班牙王室，馬德里市民得知消息，起身對抗法軍。

譯註＊中文稱「5月2日起義」。

> 我們西班牙人民不會讓拿破崙稱心如意的！

> 西班牙的王——由我來當。

馬德里的平民百姓與法軍奮勇交戰

當時，西班牙的王室內部出現兩派勢力，法皇拿破崙想藉機將西班牙納入版圖。他以攻打葡萄牙為由，將法軍設置在西班牙國內。馬德里的人民得知拿破崙的企圖心後，在這天起義反抗法國，試圖將拿破崙的軍隊趕出去，可惜最後被法軍的繆拉元帥以武力鎮壓。

💡 **問題**　哪位畫家畫下了這天奮勇抵抗法軍的西班牙人民呢？

❶ 梵谷　　❷ 葛飾北齋　　❸ 哥雅　　❹ 畢卡索

答案：③　西班牙畫家法蘭西斯科・哥雅畫下了《1808年5月2日的起義》和《1808年5月3日的槍殺》兩幅畫。

5月3日 （西元1979年）

英國由女性當上首相的日子

時代劃分：古代／中世／近世／近代／**現代**

國名：英國　☑現存　□滅亡

暱稱**鐵娘子**
當時罕見的女性政治家

瑪格麗特・柴契爾提出大膽的政策，挽救因為諸多問題陷入財政困難的英國。

問題

柴契爾夫人所屬的政黨叫什麼名字呢？

❶ 勞動黨
❷ 保守黨
❸ 民主黨

男性優勢的時代宣告結束

在這天，歐洲首位女性首相上任了，人們稱她為「柴契爾夫人」。聽說柴契爾夫人本來想當科學家，但是求職不順利，轉而對政治產生興趣。她不但持有律師執照，還對經濟學下了一番苦工，在英國經濟蕭條時提出許多政策，最後成為首相。因為她是第一位女性首相，起初人們認為她一定做不久，但她前後任期長達11年之久喔！

補充

柴契爾夫人當上首相之後，英國的經濟也曾有過一段停滯期，導致她的聲望下滑。

答案：② 柴契爾夫人是史上第一位女性保守黨黨魁。

5月4日 （西元1929年）

奧黛麗・赫本出生的日子

時代劃分：古代　中世　近世　近代　**現代**

國名：**英國**　☑現存　□滅亡

大概在這裡

代表20世紀的**大明星**
奧黛麗・赫本誕生了

奧黛麗・赫本因為主演《羅馬假期》的皇室公主而聲名大噪，這天，她在比利時出生了。

1970年代後，奧黛麗・赫本淡出影壇，同時投身公益，為全世界的弱勢兒童發聲。

她主演過非常多的暢銷電影！

一代巨星奧黛麗・赫本誕生

我叫奧黛麗・赫本，主演過《羅馬假期》、《第凡內早餐》、《窈窕淑女》等電影，曾經紅透半邊天。我在比利時的布魯塞爾出生，爸爸是英國人。我曾經歷過悲傷的戰爭，後來在美國成為演員，獲頒無數電影和舞台劇的大獎。

奧黛麗・赫本

💡 **問題**　電影《羅馬假期》裡，和公主（安）同遊羅馬的人是誰呢？

❶ 僕人　　❷ 導遊　　❸ 記者　　❹ 貼身保鏢

144　　　　　　　　　　　　答案：③　公主（安）和一位偶然相遇的美國記者同遊羅馬。

5月5日 （西元1260年）

忽必烈登基為皇帝的日子

時代劃分：古代 / **中世** / 近世 / 近代 / 現代

國名▶ 蒙古帝國　□現存　☑滅亡

成吉思汗的孫子忽必烈登基蒙古帝國的**皇帝**

這天，蒙古帝國的初代皇帝——成吉思汗的孫子忽必烈舉行加冕儀式，成為第五代皇帝。

> 我叫忽必烈
> 我要把蒙古帝國變成更大的國家！

忽必烈戴上皇冠，成為蒙古皇帝！

1260年的這天，忽必烈代替病逝的哥哥，繼位成為蒙古帝國的皇帝。接著，忽必烈遷移至首都大都（現在的中國北京），在1271年將國號改為「大元」，成為大元帝國（元朝）的初代皇帝。不僅如此，忽必烈更在1279年滅了南宋、統一中國，並遠征到中國大陸的各個區域，不斷擴張領土。

問題　忽必烈在哪個時代遠征到日本呢？

❶ 鎌倉時代（1185至1333年）　❷ 江戶時代（1603至1868年）　❸ 明治時代（1868至1912年）　❹ 昭和時代（1926至1989年）

答案：❶　忽必烈分別在鎌倉時代的1274年和1281年遠征日本，以失敗告終。

145

5月6日 （西元1840年）

英國在世界上首次使用郵票的日子

時代劃分 ▶ 古代 ｜ 中世 ｜ 近世 ｜ **近代** ｜ 現代

國名 ▶ **英國**　☑現存　☐滅亡

世界上首次有人使用郵票

英國在5月1日發售世界首次推出的1便士郵票與2便士郵票，從這天起，郵票開始被人們使用生效。

> 世界上首次推出的1便士郵票又稱作「黑便士」，很受歡迎喔！

全世界第一款郵票上印著女王的畫像

英國發行世界第一款郵票。由於1便士的郵票上印著英國維多利亞女王的肖像，並且使用了黑色墨水印刷，所以又稱為「黑便士」。除此之外，英國還發行了用藍色墨水印刷的2便士郵票喔。在此之前，以不同距離計算的郵寄費用，也因為郵票的發行而統一為相同的價格。

問題　日本的第一款郵票「龍文郵票」是在哪個時代發售的？

① 繩文時代　*西元前18000年至西元前300年*
② 彌生時代　*西元前300年至西元250年*
③ 昭和時代　*1926至1989年*
④ 明治時代　*1868至1912年*

答案：④　龍文郵票發售於明治4年（1871年），金額的單位叫「文」，上面畫著龍的圖案。

5月7日 （西元1840年）

柴可夫斯基出生的日子

時代劃分：古代／中世／近世／**近代**／現代

國名▶ 俄羅斯帝國　☐現存　☑滅亡

大概在這裡

恰♪恰啦啦啦啦♪ 天鵝湖
柴可夫斯基創作的曲子

這天，寫下《天鵝湖》、《胡桃鉗》和《睡美人》等名曲的作曲家——彼得·柴可夫斯基在俄羅斯出生了。

> 年輕時學過法律，後來成為作曲家。

柴可夫斯基在芭蕾舞曲以外的代表作之一，是第六號交響曲《悲愴》。

俄羅斯的偉大作曲家柴可夫斯基誕生了

我是柴可夫斯基，寫過有名的《天鵝湖》、《胡桃鉗》和《睡美人》等芭蕾舞曲。我年輕時就讀法律學校，曾經當過管理法庭的司法院書記官，但心中始終對音樂念念不忘，於是重新進入音樂學院、學習作曲。

問題　《天鵝湖》故事裡的奧傑塔公主，因為詛咒而變成什麼呢？

❶ 烏鴉　　❷ 天鵝　　❸ 蝙蝠　　❹ 狼

答案：② 奧傑塔中了惡魔的詛咒，變成天鵝的模樣。

5月8日 （西元1838年）

《人民憲章》公布的日子

時代劃分 ▶ 古代 中世 近世 **近代** 現代

國名 ▶
英國
☑ 現存　☐ 滅亡

所有人都依照**人民憲章**來進行選舉吧！

在英國，為了讓議會制度更能反映人民的想法，興起幾次改革運動，由勞工提出表達心聲的《人民憲章》。

> 其中包含成年男子擁有普選權、公平選區制等 6 項訴求！

勞工提出《人民憲章》，要求選舉改革

英國在1832年進行議會改革，在此之前，只有少部分的權貴階級擁有選舉權，因此造成勞工的不滿。在1838年的這天，以倫敦的勞工協會為中心，勞工紛紛走上街頭，要求改革選舉制度，並提出成年男子擁有普選權、不記名投票的方式、公平選區制、議會每年都要換人等，總共包含6個訴求項目的《人民憲章》。

問題：日本在何時才認可女性參加選舉投票（參政權）呢？

① 明治時代　1868至1912年
② 大正時代　1912至1926年
③ 昭和時代　1926至1989年
④ 江戶時代　1603至1868年

答案：③　昭和20年（1945年）12月，選舉法修改之後，女性獲得參政權。英國則是在1918年通過女性投票權。

5月9日	（西元1994年）	黑人當上南非總統的日子

時代劃分 ▶ 古代　中世　近世　近代　**現代**

國名 ▶ 南非　☑現存　☐滅亡

南非終於選出第一位**黑人總統**

南非長年由白人統治，黑人在社會上受到打壓，曼德拉是人民選出的第一位黑人總統。

> 我要消除種族歧視，讓南非成為民主國家！

曼德拉因為促進南非民主化(※)，在1993年獲得諾貝爾和平獎。

蹦出

曼德拉成為南非史上第一位黑人總統

我叫納爾遜‧曼德拉，因為反對南非區分白人和黑人的「種族隔離政策」，被關進監獄長達27年。出獄重獲自由後，南非在這年舉行了首次沒有人種限制的選舉，我獲選為第一位黑人總統。

※重視多數民意。

問題　曼德拉在南非為黑人設立第一間什麼設施呢？

❶ 學校　　❷ 保全公司　　❸ 餐廳　　❹ 律師事務所

答案：❹　曼德拉在南非成立了第一間黑人律師事務所。

149

5月10日 （西元1878年）

政治家施特雷澤曼出生的日子

時代劃分：古代　中世　近世　**近代**　現代

國名▶ 普魯士王國（現今德國）
□ 現存　☑ 滅亡

施特雷澤曼為了德國的**安定與和平**而努力波奔

古斯塔夫・施特雷澤曼生於德國，踏入政壇後，他努力挽回德國衰敗的國勢。

> 重建因第一次世界大戰戰敗的德國吧！

破破　爛爛

德國政治家施特雷澤曼誕生的日子

古斯塔夫・施特雷澤曼是活躍於20世紀初的德國政治家。他在第一次世界大戰、德國戰敗以後，成立了德國人民黨，並在1923年當上德國總理。德國因為戰敗造成通貨不穩定，人民過著窮苦的生活，施特雷澤曼致力重建德國經濟，以外交部長的身分活躍政壇，並得到1926年的諾貝爾和平獎。

💡 **問題**　現在歐盟（EU）使用的貨幣單位是？

❶ 歐元　　❷ 日圓　　❸ 美元　　❹ 馬克

答案：①　德國、法國等歐盟國家的貨幣單位為歐元。

150

5月11日 （西元1904年）

達利出生的日子

時代劃分： 古代 中世 近世 近代 **現代**

國名▶ **西班牙** ☑現存 ☐滅亡

大概在這裡

今天是達利的生日
作風怪異的 天才畫家

達利出生在西班牙，是代表20世紀的知名畫家，他以巴黎為活動據點，運用超現實主義的手法作畫。

> 達利29歲時，初次在紐約舉辦個展、大獲好評，從此活躍於美國及歐洲各地。

> 我畫的不是現實，而是自由想像的世界。

達利──不受常識限制的西班牙天才畫家

我叫薩爾瓦多‧達利，是一位畫家，尖尖翹翹的鬍子造型是我的正字標記。畫家畢卡索來看我的個展，建議我以巴黎為據點展開活動。我用「超現實主義」的手法畫出現實中看不見的夢境，以及藏在內心深處的心情，成為20世紀的代表畫家。

薩爾瓦多‧達利

問題 達利有一幅代表作，上面畫了扭曲融化的時鐘，作品名稱是？

❶ 蒙娜麗莎　❷ 格爾尼卡　❸ 記憶的堅持　❹ 夜巡

答案：③ 《記憶的堅持》是達利初期的代表作之一。

151

5月12日 （西元1820年）

南丁格爾出生的日子

時代劃分：古代　中世　近世　**近代**　現代

國名▶ **英國**　☑現存　☐滅亡

大概在這裡

這天是 國際護師節
感謝拯救無數人命的白衣天使

佛蘿倫絲・南丁格爾一生做出許多貢獻，獲得英國頒發最了不起的功績勳章。

找出3個不一樣的地方！

想要為人服務，立志成為護士

5月12日是「國際護師節」，這個日子源自於南丁格爾的生日。南丁格爾是英國的護士，同時也是世界上第一位成立護士學校的人，為醫療制度改革做了很大的貢獻。<u>她最有名的事蹟，是在「克里米亞戰爭」時，致力改善軍營裡的衛生條件，使死亡率大幅降低。</u>

補充：在當時的年代，護士並不是擁有社會地位的人想從事的職業。但出身富裕的南丁格爾不顧雙親反對，堅持要成為一名護士。

看圖找不同的答案：①頭巾的款式　②燭光的容器及高度　③左側的記號

152

5月13日 （西元1787年）

英國船隊航向澳洲的日子

時代劃分 ▶ 古代　中世　近世　**近代**　現代

國名 ▶ 澳洲　☑ 現存　☐ 滅亡

大概在這裡

船隊從英國港口**出發** 航向遙遠的澳洲

英國皇家海軍上校菲利普船長，率領船隊從英國的樸茨茅斯港出發，目的是在澳洲建立罪犯的流放地。

> 率領 11 艘船組成的艦隊，朝向澳洲出發。

菲利普船長的澳洲遠行！

當時，英國決定在距離遙遠的澳洲東海岸建造囚犯的流放地，亞瑟・菲利普被任命為澳洲新南威爾斯州的總督，率領乘坐1500人的11艘船，在這天從英國的樸茨茅斯港出發，船上大約載了780名罪犯。在8個月後的1788年1月，艦隊終於抵達澳洲。

💡 **問題**　澳洲的首都是？

❶ 倫敦　　❷ 紐約　　❸ 坎培拉　　❹ 巴黎

答案：③　坎培拉就在菲利普等人抵達的雪梨西南方280公里處。

5月14日 （西元1796年）

「種痘紀念日」起源的日子

時代劃分：古代　中世　近世　**近代**　現代

國名▶ 英國　☑現存　☐滅亡

英國醫師詹納完成世界首例的牛痘（※）接種

天花曾經被視為「惡魔的疾病」，這天，詹納醫師完成世界首例的牛痘接種，成功預防了天花。

> 注射牛痘患者身上的膿，應該就能預防天花！

注射不同疾病的膿液，竟然可以預防天花？

「天花」是一種可怕的疾病，感染的人會發高燒、全身長出皮疹，在痛苦中死去。過去，在歐洲每年都有數十萬人因為罹患天花而過世。英國醫師愛德華・詹納聽說得過牛痘的人不會感染天花之後，用牛痘患者身上的膿，替8歲男孩接種，發現即使男孩感染了天花也能很快治癒。接著，詹納為許多貧困的人接種，拯救了無數人命。

※對付天花的預防接種。

問題　在預防天花做出重要貢獻的詹納醫師，又被稱作什麼呢？

❶ 近代繪畫之父　❷ 近代音樂之父　❸ 近代科學之父　❹ 近代免疫學之父

答案：④　除了醫學之外，詹納也是有名的自然科學家，發現了杜鵑鳥的習性。

5月15日 (西元1863年)

馬奈展出《草地上的午餐》的日子

時代劃分：古代 / 中世 / 近世 / **近代** / 現代

國名：**法國** ☑現存 ☐滅亡

我要把**落選**的畫拿去落選者沙龍展出

當時，馬奈等多位不受美術學院青睞的畫家一起參加「落選者沙龍」畫展，馬奈在此發表了經典名畫《草地上的午餐》。

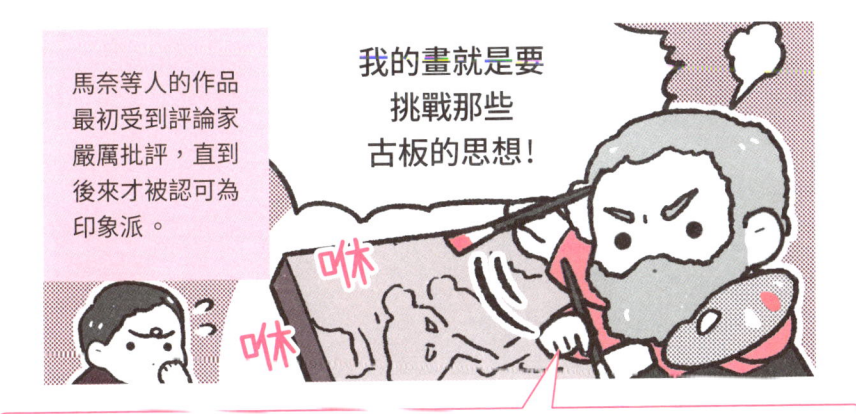

> 馬奈等人的作品最初受到評論家嚴厲批評，直到後來才被認可為印象派。

> 我的畫就是要挑戰那些古板的思想！

馬奈沒有因此放棄發表作品

我叫愛德華・馬奈，是一位法國畫家，人們稱我為「印象派之父」。我畫的《草地上的午餐》被批評為「裡面畫了裸女，是相當不道德的行為」，因此在展覽時落選。於是，我在這天舉辦的「落選者沙龍」發表了這幅作品。

愛德華・馬奈

問題 1863年策劃「落選者沙龍」畫展的法國皇帝是？

① 拿破崙三世　② 法老王古夫　③ 秦始皇　④ 亞歷山大大帝

答案：① 由於美術學院收到的作品有60%以上落選，引發畫家對於審查方式的不滿，為了安撫他們，才舉辦了「落選者沙龍」。

5月16日 （西元1490年）

初代普魯士公爵出生的日子

時代劃分：古代　中世　**近世**　近代　現代

國名▶ **普魯士公國**
☐ 現存　☑ 滅亡

從公國→王國→帝國越變越大的 **普魯士公國**誕生

阿爾布雷希特本來是德意志騎士團的大團長，後來受到波蘭國王肯定，成為初代普魯士公爵，負責治理原為波蘭封地的普魯士公國。

> 我成為初代普魯士公爵，建立了普魯士公國。

初代普魯士公爵阿爾布雷希特，在這天出生！

他叫阿爾布雷希特・馮・布蘭登堡-安斯巴赫，本來是德意志騎士團的大團長，在1525年受到波蘭國王拔擢，成為初代普魯士公爵，負責治理被視為獨立國家的普魯士公國。他打贏了幾場戰爭，持續為國建功，擴大國家的規模和領土，漸漸演變為後來德國的中樞。

💡 **問題**　19至20世紀，當普魯士國王成為德意志皇帝時，德國的首都是？

❶ 柏林　　❷ 華盛頓　　❸ 阿姆斯特丹　　❹ 羅馬

答案：① 柏林也是現代德國的首都。

156

5月17日 (西元1510年)

畫家波提切利去世的日子

時代劃分：古代 | 中世 | **近世** | 近代 | 現代

國名▶ 義大利　☑現存　☐滅亡

大概在這裡

文藝復興的重要畫家
波提切利在這天過世

山德羅・波提切利是名畫《春》和《維納斯的誕生》的作者，他留下了許多代表文藝復興的畫作，在這天去世。

> 下次要畫誰的肖像呢？

波提切利的畫作裡，常常有貴族「美第奇家族」的人登場。

畫！畫！

> 下次換我。

訂單多到接不完的人氣畫家

我叫波提切利，是活躍於文藝復興（想要重現古希臘、羅馬文化的藝術潮流）鼎盛期的畫家。其實，波提切利不是我的本名，而是哥哥為我取的綽號。這時候的義大利佛羅倫斯聚集了許多藝術家，我也在貴族「美第奇家族」的委託下繪製作品。

問題　「波提切利」的意思是？

❶ 小桶子　　❷ 小獅子　　❸ 小房子　　❹ 小火車

答案：① 波提切利的哥哥身材魁梧，所以稱他為「小桶子」，這也成為了他的筆名。

157

5月18日 （西元1899年）

海牙和平會議舉行的日子

時代劃分：古代 / 中世 / 近世 / **近代** / 現代

國名：荷蘭　☑現存　☐滅亡

海牙和平會議
在荷蘭召開

為了解決世界發生的戰爭和糾紛，各國在俄羅斯皇帝的邀請下，來到荷蘭的海牙，舉行第一屆萬國和平會議。

> 我們召集世界各國，一起討論和平解決紛爭的方法吧！

第一屆萬國和平會議開始了！

這天，在俄羅斯帝國的皇帝——尼古拉二世的號召下，舉行第一屆萬國和平會議，目的是和平解決發生在世界各地的戰爭，以及減少軍備等。因為舉行地點在荷蘭的城市海牙，所以又稱「海牙和平會議」。這場會議制定了國際規則，對戰爭的方式做出規定。第二屆會議則在1907年召開。

💡 **問題**　第一屆海牙和平會議，通過禁止使用的戰爭兵器是？

❶ 飛機　　❷ 毒氣　　❸ 無人機　　❹ 機器人

答案：②　除了毒氣，還有一種俗稱「變形彈」、殺傷力極大的子彈也被禁止。

5月19日（西元1919年）

凱末爾展開土耳其民族革命的日子

時代劃分：古代　中世　近世　近代　**現代**

國名▶ 鄂圖曼帝國　☐現存　☑滅亡

「土耳其國父」凱末爾展開**獨立戰爭**

凱末爾是土耳其共和國的第一任總理，人們尊稱「土耳其國父」，這天，他從一個叫薩姆松的城市上岸，敲響土耳其的民族革命。

> 鄂圖曼帝國已經衰敗！我要為祖國土耳其獨立而戰！

咻　咻　咻　咻　咻

凱末爾開啟了土耳其的民族革命！

19世紀初，鄂圖曼帝國被歐洲各國奪去領土，國勢逐漸衰退。鄂圖曼帝國的軍官穆斯塔法・凱末爾認為：「想拯救土耳其民族，必須由土耳其人自己獨立建國。」他搭船從伊斯坦堡港出發，途中雖然遭遇強烈暴風雨，依然成功在這天從黑海沿岸的薩姆松城上岸，向歐洲各國展開土耳其民族的獨立戰爭。

問題　土耳其現在的首都是？

❶ 阿克拉　❷ 吉隆坡　❸ 安卡拉　❹ 加德滿都

答案：③　首都是安卡拉，但在鄂圖曼帝國時代，首都是君士坦丁堡（現在的伊斯坦堡）。

5月20日 （西元1882年）

三國同盟締結的日子

時代劃分：古代　中世　近世　**近代**　現代

國名：德國　☑現存　☐滅亡

德意志帝國、奧匈帝國和義大利王國**結成三國同盟**

德國在普法戰爭中贏了法國，為了繼續對抗法國，德國找奧匈帝國和義大利王國當夥伴，簽署三國同盟條約。

> 要是法國打來就糟了，我們找義大利當夥伴吧！因為義法感情不好。

德國促成三國同盟

1871年，普魯士王國打贏了普法戰爭（普魯士王國與法蘭西第二帝國的戰爭），建立了統一德國的德意志帝國，但仍擔心受到法國報復。這天，德國首相（※）俾斯麥除了邀請奧匈帝國，還找了與法國交惡的義大利王國加入，結成德、奧、義三國同盟，承諾如果德國受到法國攻擊，其他兩國也要幫助德國。

※首相是輔佐君主（國王）施政的最高權力者。

問題　1873年，德意志帝國和奧匈帝國曾與哪個國家結成「三帝同盟」？

❶ 日本　　❷ 英國　　❸ 法國　　❹ 俄羅斯

答案：④　但因奧匈帝國和俄羅斯帝國為巴爾幹半島發生爭執，同盟很快便解散。

160

5月21日 （西元1471年）

畫家杜勒出生的日子

時代劃分 ▶ 古代 ／ 中世 ／ **近世** ／ 近代 ／ 現代

大概在這裡

國名 ▶ 神聖羅馬帝國（現為德國）
☐ 現存　☑ 滅亡

北方文藝復興的**頂尖畫家**杜勒誕生了！

「北方文藝復興（北方美術）」是發生在北歐的文藝復興運動，其中最具代表的畫家——阿爾布雷希特・杜勒在這天誕生了。

杜勒不只擅長繪畫，也創作了傑出的木版畫與雕刻。同時，他還是一位數學家！

> 我從義大利文藝復興學來的知識，在德國發揚光大了。

為了磨練技術，展開了修行之旅

我叫杜勒，是「北方文藝復興」數一數二的重要畫家喔！這天，我在德國南部的紐倫堡出生，長大後前往義大利學習文藝復興美術（想要重現古希臘、羅馬文化的藝術潮流），並且創作了《聖母七苦》與《三博士來朝》等名畫。

阿爾布雷希特・杜勒

💡 **問題**　杜勒的父親曾經是哪一種工匠？

❶ 金銀細工　　❷ 建築　　❸ 園地栽培　　❹ 家具

答案：❶　杜勒曾在父親的金工坊學藝3年。

5月22日 （西元1885年）

雨果去世的日子

時代劃分：古代 / 中世 / 近世 / **近代** / 現代

國名▶ 法國　☑現存　☐滅亡

維克多·雨果創作了《悲慘世界》等經典故事

維克多·雨果是《悲慘世界》、《鐘樓怪人》等名著的作者，他留下無數經典，在1885年的這天，於巴黎逝世。

> 為了反抗拿破崙三世的帝政，我被迫離開法國長達18年！

哼——

雨果既是詩人，也是小說家

維克多·雨果是寫下《悲慘世界》、《鐘樓怪人》等經典名著的知名法國作家。他因為批評了拿破崙三世，長年逃亡國外、回不了故鄉。小說《悲慘世界》的主人翁尚萬強因為偷了一個麵包，就被關進監獄長達19年，為貧困的人生掙扎，故事內容引起廣大的迴響。《悲慘世界》的原文意指「可憐的人們」，故事現在仍被搬上舞台及大銀幕演出呢！

💡 **問題**　《悲慘世界》裡的尚萬強從教堂裡偷走了什麼呢？

❶ 花瓶　　❷ 鎧甲　　❸ 銀器　　❹ 金條

答案：③　偷竊被抓時，主教挺身維護，感動了本來已經不相信人性的尚萬強。

5月23日 （西元1701年）

海盜基德被處死的日子

時代劃分：古代 / 中世 / 近世 / **近代** / 現代

國名：英國　☑現存　□滅亡

大海盜基德船長也逃不過這天?!

江湖盛傳的海盜「基德船長」——威廉・基德遭到逮捕、送返英國，在這天被處決。

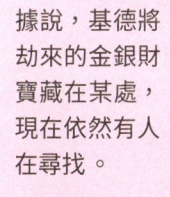

據說，基德將劫來的金銀財寶藏在某處，現在依然有人在尋找。

> 我要是死了，你們還能找到藏起來的寶藏嗎？

冷笑……

大名鼎鼎的海盜基德被處刑了

我是威廉・基德，人稱基德船長。最初，我只是在英國政府的指示下，襲擊了一艘法國船隻。沒想到，後來真的成了一名海盜。直到某一天，我誤襲了一艘英國商船而遭到逮捕，被英國政府判處死刑。

威廉・基德

問題　基德率領的船叫什麼名字呢？

① 馬赫號　　② 義經號　　③ 黑鬍子號　　④ 冒險號

答案：④ 「冒險號」是一艘擁有34口大砲，能乘坐150人的船。

163

5月24日 （西元1844年）

人類首次用電報傳送摩斯密碼的日子

時代劃分：古代 | 中世 | 近世 | **近代** | 現代

國名▶ 美國　☑現存　☐滅亡

劃——點、點
世界上首次成功使用電報

摩斯發明了電報機，將運用「點」與「劃」表達文字及數字的「摩斯密碼」，成功從華盛頓傳送到巴爾的摩。

> 即使距離相隔遙遠，也能夠使用摩斯密碼進行溝通！
>
> 點劃劃　點劃劃點　劃點　點劃劃點劃　（成功！）
>
> 喀噠喀噠

世界上首次使用電報傳送摩斯密碼！

塞繆爾・摩斯在1830年左右開發出電報機，之後致力推廣電報系統，利用向美國議會申請到的補助款，成功從華盛頓架設電纜到巴爾的摩。這天，人在華盛頓的摩斯，拜託在巴爾的摩的協助者維爾幫忙，成功傳送人類史上第一封電報。聽說送出的電報內容是「上帝創造了何等奇蹟」。後來，電報一度在人類的通信歷史蓬勃發展。

💡 **問題**　日本史上的第一台摩斯密碼電報機是誰帶來的？

① 小泉八雲　② 培里　③ 林白　④ 麥克阿瑟

答案：②　這是培里送給江戶幕府的禮物。

5月25日 （西元1085年）

基督教世界收復托雷多的日子

時代劃分 ▶ 古代 / **中世** / 近世 / 近代 / 現代

國名 ▶ **西班牙** ☑現存 ☐滅亡

基督教世界的重要使命
成功**收復托雷多**

伊斯蘭王朝統治下的托雷多，是一個石牆環繞的要塞城堡，這天，西班牙的卡斯提爾王軍成功收復托雷多。

> 從穆斯林手中收復托雷多是我們基督教世界的重要使命！

基督教徒奪回了結合伊斯蘭文化的城市

托雷多是位在伊比利半島的要塞城堡，它本來是基督教文化蓬勃的地區，但是從8世紀初便受到伊斯蘭教的勢力掌控。對基督教世界來說，收復托雷多是一大使命。但是，就連基督教世界的大英雄──傳奇騎士熙德，都未能順利攻下。終於在這天，熙德率領的卡斯提爾王軍成功攻入托雷多，奪回失土。

問題 傳說中的英雄「騎士熙德」手持的寶劍叫做什麼呢？

❶ 草薙劍　　❷ 王者之劍　　❸ 正宗　　❹ 烈焰劍

答案：④　英雄熙德經常出現在電影和舞台劇中，手持的「烈焰劍」現在收藏在布哥斯博物館裡展出。

5月26日 （西元1822年）

美術評論家龔固爾出生的日子

時代劃分：古代 中世 近世 **近代** 現代

國名：**法國** ☑現存 ☐滅亡

大概在這裡

龔固爾誕生了！
他把日本浮世繪推向全世界

埃德蒙·德·龔固爾是一位法國的美術評論家及作家，他研究了日本的浮世繪，推廣介紹日本主義（※）。

> 日本浮世繪真的太美了！

向世界推廣日本主義的先驅

埃德蒙·德·龔固爾是法國人，身兼美術評論，同時也是一位作家。他和弟弟朱爾合稱「龔固爾兄弟」，兩人一起完成了多部小說和歷史書。當時，日本的浮世繪被認為沒有價值，但是龔固爾給予極高的評價，並且將之推廣到全世界。除此之外，他還出版了介紹浮世繪的書《北齋》與《歌麿》，成功在法國創造崇尚日本主義的風潮。

※曾經在歐洲盛行，崇尚日本美術的潮流。

問題 江戶時代的浮世繪畫師──葛飾北齋的代表作是？

❶ 富嶽三十六景　❷ 鳥獸戲畫　❸ 東海道五十三次　❹ 回眸美人圖

答案：① 《富嶽三十六景》畫的是富士山。補充：③的浮世繪出自歌川廣重之手。

5月27日（西元1907年）

生物學家卡森出生的日子

時代劃分：古代　中世　近世　近代　**現代**

國名：美國　☑現存　□滅亡

她是瑞秋·卡森
向世界呼籲 環境保護 的人

瑞秋·卡森從小便喜歡自然相關的書籍，一生致力向世界提倡環境保護的重要，這天是她的生日。

> 卡森提醒了大家，農藥不只會殺死害蟲，還會奪走其他蟲鳥生物的性命。

> 我在《寂靜的春天》這本書裡面提出環境保護的重要！

寫下跨越時代的環保經典《寂靜的春天》

我叫瑞秋·卡森，職業是生物學家，同時也是一位作家。我從小就熱愛讀大自然相關的書和故事，當我成為學者之後，才知道農藥會害死許多動物。於是，我寫下了《寂靜的春天》一書，希望讓全世界的人知道環境保護的重要。

瑞秋·卡森

問題　卡森認為相當危險的農藥，名字叫做？

❶ AAT　　❷ BBT　　❸ CCT　　❹ DDT

答案：④　DDT是強力殺蟲劑，現在已經被禁止製造。

5月28日 （西元前585年）

泰利斯預測日蝕發生的日子

時代劃分 ▶ **古代** 中世 近世 近代 現代

國名 ▶
古希臘
☐ 現存　☑ 滅亡

大概在這裡

古希臘賢者泰利斯預言**日蝕**真的發生了！

泰利斯曾經預言在西元前585年的這天，會發生日蝕，他的預言完全應驗了。

> 戰爭別打啦！

> 耶—

> 我準確的推算出難以預測的日蝕日，從此倍受尊敬。

泰利斯是希臘七賢之一，曾經計算、測量金字塔的高度。

準確說出日蝕發生的日子！

我叫泰利斯，是古希臘的哲學家。我準確的說出了日蝕發生的日子，是不是很厲害呢？其實這不是預言，而是我計算出來的。聽說日蝕發生時，利底亞王國和米底王國正在打仗，人們還被嚇到停戰呢。

💡 **問題**　日蝕是什麼東西擋在太陽與地球之間所產生的現象？

❶ 飛機　　❷ 月球　　❸ 火星　　❹ 黑洞

答案：②　日蝕是月球進入太陽與地球之間所產生的現象，太陽看起來會消失不見，或是變成細細的環狀。

5月29日 （西元1453年）

鄂圖曼帝國消滅拜占庭帝國的日子

時代劃分 ▶ 古代　中世　**近世**　近代　現代

國名 ▶ 鄂圖曼帝國
☐ 現存　☑ 滅亡

鄂圖曼帝國**消滅了**拜占庭帝國

就在今天，拜占庭帝國的首都被鄂圖曼帝國攻下，拜占庭帝國從此滅亡。

> 擊敗擁有千年歷史的拜占庭帝國了！
>
> 失算了⋯

繁榮千年的拜占庭帝國，就此畫下句點

由於東羅馬帝國的首都——君士坦丁堡的古名叫做「拜占庭」，所以也被稱為「拜占庭帝國」。拜占庭帝國的東邊有伊斯蘭教勢力的威脅，西邊也與神聖羅馬帝國交戰，最後導致滅亡。這天，屬於伊斯蘭教勢力的鄂圖曼帝國，統治者穆罕默德二世攻下了君士坦丁堡，擁有超過千年歷史的拜占庭帝國就此滅亡。

問題　君士坦丁堡現在是哪座城市呢？

❶ 大阪　　❷ 紐約　　❸ 伊斯坦堡　　❹ 倫敦

答案：③　君士坦丁堡現在叫伊斯坦堡，是土耳其的最大城市。

5月30日 （西元1431年）

聖女貞德去世的日子

時代劃分 ▶ 古代 | 中世 | **近世** | 近代 | 現代

國名 ▶
法國
☑ 現存　☐ 滅亡

大概在這裡

她聽得見上帝的聲音?!
拯救法國 的 19歲少女

聖女貞德自願從軍，她剪掉長髮、女扮男裝、成為一位軍人，這樣的決心感動了法國人民。

找出3個不一樣的地方！

內心溫柔的少女，跟人民一同作戰

在貞德出生的時代，法國和英國已經持續戰爭長達100年。貞德看著自己國家的村莊一個個被戰火燒毀，決定加入軍隊、奮勇作戰。她拯救了許多村莊，深受人民愛戴。但是，正當他們準備奪回被英國統治的巴黎時，貞德被敵人抓到、處以火刑。貞德逝世的時候，才年僅19歲。

補充

據說，每當溫柔的貞德收到人民寫來鼓勵的信時，總是回信寫道：「我們一定會替你們守住村莊。」

看圖找不同的答案： ①瀏海的造型　②手上的武器　③背後的動物

5月31日 （西元前1290年）

拉美西斯二世成為第十九王朝法老王的日子

時代劃分 ▶ **古代** 中世 近世 近代 現代

國名 ▶ 埃及　☑現存　☐滅亡

埃及王朝最**繁榮**的時期
法老王拉美西斯二世降臨

法老王拉美西斯二世站上國家的頂點，在位時間長達67年，也是古埃及歷史上第二長命的王朝。

問題

拉美西斯二世最寵愛的王妃名字叫做？

❶ 泰伊

❷ 梅莉塔蒙

❸ 妮菲塔莉

拉美西斯二世不僅身材高大，也很長壽

這天，年約24歲的拉美西斯二世成為埃及國王「法老王」。他是古埃及王朝裡，在位時間第二長的法老王，因此相當有名，在位時間前後長達67年！當時，埃及的男性只能活到大約40歲，這也表示拉美西斯二世相當長壽。聽說他的木乃伊被發現時，身高判斷超過180公分，真是長得又高又壯啊！

補充

「拉美西斯」這個名字，是從代表「拉（太陽神）之子」的古希臘語音譯而來的。

答案：③　除了妮菲塔莉之外，拉美西斯二世總共擁有7位妻子。

6月1日 （西元1949年）

「國際兒童節」起源的日子

時代劃分 ▶ 古代 中世 近世 近代 **現代**

國名 ▶
瑞士
☑ 現存　☐ 滅亡

「國際兒童節」是慶祝**孩子成長**的節日

1925年，在日內瓦召開的兒童福利國際會議，號召各國制定兒童節，後來才有了「國際兒童節」。

> 尊重孩子的權利、慶祝孩子成長的日子！

每個國家，都有專屬的「兒童節」

1925年8月，在瑞士日內瓦舉行的兒童福利國際會議，倡議各國設立「國際兒童節」（1949年正式決議）。這是<u>尊重孩子的權利、慶祝他們成長的日子</u>。雖然每個國家訂定的兒童節，日期不完全相同，但是6月1日是蒙古、越南、俄羅斯、波蘭、羅馬尼亞、古巴等多數國家的「兒童節」喔。

💡 **問題** 日本的「兒童節」是幾月幾日呢？

❶ 1月1日　❷ 2月2日　❸ 4月4日　❹ 5月5日

答案：④　日本的「兒童節」是5月5日，也有一些國家是定在11月20日的「國際兒童人權日」。

6月2日 （西元1878年）

威廉一世暗殺未遂案的發生日

時代劃分：古代 / 中世 / 近世 / **近代** / 現代

國名：德國　☑現存　☐滅亡

德意志帝國皇帝威廉一世兩度被**暗殺**

德意志帝國的皇帝威廉一世兩度受到槍擊，首相(※1)俾斯麥將案件發生原因歸咎到社會主義(※2)。

> 差一點點就死了。
>
> 我絕不原諒襲擊皇帝的社會主義者，他們死定了！

威廉一世再度遇襲！

在歷史上的這天，初代德意志帝國皇帝威廉一世，遇到第二次的槍擊案。一個叫諾比林格的男子，在柏林的林登大道朝威廉一世開槍，使他身受重傷。首相俾斯麥擔心社會主義者鬧事，於是趁機在10月推出「社會主義者鎮壓法」，嚴加取締社會主義人士。

※1 首相是輔佐君主（國王）施政的最高權力者。
※2 以實現人人平等為目標，把財產和土地全部交由國家分配管理，人民無法自己管理。

問題　德國首相俾斯麥又被稱作什麼呢？

❶ 鐵血宰相　❷ 昭和水戶黃門　❸ 風向雞　❹ 鐵娘子

答案：①　俾斯麥是德國的初代首相，因為曾在演講時提出「用鐵和血來解決問題」而聞名。

6月3日 （西元1937年）

溫莎公爵與辛普森夫人結婚的日子

時代劃分：古代 / 中世 / 近世 / 近代 / **現代**

國名：**英國** ☑現存 □滅亡

大概在這裡

不惜捨棄英國王位 也要與辛普森夫人結婚

英國國王愛德華八世放棄王位，成為溫莎公爵，在這天與名流華麗絲・辛普森舉行結婚典禮。

> 在當時的英國，國王想跟曾經二度離婚的辛普森夫人結婚，被視為一個大問題。

為愛捨棄英國王位也不後悔！

國王「賭上王冠」談戀愛，和辛普森夫人結婚！

我是溫莎公爵，過去的我曾經是英國國王愛德華八世。我想跟美國名流華麗絲・辛普森結婚，但是這對英國王室來說是個大問題。於是，我放棄王位、成為公爵，和華麗絲在法國的康代城堡舉行結婚典禮。

溫莎公爵

問題 愛德華八世退位以後，由誰代替他即位呢？

❶ 姊姊　　❷ 哥哥　　❸ 妹妹　　❹ 弟弟

答案：④ 弟弟約克公爵即位成為國王喬治六世，也就是伊莉莎白二世的父親。

6月4日 （西元1832年）

英國上議院通過議會改革法案的日子

時代劃分：古代 / 中世 / 近世 / **近代** / 現代

國名：英國 ☑現存 ☐滅亡

議會應該用來代表民意
英國也該做出**改變**

19世紀初，英國人民對於選舉制度的不滿與日俱增，議會改革法案通過之後，議會席次和選舉權終於邁向民主。

> 快改變食古不化的選舉制度，英國的議會也要民主化！
> 劈哩 劈哩

上議院通過了議會改革法案

19世紀初，英國仍有部分城市——像是伯明罕和切斯特等，依然沒有議會席次，顯示選舉制度已不合時代潮流。18世紀末，英國開始出現選舉改革運動，輝格黨的格雷伯爵曾經提出議會改革法案，卻兩度遭到否決。直到第三次提出，以反對者居多的上議院才終於通過這項法案。

問題 18世紀後半葉，伯明罕和切斯特曾是什麼的重鎮？

① 工業革命　② IT革命　③ 法國革命　④ 俄羅斯革命

答案：① 工業革命之後，大型工廠紛紛導入機器，大幅提升了生產力。

6月5日（西元1723年）

亞當·史密斯受洗的日子

時代劃分：古代 / 中世 / 近世 / **近代** / 現代

國名：**英國** ✓現存 □滅亡

（儒略曆）＊公曆為6/16

何謂富裕？大家都有工作國家就會**富有**？！

亞當·史密斯是「近代經濟學之父」，寫下經典著作《國富論》。這天，他在英國北部的蘇格蘭誕生了。

亞當·史密斯是承襲法國思想的經濟學家。除了經濟學，他也留下了探討道德的著作。

> 思考何謂「富裕」？我對後世的經濟學產生重大影響。

亞當·史密斯寫下《國富論》，思考富裕的定義

我叫亞當·史密斯，我寫了《國富論》探討何謂富裕，人們稱我為「近代經濟學之父」。當時人們強調「重商主義」，認為富裕是大量儲備貴金屬等金銀財寶，而我提出「富裕來自消費財（※）」。意思是說，只要自由貿易和經濟活動蓬勃發展，國家就會變得富有。

亞當·史密斯

※指生活必需品，以及其他需要用到的奢侈品。

問題　亞當·史密斯所寫的《國富論》是在哪一年出版？

❶ 1746年　　❷ 1756年　　❸ 1766年　　❹ 1776年

答案：④　《國富論》是亞當·史密斯在53歲時所寫的書。

6月6日（西元1944年）

諾曼第登陸作戰開始的日子

時代劃分：古代 / 中世 / 近世 / 近代 / **現代**

國名▶ **法國** ☑現存 ☐滅亡

法國展開史上最大的 登陸作戰

第二次世界大戰末期，同盟國組成的盟軍為了對抗德國，展開從海路攻向陸路的作戰行動。

> 我們從諾曼第海岸登陸，擊潰希特勒率領的德國軍隊！

盟軍vs.德軍　諾曼第登陸行動，開始！

這天，由美國、英國、加拿大等國家組成的盟軍展開作戰行動，準備反攻被德軍占領的法國西北部諾曼第海岸。在德軍抵抗下，這場戰役造成許多人犧牲，盟軍花了兩個多月的時間，成功奪回諾曼第地區。本次作戰成功，對於德國為主的軸心國(※)造成嚴重打擊，也成為二戰末期同盟國反擊致勝的關鍵契機。

※在第二次世界大戰與同盟國對立，以日本、德國、義大利為主的國家。

問題　諾曼第登陸作戰的盟軍指揮官是？

❶ 艾森豪　　❷ 甘迺迪　　❸ 歐巴馬　　❹ 川普

答案：①　不久之後，艾森豪成為美國第34任總統。

6月7日 （西元1494年）

《托德西利亞斯條約》簽訂的日子

時代劃分▶ 古代 中世 **近世** 近代 現代

國名▶ 西班牙　☑現存　☐滅亡

大概在這裡

簽訂《托德西利亞斯條約》決定**領土劃分**的方式

這天，葡萄牙帝國和西班牙帝國，在西班牙的托德西利亞斯簽下條約，決定新領土如何劃分。

> 這條線以東是葡萄牙領地，以西是西班牙領地！
>
> 喂喂！

劃分方式有爭議！重訂條約進行協調

自從哥倫布發現新大陸後，葡萄牙和西班牙為了新土地的統治權而爭執不休。羅馬教宗亞歷山大六世決定以大西洋的南北子午線為界線，以東劃分給葡萄牙，以西劃分給西班牙。但葡萄牙不滿意這樣的劃分方式，向西班牙提出異議，兩國終於在這天，於國境近郊的市鎮托德西利亞斯重簽條約，以西經46度37分作為領土分配的界線。

問題　因為《托德西利亞斯條約》而成為葡萄牙領地的南美國家是？

❶ 牙買加　❷ 衣索比亞　❸ 加拿大　❹ 巴西

答案：④　條約簽訂時，巴西尚未被發現，之後才被歸入葡萄牙領土。

178

6月8日 （西元632年）

穆罕默德去世的日子

時代劃分 ▶ 古代 **中世** 近世 近代 現代

國名 ▶ 阿拉伯半島的國家
☑ 現存　☐ 滅亡

大概在這裡

伊斯蘭教的創始者穆罕默德逝世

先知穆罕默德受到阿拉（神）指引，將真主的聲音傳播於世人。他是伊斯蘭教的創始者，在這天於麥地那去世。

> 穆罕默德在40歲成為先知，展開布教活動，於麥地那去世。

穆罕默德在622年受到迫害、展開逃亡，遷往距離麥加約400公里遠的麥地那。

這裡就是麥地那！　朝聖者

這天是伊斯蘭教的創始者穆罕默德去世的日子

我叫穆罕默德・伊本・阿布杜拉，受到真主阿拉的指引，負責向世人傳播真理，並創立伊斯蘭教。我曾是一位商人，40歲時，天使下凡向我揭示神啟，從此展開傳道人生。我遷移到麥地那之後，擁有了許多信徒。

問題　伊斯蘭教的第一聖地麥加，位在哪個國家？

❶ 沙烏地阿拉伯　❷ 埃及　❸ 希臘　❹ 衣索比亞

答案：①　穆斯林每天有5次固定的時間，要向聖地麥加禮拜禱告。

6月9日（西元1762年）

著作《愛彌兒》被判有罪的日子

時代劃分 ▶ 古代 / 中世 / 近世 / **近代** / 現代

國名 ▶ **法國** ☑現存 ☐滅亡

盧梭寫的《愛彌兒》竟然被判罪

《愛彌兒》是法國文學家尚–雅克·盧梭的代表作之一，這本書受到政府和教會打壓，在這天被宣判有罪！

> 《愛彌兒》有罪！
> 噠
> 你無法奪走我的自由！

因為對神與宗教的觀點，被視為危險禁書

法國思想家、文學家盧梭寫過《新愛洛伊斯》、《愛彌兒》和《社會契約論》等書。然而，政府和教會認為書中的思想過於危險，於是嚴加取締這些書。這天，《愛彌兒》被宣判有罪，盧梭逃亡到瑞士的日內瓦避難。附帶一提，盧梭直到去世之後11年，著作中的觀點才被認同。

💡 **問題** 盧梭的《愛彌兒》裡登場的「愛彌兒」，是什麼角色的名字？

① 怪獸　　② 老虎　　③ 小男孩　　④ 獅子

答案：③ 描寫無父無母、也沒有家庭教師的男孩，關於他的日常生活，以小說形式展開的教育論。

6月10日 （西元前323年）

亞歷山大大帝去世的日子

時代劃分 ▶ **古代** 中世 近世 近代 現代

國名 ▶
亞歷山大帝國
☐ 現存　☑ 滅亡

大概在這裡

打造**大帝國**的國王 亞歷山大去世了

亞歷山大大帝建造了從歐洲橫跨印度的壯闊帝國，可惜他結束遠征、返回巴比倫後，年僅32歲便去世。

> 僅僅一代，便建造了世界上最大的帝國！
> 這——麼大！

建造了結合希臘及東方文化的超大帝國！

西元前4世紀，位在希臘北方的馬其頓王國王子亞歷山大，因為父親腓力二世被暗殺，年僅20歲便繼承王位。亞歷山大展開東征，朝向敘利亞、埃及、波斯和印度進軍，建立了橫跨歐洲、非洲及亞洲的龐大帝國。據說，亞歷山大在結束遠征、返回巴比倫後，於慶功宴倒地身亡。

💡 **問題**　亞歷山大在希臘語的讀音是？

❶ 阿塔羅斯　　❷ 阿納斯塔修斯　　❸ 亞歷山卓　　❹ 安東尼

答案：③　亞歷山大在希臘語讀作「亞歷山卓」。

6月11日 （西元1864年）

作曲家史特勞斯出生的日子

時代劃分：古代／中世／近世／**近代**／現代

國名▶ 德國　☑現存　☐滅亡

大概在這裡

德國**名作曲家**史特勞斯在這天誕生了

理查·史特勞斯是近代德國的代表作曲家之一，他在1864年的這天，在德國的慕尼黑誕生。

> 史特勞斯留下許多管弦樂和歌劇作品，並持續作曲長達60年。

> 除了作曲之外，我也以指揮的身分聞名喔！

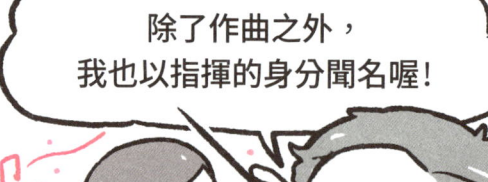

名作曲家誕生！

我叫理查·史特勞斯，是以交響詩的《查拉圖斯特拉如是說》為人所知的德國作曲家。這天是我的生日，我的父親是慕尼黑宮廷劇院的知名法國號演奏家，我受到父親影響，自幼接受音樂相關的英才教育。我活到了85歲，並且留下許多名曲。

理查·史特勞斯

問題　二戰之後，史特勞斯因為涉嫌協助什麼而接受審判呢？

❶ 羅馬帝國　❷ 十字軍　❸ 同盟國軍　❹ 納粹

答案：④　他曾接受納粹的委託舉行音樂活動，最後開庭的結果獲判無罪。

6月12日（西元1929年）

安妮・法蘭克出生的日子

時代劃分 ▶ 古代　中世　近世　近代　**現代**

國名 ▶ **德國**
☑ 現存　☐ 滅亡

戰爭結束，我想去公園散步！
躲在密室、懷著希望寫日記

在希特勒統治德國的時期，連安妮在內的猶太人全數遭受迫害，過著不見天日的躲藏生活。

問題

安妮為日記簿取的名字是？

❶ 莉莉
❷ 瑪麗
❸ 凱蒂

不放棄夢想的少女日記

安妮生於德國的猶太人家，她非常珍惜13歲時收到的生日禮物——那是一本日記簿。隨著戰爭越演越烈，猶太人不得不過著藏匿的生活。即使如此，安妮仍未停止寫日記。她躲進密室裡，在日記中寫下戰爭結束後想做的事，以及未來的夢想，字裡行間滿溢希望。

補充

安妮在終戰的兩個月前因病去世，她寫的日記，被熬過戰爭的父親分享到全世界。

答案：③　安妮的日記總是以「給親愛的凱蒂」開頭。

6月13日 （西元1878年）

召開柏林會議的日子

時代劃分：古代 中世 近世 **近代** 現代

國名▶ 德國　☑現存　☐滅亡

召開柏林會議 嘗試**解決國際紛爭**

俄羅斯帝國和鄂圖曼土耳其帝國發生俄土戰爭，俄國和英國也出現裂痕，德國首相俾斯麥舉行柏林會議想解決紛爭。

> 我來擔任解決俄國和英國糾紛的調解人！

坐下來談一談，解決國際紛爭

俄國打贏俄土戰爭後，將勢力延伸到巴爾幹半島，英國和奧匈帝國對此表示不滿。德國首相俾斯麥憂心英國和俄國發生衝突，在柏林舉行國際會談，想要平息紛爭。這場會議總共有英國、法國、德國、奧匈帝國、俄國、義大利和鄂圖曼帝國等七個國家參加。

問題　在柏林會議裡簽下的條約是？

❶《柏林條約》　❷《日美通商條約》　❸《華盛頓條約》　❹《舊金山和約》

答案：①　此條約除了領土劃分，也承認羅馬尼亞、塞爾維亞、蒙特內哥羅等國家獨立。

6月14日 （西元1866年）

普奧戰爭開始的日子

時代劃分 ▶ 古代　中世　近世　**近代**　現代

國名 ▶ 普魯士王國（現今德國）
☐ 現存　☑ 滅亡

大概在這裡

普魯士王國 vs. 奧地利帝國
普奧戰爭爆發

兩個國家因為德國統一運動爭執不休，「普」是指普魯士王國，「奧」是指奧地利帝國，簡稱「普奧戰爭」。

> 我們要擊敗奧地利，讓普魯士王國可以統一德國！
> 鬥志滿滿！

關係到德國統一的普奧戰爭，開戰！

當時，德國由許多小國組成，合稱德意志邦聯。其中的普魯士王國與奧地利帝國長年為了誰能掌握統一德國的主導權而戰。這年，普魯士王國將位於奧地利領地的霍爾斯坦占為己有，以此為導火線，引發了普奧戰爭。當時的普魯士首相俾斯麥對此早已有準備，僅用7週的時間便攻破奧地利軍。

問題　在普奧戰爭裡，率領普魯士軍的總參謀長是？

❶ 隆美爾　　❷ 馮・毛奇　　❸ 艾森豪　　❹ 麥克阿瑟

答案：②　馮・毛奇為德國統一付出重要貢獻，是軍隊裡的關鍵人物。

6月15日 （西元1215年）

《大憲章》簽訂的日子

時代劃分：古代 | **中世** | 近世 | 近代 | 現代

國名：英國　☑現存　☐滅亡

國王無法再為所欲為
《大憲章》已經獲得承認

英格蘭國王約翰讓國家民不聊生，反抗國王的貴族訂立《大憲章》，要求國王接受。

> 這是一份保障人民和議會權利的憲章，也是英國憲法的基礎！

限制國王為所欲為的憲章

當時，英格蘭國王約翰自己打了敗仗，卻向國民課以重稅來彌補損失，引發地主和權貴階級的反彈，一同制定規章（即《大憲章》）限制國王的課稅權及法庭判決權，並且要求國王接受。終於在這天，約翰王心不甘情不願的在泰晤士河畔的薩里郡，簽署內容多達63條的《大憲章》。

問題　約翰王的綽號是？

❶ 無地王　　❷ 雷帝　　❸ 明王　　❹ 打點王

答案：❶　上一代國王沒有多餘的領地可以分給約翰，他因此被戲稱為「無地王」。

6月16日 （西元1963年）

女性首次上太空的日子

時代劃分 ▶ 古代 中世 近世 近代 **現代**

國名 ▶ 蘇聯　☐現存　☑滅亡

大概在這裡

人類史上首次由**女性太空人**完成太空任務

泰勒斯可娃在26歲時成功飛向太空，她是人類史上第一位獨自完成太空飛行任務的女性。

找出3個不一樣的地方！

女性太空人完成3日的太空飛行！

這天，人類史上第一位女性太空人泰勒斯可娃航向外太空。生於農場的她，曾經在紡織工廠工作，後來成功獲選為女性太空人！最初，泰勒斯可娃對家人隱瞞了這件事，直到政府向全世界公開消息。儘管在飛行任務中遇到許多狀況，但她成功繞行地球48圈，之後也以政治家的身分活躍政壇。

補充：泰勒斯可娃曾是紡織工廠的員工，擁有90次以上的跳傘經驗，這也是她獲選為太空人的原因之一。

看圖找不同的答案：①星星的數量　②有沒有狗　③有沒有穿太空服

6月17日（西元1818年）

作曲家古諾出生的日子

時代劃分：古代 / 中世 / 近世 / **近代** / 現代

國名▶ 法國　☑現存　☐滅亡

法國作曲家古諾
以溫柔優雅的旋律**知名**

古諾曾為歌劇《浮士德》作曲，被譽為「法國近代歌曲之父」，這天，他在法國巴黎誕生了。

> 除了歌劇，古諾還創作許多宗教樂曲，像是《聖女貞德的彌撒曲》及《聖母頌》等。

歌劇《浮士德》和《羅密歐與茱麗葉》使我聲名大噪。

從教會管風琴師、聖歌隊隊長，最後成為作曲家

我叫夏爾‧古諾，是一位法國作曲家，自幼跟著鋼琴家母親學音樂，長大就讀巴黎音樂學院，接著前往羅馬留學。我回到巴黎之後，替《浮士德》和《羅密歐與茱麗葉》寫了歌劇版的曲子，人們稱我為「法國近代歌曲之父」。

夏爾‧古諾

💡 **問題**　古諾為歌劇《浮士德》寫的曲子源自誰的作品？

❶ 莎士比亞　　❷ 格林兄弟　　❸ 安徒生　　❹ 歌德

答案：④　改編自德國詩人歌德寫的《浮士德》，歌劇用長篇故事版。

6月18日 （西元1429年）

百年戰爭「帕提戰役」發生的日子

時代劃分 ▶ 古代 中世 **近世** 近代 現代

國名 ▶
法國
☑ 現存 ☐ 滅亡

法軍在帕提近郊**擊敗**英軍

從14世紀中葉起，英國與法國便持續著百年以上的戰爭，史稱「百年戰爭」。這天，發生了逆轉局勢的帕提戰役。

> 原本一路被壓著打的法軍，在帕提成功擊敗了英軍！

勝算不大的法軍出現逆轉，一舉攻破英軍！

英格蘭王國與法蘭西王國為了爭奪領地，發生了百年戰爭。本來法軍被英軍一路壓制，這天卻在北法中部近郊爆發的帕提戰役，擊敗積極進攻的英軍。這場戰役扭轉了百年戰爭的風向，法國的王太子查理也登基為查理七世，成為法國國王。

問題 在百年戰爭中活躍的法國軍人聖女貞德，又被稱作？

❶ 女武神　❷ 阿爾卑斯山的少女　❸ 鐵娘子　❹ 克里米亞的天使

答案：❶ 貞德拯救了被英軍包圍的法國北部市鎮奧爾良，因而得名。

6月19日 （西元1623年）

帕斯卡出生的日子

時代劃分 ▶ 古代　中世　**近世**　近代　現代

國名 ▶ **法國**　☑現存　☐滅亡

因為**帕斯卡定律**而知名的帕斯卡誕生

帕斯卡是有名的哲學家、數學家及物理學家。這天，他在法國中部的城市克萊蒙費朗誕生，他的父親是一位管理稅金的官員。

帕斯卡在代表作《思想錄》，留下一句名言「人類是會思考的蘆葦」。

哲學、數學、物理學……我在不同領域都留下貢獻喔！

除了「帕斯卡定律」，這位天才還發明了計算機！

我叫布萊茲・帕斯卡，是一位法國數學家、物理學家及思想家。我從小就是天才兒童，長大後因為發現與液體和氣體壓力有關的「帕斯卡定律」而聞名。計算颱風氣壓大小的單位「百帕」也是用我的名字來命名呢！《思想錄》本來是私人筆記，直到我去世後才出版問世。

布萊茲・帕斯卡

問題　天才帕斯卡，被譽為是什麼再世呢？

❶ 牛頓　　❷ 愛因斯坦　　❸ 阿基米德　　❹ 霍金

答案：③　帕斯卡被譽為是古希臘數學家、物理學家「阿基米德」再世。

6月20日 （西元1789年）

網球廳宣誓發生的日子

時代劃分 ▶ 古代　中世　近世　**近代**　現代

國名 ▶ **法國**
☑ 現存　☐ 滅亡

大概在這裡

法國的平民議員在皇家網球廳進行宣誓

當時，法國三級會議第三級（即平民）的議員接獲通知，自己的會議場遭到關閉，於是在網球廳集合，宣誓要制定憲法。

> 哦——！
> 國王竟然關閉了我們的會議場！爭取到憲法之前，我們絕不散會！

平民議員宣誓要制定憲法

這年，法國的三級會議裡面發生對立，一方是第一級的神職人員與第二級的貴族，另一方是第三級的平民階級。第三級的議員提出主張，希望重組不受身分階級限制的國民議會，卻被法王路易十六關閉了會議場。於是，第三級議員在附近的網球廳集合，宣誓「國家不制定憲法，我們就不散會。」這場抗爭持續1個多月，也成為法國大革命的導火線。

💡 **問題**　法王路易十六的王妃是？

❶ 聖女貞德　　❷ 居禮夫人　　❸ 朗布耶夫人　　❹ 瑪麗‧安東妮

答案：④　瑪麗‧安東妮奢侈成性，最後在法國大革命時遭到處刑。

191

6月21日 (西元1955年)

《米飛兔》繪本出版的日子

時代劃分：古代　中世　近世　近代　**現代**

國名：荷蘭　☑現存　□滅亡

米飛兔最早的繪本在荷蘭問世

米飛兔是受歡迎的卡通造型可愛小兔子，這天，米飛兔最早的兩本繪本在荷蘭出版問世。

> 我叫布魯納，米飛兔是我創造的角色。

受到全球熱烈歡迎的米飛兔誕生了！

可愛的米飛兔是受歡迎的卡通造型小兔子。這天，是米飛兔最早的兩本系列繪本在荷蘭出版的日子。《米飛兔》的作者是繪本作家迪克・布魯納，他一邊接手經營父親留下的出版社，一邊擔任繪本作家。聽說，他想講故事給剛出生滿周年的兒子聽，於是以小兔子為題材創作了繪本。現在，米飛兔的故事被翻譯為50多種語言，深受全球的大人小孩喜愛。

問題　米飛兔的荷蘭原文叫做什麼呢？

❶ Nijntje　　❷ Minnie　　❸ Mighty　　❹ Peter

答案：① Nijntje是荷蘭語的「小兔子」之意。　譯註・米飛兔(Miffy)是英語的官方名稱。

6月22日 （西元1633年）

伽利略被判有罪的日子

時代劃分：古代　中世　**近世**　近代　現代

國名▶ 義大利　☑現存　□滅亡

伽利略捍衛**地動說**(※) 竟然被判有罪

伽利略的舉動觸怒了禁止「地動說」的羅馬教宗法庭，這天，他被判終生軟禁。

> 他用自己製作的望遠鏡觀測木星，發現了4顆衛星，人稱「伽利略衛星」。

> 即使我沒有說出來：「不管如何，地球還是會轉動。」

有罪！

伽利略因為贊同「地動說」而被判刑

我叫伽利略・伽利萊，是活躍於16至17世紀的義大利天文學家。我透過天體觀測證實了地動說，並且出版了簡單說明地動說的《關於托勒密和哥白尼兩大世界體系的對話》一書，<u>結果被抓去羅馬、接受宗教審判，最後遭法庭宣判有罪</u>。

伽利略・伽利萊

※太陽不是繞著地球旋轉，而是地球繞著太陽旋轉的學說。

💡 **問題**　比「地動說」更早的學說是？

❶ 星動說　　❷ 月動說　　❸ 天井說　　❹ 天動說

答案：❹　「天動說」是假設地球位於宇宙的中心不會移動，由太陽和其他天體繞著地球旋轉。

6月23日 （西元1596年）

荷蘭艦隊抵達爪哇的日子

時代劃分：古代　中世　**近世**　近代　現代

國名▶ 荷蘭　☑現存　□滅亡

荷蘭艦隊初次抵達爪哇島

荷蘭派出4艘船組成的艦隊，出發尋找通往亞洲的航路，歷經14個月的航海，抵達位於爪哇西部的萬丹港。

> 抵達爪哇了！這樣就能避開葡萄牙，取得印尼香料啦！

4艘大船遠渡重洋，抵達爪哇島！

當時，荷蘭想用紡織工業賺來的錢，購買胡椒等亞洲香料，但是葡萄牙壟斷了印度及東南亞的貿易，並且禁止荷蘭停靠里斯本港，對貿易百般阻撓。終於在這年，荷蘭探險家郝特曼率領4艘船組成的艦隊，設定前往印度及東南亞為目標，從泰瑟爾港出發，橫越印度洋、歷經了14個月的航行，最後從爪哇島西部上岸。

問題 荷蘭與亞洲貿易的公司，名稱叫做？

① 荷蘭東印度公司　② 谷歌　③ 亞馬遜　④ JR東日本

答案：① 英國創立東印度公司的兩年之後，換荷蘭創立了東印度公司，據說這也是世界上首間股份有限公司。

6月24日 （西元1947年）

「世界幽浮日」起源的日子

時代劃分 ▶ 古代　中世　近世　近代　**現代**

國名 ▶
美國
☑ 現存　☐ 滅亡

大概在這裡

那是什麼？
天空有**謎之物體**在飛！

某天，一名男子發現了九個在天空飛的神祕物體，也就是日後被稱作「幽浮」的飛行物體。

找出3個不一樣的地方！

首例UFO目擊情報！至今仍未揭開神祕面紗

一位美國富豪駕駛私人飛機飛行時，在空中發現弦月狀的奇妙飛碟。從今以後，「未確認的飛行物」就被命名為「幽浮（UFO）」。後來，墨西哥舉辦了幽浮的相關會議，並將這天定為「世界幽浮日」作為紀念。每年這個日子，世界各地會舉行幽浮觀測活動。

譯註＊ 還有另一個世界幽浮日為7月2日，紀念同年發生的「羅斯威爾飛碟墜毀事件」。為了避免混淆，世界幽浮日組織已將世界幽浮日統一定為7月2日。

補充　除了世界幽浮日的稱呼之外，此事件也以發現幽浮的男性來命名，又稱「6月24日肯尼士・阿諾德目擊事件」。

看圖找不同的答案：　①左側在飛的是蜻蜓或鳥　②右側的飛行物　③機翼上的圖案

195

6月25日 （西元1950年）

韓戰開始的日子

時代劃分：古代　中世　近世　近代　**現代**

國名▶
南北韓
☑ 現存　☐ 滅亡

大概在這裡

南北韓因為朝鮮半島的統治問題，爆發**韓戰**

朝鮮半島上分別有大韓民國（南韓）與朝鮮民主主義人民共和國（北韓），這天，兩個國家因為半島的統治問題而爆發戰爭。

> 在美蘇對立的時代，世界分成兩派，韓戰爆發。

南韓與北韓之間發生戰爭

第二次世界大戰之後，美國與蘇聯（現今俄羅斯）出現對立，朝鮮半島也形成南韓與北韓兩個政府。這天，南北韓之間為了應該由誰來統治朝鮮半島的土地和人民而爭執，並爆發戰爭。<u>北韓及中國的軍隊，跟美國為主的聯合國軍隊展開激烈交鋒，幾乎整個半島都淪為戰場</u>。在1953年7月，南北韓以北緯38度線作為界線，雙方簽下停戰協議。

💡 **問題**　第二次世界大戰後，美國與蘇聯的兩強對立又稱作什麼呢？

❶ 熱戰　　❷ 激戰　　❸ 挑戰　　❹ 冷戰

答案：④　二戰結束後，美國與蘇聯雖然停止使用武力，緊張的對立關係仍然持續，因此稱為「冷戰」。

6月26日 （西元1284年）

「哈梅爾的吹笛人」事件發生日

時代劃分：古代 **中世** 近世 近代 現代

國名▶ 神聖羅馬帝國（現在的德國）
☐ 現存　☑ 滅亡

大概在這裡

哈梅爾的吹笛人把孩子們**拐走了**

相傳，德國有一個叫哈梅爾的村落（現今德國西部），曾經出現一名奇妙的吹笛男子，總共拐走了130名孩童。

> 我可以透過笛聲，引誘村子裡的小朋友喔！

130位孩童，從此行蹤不明

據說，德國的哈梅爾村鼠滿為患，一位男子帶著笛子現身，表示「我可以幫你們驅趕老鼠，但是要收錢。」隨後，男人吹奏笛子，成功誘出老鼠、予以驅逐，村人卻沒有付錢。男子再次現身時，吹奏笛子引誘130名孩童走入山洞，從此再也沒有回來。

💡 問題　「哈梅爾的吹笛人」被寫進哪部童話故事裡？

❶ 格林童話　❷ 安徒生童話　❸ 衣索比亞寓言　❹ 日本昔話

答案：① 收錄在格林兄弟所寫的《德國傳說故事集》裡，也被編入《格林童話》。

6月27日 （西元1880年）

海倫·凱勒出生的日子

時代劃分 ▶ 古代 / 中世 / 近世 / **近代** / 現代

大概在這裡

國名 ▶
美國
☑現存 ☐滅亡

海倫·凱勒為弱勢者
爭取社會福利

海倫·凱勒自幼喪失視力及聽力、幾乎無法開口說話，卻不放棄學習機會，因此被譽為「奇蹟之人」。

> 海倫藉由用手觸摸水，將事物和語言連結在一起，並且發現每樣東西都有自己的名稱。

> 最初經歷過一段反抗期，多虧了蘇利文老師，讓她克服障礙。

「奇蹟之人」——海倫·凱勒

我叫海倫·凱勒，因為兒時發高燒，喪失了視力及聽力，影響學習。不過，<u>自從家庭教師安妮·蘇利文來了之後，在她的耐心教導下，我慢慢學會單字、克服了障礙</u>。我一生跑遍世界各地，為弱勢族群爭取福利。

海倫·凱勒

💡 問題　海倫·凱勒造訪奈良時，觸摸了什麼呢？

❶ 陽明門　　❷ 雷門　　❸ 奈良大佛　　❹ 忠犬八公像

答案：③　海倫·凱勒曾訪日三次，最後一次是她75歲的時候。

6月28日 （西元1919年）

《凡爾賽條約》簽訂的日子

時代劃分 ▶ 古代 / 中世 / 近世 / 近代 / **現代**

國名 ▶ **法國** ☑ 現存 ☐ 滅亡

簽訂《凡爾賽條約》
第一次世界大戰正式結束

第一次世界大戰停戰後，戰敗的德國與協約國簽下《凡爾賽條約》，這項條約使德國失去所有的外國殖民地，造成經濟重創。

> 鼓譟 鼓譟
> 「收走領土」、「限制軍備」、「賠償金」，輸了戰爭，代價未免太大了吧！

第一次世界大戰的停戰協議

這天，在法國的凡爾賽宮，第一次世界大戰的戰敗國德國（以德國為主的同盟國）與協約國（英國、法國、俄國等）簽訂了停戰條約，稱作《凡爾賽條約》。這項條約使德國承擔敗仗，不但失去國外的所有殖民地，還支付了龐大的賠償金，對德國造成經濟重創。德國失去的領土，多數落入英國和法國手中，造成德國人民極大的不滿。

💡 問題　接下來德國的哪一個政黨，高舉「打破凡爾賽體制」而崛起？

❶ 納粹黨　　❷ 民主黨　　❸ 共和黨　　❹ 保守黨

答案：① 納粹黨不滿戰敗國裡只有德國被限制軍備，於是脫離國際聯盟、強化軍武。

199

6月29日 （西元1613年）

莎士比亞環球劇場燒毀的日子

時代劃分：古代　中世　**近世**　近代　現代

國名▶ 英國　☑現存　☐滅亡

倫敦歌劇院環球劇場發生火災、**全數燒盡**

環球劇院是倫敦最富盛名的歌劇院，這天卻在公演的時候，因為表演用的大砲引燃大火，就此燒毀。

> 嗚嗚……
> 這裡上演了我的作品，如今全數被大火燒掉了。

擁有14年歷史的莎士比亞環球劇場毀於祝融

倫敦的環球劇場是莎士比亞公演的知名劇場。這天，劇場在上演莎劇《亨利八世》時，發射舞台用的大砲，火星不小心燒到茅草屋頂，結果引燃大火，使劇場付之一炬。所幸無人傷亡，但不到1小時，整棟建築物就垮掉了。隔年，劇團重蓋了擁有磚瓦屋頂的新劇場。

問題　環球劇場（Globe Theatre）的 Globe 是什麼意思呢？

❶ 太陽　❷ 月亮　❸ 地球　❹ 火星

答案：③　好不容易蓋好的環球劇場在1644年被拆除，並於1997年再度重建。

6月30日 （西元1905年）

「狹義相對論」發表的日子

時代劃分 ▶ 古代 中世 近世 近代 **現代**

大概在這裡

國名 ▶
德國
☑ 現存　☐ 滅亡

愛因斯坦發表
狹義相對論

就在這天，科學雜誌《物理年鑑》受理了愛因斯坦提出的「狹義相對論」相關論文。

> 光速雖然不會改變，但時間和空間會伸縮。

同年，愛因斯坦還發表了另外兩篇論文，被譽為「奇蹟之年」。

扭曲——

愛因斯坦發表了狹義相對論

我叫阿爾伯特・愛因斯坦，是一位天才物理學家。我在有名的科學雜誌《物理年鑑》發表了有關「狹義相對論」的論文。1915年，我加入重力的問題，進一步完成能廣泛應用的「廣義相對論」，並且獲得了諾貝爾物理學獎。

問題　愛因斯坦曾經暫時做過什麼工作呢？

❶ 貨運公司　❷ 電力公司　❸ 瑞士專利局　❹ IT企業

答案：③　愛因斯坦曾經一邊在瑞士專利局工作，一邊擔任大學講師。

201

今年要過完一半了！ 　　　　　　　　　　　　　　歇腳小專欄

世界史小典故
中世 篇

> 我想讓更多人都讀到聖經！能不能活用印刷技術試試看？

活版印刷的問世，改變了世界的樣貌

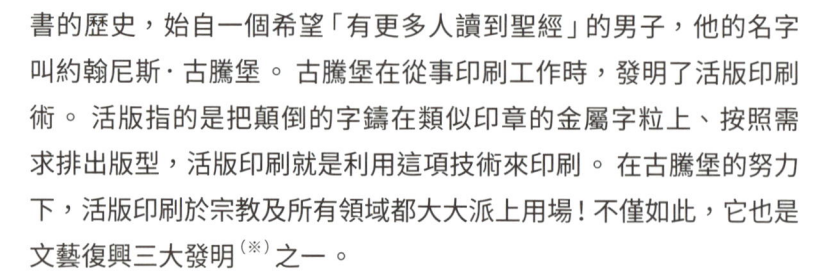

書的歷史，始自一個希望「有更多人讀到聖經」的男子，他的名字叫約翰尼斯・古騰堡。古騰堡在從事印刷工作時，發明了活版印刷術。活版指的是把顛倒的字鑄在類似印章的金屬字粒上、按照需求排出版型，活版印刷就是利用這項技術來印刷。在古騰堡的努力下，活版印刷於宗教及所有領域都大大派上用場！不僅如此，它也是文藝復興三大發明(※)之一。

※指活版印刷、羅盤（指南針）及火藥。

7月1日 （西元1904年）

聖路易斯奧運舉辦的日子

時代劃分 ▶ 古代 / 中世 / 近世 / 近代 / **現代**

國名 ▶ 美國　☑ 現存　☐ 滅亡

絕對要辦在**聖路易斯**
因總統的強烈主張而變更城市？！

原訂於芝加哥舉辦的第三屆奧林匹克運動會，
在美國總統羅斯福的堅持下，改在聖路易斯舉辦。

問題
第三屆奧運時
美國選手獲得了幾面金牌？

❶ 60面
❷ 82面
❸ 78面

竟然有這樣的選手？馬拉松使用車輛因而喪失資格

這天，第三屆奧林匹克運動會在美國的聖路易斯舉辦。這屆增設區分民族的競賽項目，不同民族的人們都前來參加。但是，這個時期受到戰爭的影響，世界局勢正處於緊張狀態，參加的選手幾乎都是美國人，所以獲得許多獎牌的也是美國選手。然而在馬拉松項目獲得金牌的美國選手，竟在比賽中使用車輛作弊，因而喪失資格。

補充
這屆奧運也舉辦區分民族的球類競賽，其中被稱為「人類學日」的企劃活動，日本的愛奴族也參加了競賽，但競技區分民族也引發了歧視問題。

答案：③　美國總計獲得230面以上的獎牌。

7月2日 （西元1778年）

盧梭去世的日子

時代劃分：古代 / 中世 / 近代（近代）/ 現代
國名▶ 法國　☑現存　☐滅亡

影響許多人的**思想家**去世了

研究生活及社會議題的思想家——尚-雅克・盧梭對於法國大革命，以及後來的民主主義（※）有著深遠的影響。

> 必須找出能讓人們幸福生活的方法！

砰！

打造自由且平等的社會！

母親在盧梭的嬰兒時期就去世了，父親與哥哥也相繼離他遠去。即便如此，盧梭仍舊刻苦向學，長大後成為了思想家，思索人類的自由與平等。「人類生來本為自由，卻因為社會而無法自由生活」、「人類的自然本性是好的，是社會使人類變壞」是盧梭的主張，這樣的思想影響了許多人。

※人民擁有決定國家如何發展的權利。

💡 **問題**　盧梭也是作曲家，以下哪首歌是他的創作？

❶ 蝴蝶　　❷ 鬱金香　　❸ 大象　　❹ 去告訴羅蒂阿姨

答案：❹　原本使用於歌劇中，後來也成為教會詩歌及軍歌。

7月3日 （西元1883年）

卡夫卡出生的日子

時代劃分：古代 中世 近代 **近代** 現代

國名▶ 捷克　☑現存　☐滅亡

大概在這裡

嘗試創作人類化身昆蟲的
不可思議小說

捷克小說家法蘭茲・卡夫卡誕生了，他在世時籍籍無名，死後作品獲得好評而成名。

> 包括男人一覺醒來變成昆蟲的《變形記》等，卡夫卡寫了許多不可思議的小說。

> 我想到了！讓主角化身成昆蟲如何？

死後成名是朋友的功勞

我一邊從事保險工作，一邊書寫並發表小說。但作品都不暢銷，是個沒有名氣的作家。34歲病逝前，我託付朋友：「把我的小說全都燒掉吧！」不過朋友沒有遵守約定，多虧了他，我的作品現在依舊在世界各地為人所知。

法蘭茲・卡夫卡

💡 **問題**　以下那個是卡夫卡小說的作品名稱？

❶ 奇怪藝術家　　❷ 暴力藝術家　　❸ 飢餓藝術家　　❹ 鄉下藝術家

答案：③　故事描寫在馬戲團表演絕食的男人。

7月4日 （西元1776年）

《獨立宣言》發表的日子

時代劃分：古代 / 中世 / 近世 / **近代** / 現代

國名▶ **美國**
☑ 現存　☐ 滅亡

大概在這裡

美國從英國殖民地 獨立

原本是英國殖民地（※）的美國，為了獨立而發動戰爭。美國發表了《獨立宣言》，這天後來也成為獨立紀念日。

> 我的左手拿的就是獨立宣言喔！

不滿課重稅，一氣之下想獨立

美洲大陸原本住著當地人，英國人來了之後，才變成英國的殖民地。後來，英國與法國發生戰爭，為財政所苦的英國便向殖民地美洲大陸的人們徵收大量稅金。美洲大陸的人們被激怒，於是與英國對立，在1775年爆發了美國獨立戰爭。隔年的這天，美洲大陸頒布獨立宣言，並於1781年打贏了這場戰爭。

※一個國家的人們移居他處，並將那裡的土地歸為己有。

問題　在戰爭前，美洲大陸的人們往海裡丟棄什麼英國商品？

❶ 威士忌　　❷ 紅茶　　❸ 寶石　　❹ 煤炭

答案：②　不滿英國徵收稅金，而將英國貨船上載運的紅茶丟入海裡。

7月5日 （西元1881年）

發現法老塞提一世木乃伊的日子

時代劃分 ▶ 古代 ｜ 中世 ｜ 近世 ｜ **近代** ｜ 現代

國名 ▶ 埃及
☑ 現存　☐ 滅亡

埃及法老的木乃伊終於找到了！

古代法老的木乃伊在王家陵墓聚集的「帝王谷」被發現，木乃伊的狀態非常良好，現在依舊收藏於博物館內。

> 找到了！
> 被找到了！

著名探險家也無功而返

埃及有個古代王家陵墓聚集的地方，被稱為「帝王谷」。著名探險家不斷尋找著法老塞提一世的木乃伊，始終毫無斬獲。然而，就在這天，終於發現了法老塞提一世的木乃伊。木乃伊的狀態非常良好，甚至還能明確辨識法老的長相！這具木乃伊現在依舊保存於埃及首都開羅的博物館喔。

問題　古埃及製作木乃伊的理由是什麼？

❶ 為了復活　❷ 為了藝術　❸ 為了販售　❹ 為了打倒怪物

答案：① 古埃及人認為人死而復活時需要肉體，所以做成木乃伊以保存肉體。

7月6日 （西元1535年）

湯瑪斯・摩爾被執行死刑的日子

時代劃分：古代　中世　**近世**　近代　現代

國名▶ **英國**　☑現存　□滅亡

大概在這裡

「國王不可以離婚」 此話一出，就被判死刑

擔任司法重要官員的湯瑪斯・摩爾，因為反對英國國王離婚，而被判了死刑。

> 亨利八世因為凱薩琳王妃無法生下能繼承王位的男孩，所以打算與她離婚。

不可以離婚！

跳起來

因為反對自己侍奉的國王而招致死刑！

我是湯瑪斯・摩爾，是法律專家、思想家。國王亨利八世打算跟王妃離婚。依照規定，<u>離婚沒有經過羅馬教會的承認，就無法成立。教會不允許離婚，我也持反對意見。</u>不同意陛下想法的我，被冠上反叛罪，遭處死刑。

湯瑪斯・摩爾

💡 **問題**　湯瑪斯・摩爾就讀的是哪所大學？

❶ 牛津大學　　❷ 劍橋大學　　❸ 倫敦大學　　❹ 哈佛大學

答案：① 他在牛津大學攻讀古典文學，後來中途退學，又轉到其他學校學習法律。

7月7日 （西元1937年）

盧溝橋事變發生的日子

時代劃分 ▶ 古代　中世　近世　近代　**現代**

國名 ▶
中華民國
☑ 現存　☐ 滅亡

被攻擊了！
我們就要發動**戰爭**

因為進駐中國的日本軍隊遭人襲擊，日本與中國的戰爭（中日戰爭）正式爆發。

> 誰開的槍？
> 要打仗啦！

促使日本與中國發生戰爭的事件

日本與中國在1937年發生了中日戰爭，這場戰爭的導火線就是盧溝橋事變。當時日本進駐中國，這天夜裡，在北京城城郊的盧溝橋進行軍事演練的日軍遭到攻擊。開槍的是誰？至今真相不明，但是以此為理由，日本加派大量兵力駐屯於中國，中日戰爭正式開打。

💡 **問題**　曾經讚美盧溝橋的歐洲著名人士是誰？

❶ 哥倫布　　❷ 馬可波羅　　❸ 沙勿略　　❹ 麥哲倫

答案：②　馬可波羅曾在《東方見聞錄》裡面讚美盧溝橋。

7月8日 （西元1838年）

齊柏林出生的日子

時代劃分 ▶ 古代 中世 近世 **近代** 現代

國名 ▶ 德國 ☑現存 ☐滅亡

飛機源於 飛船
能在空中自由飛翔的交通工具

斐迪南・馮・齊柏林因乘坐熱氣球，體會能在空中自由駕駛的交通工具有其必要，於是離開軍隊，投入飛船製作的工作。

> 找出3個不一樣的地方！

能夠自由移動的熱氣球

現在世界各地，無數的飛機在空中交錯飛行著。這天是齊柏林的生日，他打造了飛機的最早起源——飛船。從小擅長數理的齊柏林，長大後成為職業軍人，同時學習機械的相關知識。某一天，在前線打仗的齊柏林為了從空中監視地面，坐上了熱氣球。聽說，<u>他因此想出了可以在空中自由自在駕駛的交通工具</u>！

補充　齊柏林打造的飛船，無論速度或是體積，都是當時世界最大的。

看圖找不同的答案：　①是鳥還是太陽　②左邊的人頭　③中間人拿的東西

7月9日 (西元1386年)

森帕赫戰役發生的日子

時代劃分 ▶ 古代 **中世** 近世 近代 現代

國名 ▶ 瑞士
☑ 現存　☐ 滅亡

在山裡打仗的話我們一定贏！

被奧地利統治的瑞士，為了獨立不斷征戰，他們在贏得森帕赫戰役後，得以獨立。

打敗奧地利的騎兵

當時的瑞士受到奧地利帝王世家——哈布斯堡家族統治，人們為了獨立而持續奮戰。這天，在瑞士山間小鎮森帕赫的一條狹窄道路，瑞士軍對奧地利軍發動攻擊。因為馬匹不易通行崎嶇山路，以騎兵為主要戰力的奧地利軍隊無法好好應戰。贏得這場戰爭的瑞士，最後得以獨立。

問題 瑞士主要使用哪一種語言？

① 瑞士語　② 英語　③ 葡萄牙語　④ 德語

答案：④　除了德語以外，也使用法語、義大利語和羅曼什語。

7月10日 （西元1851年）

攝影師達蓋爾去世的日子

時代劃分：古代　中世　近世　**近代**　現代

國名▶ **法國**　☑現存　☐滅亡

為了將真正的風景印在紙上 發明了 **攝影術**

法國畫家，同時也是攝影師的路易·雅克·曼德·達蓋爾改良了攝影術，實用照相機及照片首次出現在世人面前。

> 達蓋爾與發明家涅普斯一起做研究。在涅普斯去世之後，達蓋爾確立了照片的攝影方法。

「現在開始拍照，請不要動。」

「我試著改良了涅普斯的攝影術喔！」

實用照相機首次問世

改良實用攝影術的就是我——達蓋爾。我本來是舞台布景的畫家，某一天，我開始思考舞台使用的風景畫，是否能用真正的風景來取代繪畫。經過了各種研究，終於在1839年發明銀版攝影法。

路易·雅克·曼德·達蓋爾

💡 **問題**　達蓋爾的夥伴涅普斯所發明的照片，拍攝需要花多長時間？

❶ 5分鐘　　❷ 20分鐘　　❸ 1小時　　❹ 8小時

答案：④　因為耗時長達8小時，不適用於實際拍攝。達蓋爾將其改良，把拍攝時間縮短至20分鐘。

7月11日 （西元1987年）

世界人口超過50億的日子

時代劃分 ▶ 古代 中世 近世 近代 **現代**

國名 ▶
世界各國
☑ 現存　☐ 滅亡

負責計算的人真厲害
全球人口超過**50億**

這天，全世界的人口總計超過50億，為了紀念，聯合國將7月11日定為「世界人口日」。

> 全世界的人口超過50億人囉！

思考人口問題的日子

2021年的世界人口為78億7500萬人，而超過50億人的這一天，是1987年的7月11日，第50億人次的新生兒是南斯拉夫的馬蒂。為了紀念人口超過50億，聯合國在1990年將這天定為「世界人口日」。「世界人口日」是為了喚起人們對人口問題（指的是隨著人口的增減而產生的居住空間，或生活必需品不足等問題）的關心而制定。

問題　除了「世界人口日」以外，以下哪一項也是聯合國制定的紀念日？

❶ 世界廁所日　　❷ 世界稻米日　　❸ 世界巧克力日　　❹ 世界飲酒日

答案：①　為維護健康與衛生，以推廣乾淨廁所為目的而制定的紀念日。順帶一提，世界廁所日是11月19日。

7月12日 （西元1397年）

卡爾馬聯盟成立的日子

時代劃分 ▶ 古代 | 中世 | 近世 | 近代 | 現代

國名 ▶ 丹麥　☑現存　☐滅亡

由幹練女王統治的最大國家誕生

丹麥、挪威和瑞典三國之間締結同盟（※），統治聯盟的是丹麥、挪威的實質統治者——瑪格麗特一世。

> 聯盟的國王還年幼，由我來管理！

聯盟的挪威國王是年僅十幾歲的艾力克，因此實際權力掌握在瑪格麗特一世的手中。

三國聯盟實際是由女王一手支配！

我是丹麥、挪威的女王瑪格麗特一世。以我為中心，丹麥、挪威和瑞典三國之間締結了同盟。因為是在瑞典的卡爾馬締結盟約，所以稱為「卡爾馬聯盟」。藉由締結盟約，卡爾馬聯盟成為當時歐洲最大的國家喔。

※為了同一目的而約定互相幫助的關係。

💡 **問題**　瑪格麗特一世出生於哪個國家？

❶ 挪威　❷ 英國　❸ 法國　❹ 丹麥

答案：④　丹麥國王的女兒，10歲時與挪威國王結婚。

7月13日 （西元1930年）

第一屆世足賽開幕的日子

時代劃分 ▶ 古代 / 中世 / 近世 / 近代 / **現代**

國名 ▶ 烏拉圭　☑現存　□滅亡

大概在這裡

舉辦第一屆**世界盃**
漫長的乘船過程，真討厭啊！

第一屆世界盃足球賽在烏拉圭舉辦；
與現在不同，不少國家都不想參加。

> 我們要辦世界盃，請大家來參加！
>
> 太遠了，不要去好了。

有些國家因為受不了長途搭船而放棄參加……

以足球競技決定哪個國家是世界第一的世界盃，第一屆比賽舉辦於1930年，主辦國是位於南美洲的烏拉圭。與現今不同，那時沒有分區預賽，由歐洲與南美洲總計13個國家參賽。當時不是坐飛機，必須乘船到烏拉圭，從歐洲出發的話，就要花上2週的時間，聽說有些歐洲國家因為受不了長途搭船而放棄參加。這屆世足賽最後獲勝的是地主國烏拉圭。

💡 問題　**日本第一次參加世足賽是哪一年？**

❶ 1950年　　❷ 1974年　　❸ 1998年　　❹ 2010年

答案：③　日本於1954年第一次參加分區預賽，1998年首度從預賽脫穎而出，獲得參賽資格。

7月14日 (西元1789年)

法國大革命爆發的日子

時代劃分：古代 / 中世 / 近世 / **近代** / 現代

國名▶ **法國** ☑現存 ☐滅亡

大概在這裡

我們反對王政
巴黎人民揭竿起義的日子

這天，對法國君主專制心生不滿的巴黎人民，為謀求市民的政治權利而奮起反抗。

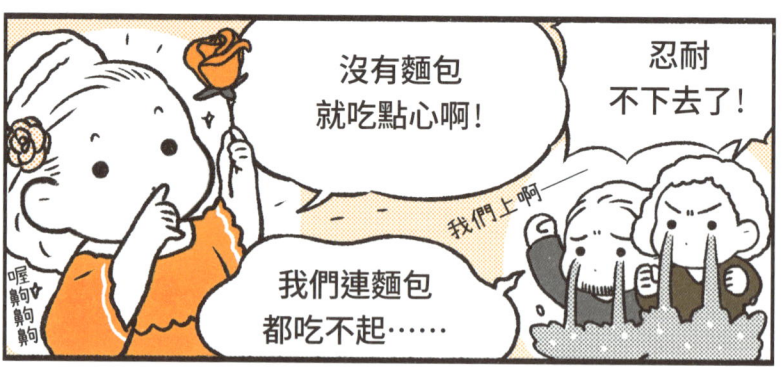

> 沒有麵包就吃點心啊！
>
> 忍耐不下去了！
>
> 我們連麵包都吃不起……
>
> 我們上啊
>
> 喔齁齁齁

人民齊心協力打敗國王

這時的法國因為國王的專政，農業與工業的發展失去自由，人民不滿的情緒日漸累積。國王路易十六想憑藉自身的力量改變現狀，然而非但沒有成功，還讓國家陷入窘境。被激怒的人民襲擊巴士底監獄，引發革命。之後，國王路易十六與王妃瑪麗・安東尼被處死。

💡 **問題**　路易十六與瑪麗・安東尼被以什麼方式處死？

❶ 斷頭台　　❷ 腰斬　　❸ 絞刑　　❹ 釘十字架

答案：① 以斷頭台斬斷頭顱的行刑方式，在法國大革命期間常被使用。

7月15日 （西元1799年）

發現《羅塞塔石碑》的日子

時代劃分 ▶ 古代 / 中世 / 近世 / **近代** / 現代

國名 ▶ **埃及**　☑ 現存　☐ 滅亡

大概在這裡

石頭上寫著什麼？！古埃及**石碑**被發現

石碑所刻的文字種類不止一種，有紀錄指出上面使用了三種文字。

找出3個不一樣的地方！

記載頌讚當時君王文章的石碑

在法軍遠征埃及時，士兵發現了寫著像是古代圖畫文字的巨大石頭。發現石頭的城鎮在歐洲被稱為「羅塞塔」，因此這座石碑被命名為《羅塞塔石碑》。解讀上面的文字後，發現是西元前196年的石碑。遠古石碑的發現，對於古埃及文字的研究產生極大的影響。

補充　發現《羅塞塔石碑》的法軍，是由法國大革命而聞名的拿破崙所率領。

看圖找不同的答案：　①前方士兵的頭　②掉落地面的東西　③石碑記載的東西

217

7月16日 (西元1945年)

世界首次進行原子彈爆炸實驗的日子

時代劃分：古代 / 中世 / 近世 / 近代 / **現代**

國名▶ **美國** ☑現存 ☐滅亡

用原子彈做了好可怕的實驗

研發原子彈的美國，進行了世界首次的原子彈實驗，在這場實驗成功之後，日本被投下了原子彈。

> 成功了！

在沙漠引爆原子彈

原子彈擁有驚人威力，會對人類和土地帶來重大損害。研發炸彈的美國，在1945年的這天進行首次實驗，順帶一提，這場實驗是在美國新墨西哥州的沙漠進行。因為這場實驗的成功，使得美國在戰爭中運用了原子彈，於1945年8月6日在日本的廣島、8月9日在日本的長崎，分別投下原子彈。

問題　美國的原子彈研發計畫叫做什麼？

❶ 曼哈頓計劃　❷ 華盛頓計畫　❸ 夏威夷計畫　❹ 德州計畫

答案：① 因為研發原子彈的研究所位於紐約的曼哈頓，就以地名來命名這項計畫。

7月17日（西元1402年）

明朝永樂皇帝登基的日子

時代劃分：古代 / 中世 / **近世** / 近代 / 現代

國名▶ 明　☐現存　☑滅亡

藉著戰爭擴張領土的**偉大皇帝**出現了

明朝的永樂皇帝擴張領土，與許多國家貿易往來，讓國家變得富強。

> 成為進軍海外的大國！

自幼飽讀詩書的永樂皇帝，據說能過目不忘，十分優秀。

擴張國家領土 與日本等國貿易往來

我是明朝的第三個皇帝永樂帝。第二個皇帝建文帝是我的姪子（哥哥的兒子），年紀輕輕就繼承皇位了。後來，我戰勝了建文帝，取得皇帝的寶座。自從我當了皇帝後，明朝領土擴張，與包含日本在內的許多國家進行貿易，國家變得非常富強喔。

問題　永樂皇帝將船隊派往哪裡？

❶ 澳洲　　❷ 非洲　　❸ 歐洲　　❹ 美洲

答案：② 在永樂皇帝的命令下，明朝的船隊造訪了非洲大陸的東岸。

7月18日 （西元1955年）

日內瓦高峰會舉行的日子

時代劃分：古代 中世 近世 近代 **現代**

國名：瑞士 ☑現存 ☐滅亡

大概在這裡

各國政要大集合
為和平議題交換意見

以美國為首的國家與蘇聯（現今俄羅斯）為首的國家持續對立，美國與蘇聯等國領袖，為了和平議題進行協商。

> 關係稍微好一點了吧？

布爾加寧（蘇聯）　艾森豪（美國）　富爾（法國）　艾登（英國）

改善冷戰期間的對立

第二次世界大戰後，以美國為首的資本主義[※1]國家，與蘇聯為首的社會主義[※2]國家形成對立。<u>因為這場對抗不使用武器，所以被稱為「冷戰（寒冷的戰爭）」</u>。雖然冷戰一直持續至1989年，但經過1955年的日內瓦高峰會，狀況已有少許改善。美國、英國、法國和蘇聯的總統及首相們聚集在<u>瑞士的日內瓦，為和平議題進行協商</u>。

※1 認為個人可以自由賺取金錢，擁有土地或財產。
※2 認為所得要全部交由國家管理，為了全民的平等，個人不可擁有金錢或土地。

💡 **問題**　參與高峰會的美國總統艾森豪，最喜歡喝的飲料是？

❶ 牛奶　　❷ 可樂　　❸ 水　　❹ 紅茶

答案：②　據說在第二次世界大戰中擔任司令官的艾森豪，曾向政府要求：「送可樂到我所在的戰場來。」

7月19日 （西元1834年）

寶加出生的日子

時代劃分 ▶ 古代 ／ 中世 ／ 近世 ／ **近代** ／ 現代

國名 ▶ **法國**　☑現存　☐滅亡

雖然遭到父親反對 我還是想成為**藝術家**

以芭蕾舞畫著名的藝術家寶加在這天誕生啦！寶加不放棄夢想，持續努力學習，最後真的成為了藝術家。

> 我畫了很多以芭蕾舞為主題的畫

以繪畫記錄都市人們的生活

藝術家艾德加·寶加出生於法國的巴黎。他想要成為畫家，但擔任銀行行員的父親對他說：「當藝術家只會窮困潦倒。」他只好選擇到巴黎大學學習法律，然而，他對藝術的熱情不曾消減，便捨棄攻讀法律，進入國立藝術學院就讀，最後成為一名畫家。寶加以描繪都會人們的畫作著名，尤其是芭蕾舞，他留下了許多以芭蕾舞為主題的畫作喔。

💡 **問題**　寶加為了學習繪畫造訪了哪個國家？

❶ 俄羅斯　　❷ 英國　　❸ 希臘　　❹ 義大利

答案：❹　義大利是催生14至16世紀文藝復興運動的國家，藝術發展十分蓬勃。

221

7月20日 （西元1969年）

人類第一次登陸月球的日子

時代劃分 ▶ 古代　中世　近世　近代　**現代**

大概在這裡

國名 ▶
美國
☑ 現存　☐ 滅亡

人類在**月球上漫步**？！
受到全世界矚目的太空飛行

3名太空人以月球漫步為目標，飛向宇宙，在太空船升空的4天後成功登陸月球。

問題

當時使用的太空船叫什麼名字？

❶ 阿波羅11號
❷ 哥倫比亞號
❸ 太空1號

登陸的影像在全球各地直播

1961年，當時的美國總統甘迺迪宣告將在1960年代結束前，送人類上月球，此話一出震驚全世界。這項計畫從製造能運送人類的火箭開始，據說花了數年時間。直到1969年的這天，飛向外太空的3名太空人成功在月球表面又蹦又走。那張在月球上插美國國旗的照片，至今仍非常著名喔。

補充

登陸月球的3名太空人，為了將月球的資訊帶回地球，收集了大量的岩石和泥沙。

答案：① 阿波羅11號的船長尼爾・阿姆斯壯是全世界第一個登上月球的人。

金字塔戰役爆發的日子

7月21日（西元1798年）

時代劃分 ▶ 古代 | 中世 | 近世 | **近代** | 現代

國名 ▶ **鄂圖曼帝國** ☐現存 ☑滅亡

在金字塔的注視下
埃及開戰

由法國拿破崙帶領的軍隊進入埃及，與統治埃及的鄂圖曼帝國軍隊戰鬥，最後取得勝利。

> 喔──
> 歷史在看著我們，加油啊！
> 盯著──

為了對抗英國而前往埃及

法國大革命後，拿破崙成為法軍的司令官。為了對抗與法國敵對的英國，他想一舉拿下英國和印度的貿易中繼站——埃及。拿破崙率領的軍隊在「金字塔戰役」中打敗統治埃及的鄂圖曼帝國。拿破崙對士兵們說：「4000年的歷史在金字塔上俯視著你們！」這句鼓舞人心的話，也成為名言喔。

問題 除了軍隊，拿破崙還帶了什麼到埃及？

❶ 學者　　❷ 馬戲團　　❸ 棒球隊　　❹ 象群

答案：① 他帶領學者、藝術家等專家前往埃及，發現了《羅塞塔石碑》。

7月22日 （西元1822年）

孟德爾受洗的日子

時代劃分：古代　中世　近世　**近代**　現代

國名：奧地利　☑現存　☐滅亡

以豌豆進行實驗
發現**遺傳法則**

研究植物學的孟德爾以豌豆進行實驗，並發現了遺傳法則。

> 發現父母的特徵出現在孩子身上的「顯性」，以及沒有出現在孩子身上的「隱性」遺傳因子。

我發現遺傳法則了！

遺傳法則在孟德爾死後，才被世人認可

我是植物學家格雷戈爾‧約翰‧孟德爾。出身農家的我，在學校畢業後就進入修道院，學習植物學等知識。在研習時，我以豌豆進行實驗，發現了後來被稱為「孟德爾定律」的遺傳法則。可惜，這項法則在我死後才被世人所認可。

雷戈爾‧約翰‧孟德爾

💡 **問題**　除了豌豆之外，孟德爾還用了什麼進行實驗？

❶ 蒲公英　　❷ 紅蘿蔔　　❸ 向日葵　　❹ 蘆筍

答案：①　以蒲公英的同種植物進行實驗。

7月23日 （西元1967年）

「底特律事件」發生的日子

時代劃分 ▶ 古代 中世 近世 近代 **現代**

國名 ▶ 美國　☑現存　☐滅亡

大概在這裡

停止歧視黑人
憤怒下爆發的動亂

法律明文禁止種族歧視，但美國對黑人的歧視還是不曾間斷。當時，發生了一場因警官毆打黑人而造成的動亂。

> 警官毆打黑人，不可原諒！

底特律發生動亂

過去，在美國的黑人被當作奴隸(※)使用，奴隸制度消失後，黑人仍受到差別對待。1964年制定了公民權法，明文禁止種族歧視，即便如此，歧視問題還是層出不窮。在這樣的背景下，<u>法律制定3年後的這天，底特律市發生警官毆打黑人的事件，以此為導火線，發生了激烈的抗爭暴動</u>。這場暴動持續了5天，造成了38人死亡。

※指的是被當作物品或所有物般對待，被剝奪人權與自由的人。

💡 **問題**　底特律是以生產什麼而著名的城市？

❶ 電視機　　❷ 鋼琴　　❸ 啤酒　　❹ 汽車

答案：④　底特律有福特等著名汽車製造商，又被稱為「汽車城」。

7月24日 （西元1911年）

發現馬丘比丘遺址的日子

時代劃分：古代　中世　近世　近代　**現代**

國名：**秘魯**　☑現存　☐滅亡

大概在這裡

路途超級辛苦
高山上發現的神祕都市

南美洲曾經繁盛一時的印加帝國，是個謎樣的國家，它的都市馬丘比丘遺址，在秘魯的高山上被發現。

> 這麼高的山上竟然有座石城！

被西班牙滅亡的神祕都市

在13至16世紀，南美洲大陸上的印加帝國曾經繁盛一時。擁有廣大的領土及先進的文明（印加文明），卻被西班牙人所消滅。這個沒有文字且充滿謎樣色彩的印加帝國，它的都市馬丘比丘遺址，在1911年被美國考古學家賓厄姆發現。因為遺址位於高山上，所以之前沒有被西班牙人毀壞。

問題　印加文明以什麼代替文字做記錄？

❶ 繩子　　❷ 火　　❸ 泥沙　　❹ 骨頭

答案：①　以繩子上打結的數量做記錄，這種結繩記事的方式被稱作「奇普」。

7月25日 (西元918年)

高麗王朝建國的日子

時代劃分：古代 | **中世** | 近世 | 近代 | 現代

國名 ▶ **高麗王朝**
☐ 現存　☑ 滅亡

大概在這裡

我要成為**統一**朝鮮半島的王

10世紀初的朝鮮半島，分為幾個國家，由建立高麗王朝的王建，統一各國。

> 我就是統一朝鮮半島的王建！

高麗在935年打敗新羅，雖然後百濟是強敵，趁其內鬥也一舉獲得勝利。

打倒暴君國王，自己稱王

10世紀初，朝鮮半島區分成新羅、泰封、後百濟等幾個國家。統一各國的就是我──王建。我原本是泰封的武將，後來打倒推翻讓百姓民不聊生的泰封國王弓裔，建立高麗這個國家。接著又跟鄰近的國家打仗，終於在936年完成朝鮮半島的統一大業！

問題　王建統治時，立了什麼宗教為高麗的國教？

❶ 基督教　　❷ 伊斯蘭教　　❸ 佛教　　❹ 儒教

答案：③ 立佛教為國教。

7月26日 （西元1945年）

《波茨坦宣言》發表的日子

時代劃分▶ 古代　中世　近世　近代　**現代**

國名▶
美國
☑現存　☐滅亡

大概在這裡

乖乖認輸
當個民主**和平**的國家

在第二次世界大戰中，以美國為首的各國發表《波茨坦宣言》，勸當時已無勝算的日本投降。

給我投降！

日本原本打算無視宣言

第二次世界大戰後期，美國、英國和中國在這天發表《波茨坦宣言》。當時，日本的盟軍德國和義大利已經投降，日本在這場戰役中毫無勝算。這份敦促日本無條件投降的《波茨坦宣言》，記載「讓日本民主化」等內容。日本原本打算無視這份宣言，後來在原子彈投下後的8月14日才轉為同意。

問題　波茨坦指的是什麼？

❶ 人的名字　　❷ 神的名字　　❸ 水庫的名字　　❹ 城市的名字

答案：④　在德國的波茨坦這個城市，美國、英國、中國三方進行協商。

7月27日（西元1844年）

道爾頓去世的日子

時代劃分：古代　中世　近世　**近代**　現代

國名▶ **英國**　☑現存　☐滅亡

大概在這裡

物質是由**肉眼看不見**的原子這種小小的顆粒所組成的

所有物質都是由原子所組成的，約翰・道爾頓發表了相關學說，成為近代化學的重要人物。

他認為「物質是由原子這種小小的顆粒所組成的」，還發表了元素記號（用來表示原子和元素的記號）。

物質是由原子所組成的。

發表對原子的見解

我很喜歡學習，小學畢業後，靠著自學累積化學知識。我對氣象尤其感興趣，在研究大氣成分的過程中，得出了「氣體是由原子簡單的排列組合而形成」這個想法，這就是「原子論」。

約翰・道爾頓

💡 **問題**　道爾頓在幾歲時，第一次當上教師？

❶ 12歲　　❷ 22歲　　❸ 32歲　　❹ 82歲

答案：①　因為當時就讀的小學老師退休，道爾頓12歲就成為了教師。

229

7月28日 （西元1830年）

七月革命爆發的日子

時代劃分 ▶ 古代　中世　近世　**近代**　現代

國名 ▶
法國
☑ 現存　□ 滅亡

人民贏了政府軍 趕走國王

法國國王查理十世想要施行以君王為中心的政治，被激怒的人民起身反抗，掀起革命。

自由　平等　博愛

人民勝過國王的光榮3日

這天，一場被稱作「七月革命」的平民革命爆發了。當時的國王查理十世想要恢復過去的君主專政（※），讓人民大為反感。7月27日，要求改革的自由主義（尊重個人自由的思想）報紙遭沒收，在政府一連串的壓迫下，人民終於群起反抗。隔日，革命派設置了司令部，人民獲得勝利，查理十世逃亡國外。

※權力完全集中於國王一人，行使強權的政治。

問題　人民以什麼旗幟作為自己的象徵？

❶ 白旗　　❷ 黑旗　　❸ 紅旗　　❹ 三色旗

答案：④　以藍、白、紅表示「自由、平等、博愛」。也被使用於法國大革命中，是現在法國國旗的起源。

7月29日 （西元1883年）

墨索里尼出生的日子

時代劃分：古代　中世　近世　**近代**　現代

國名▶ 義大利　☑現存　□滅亡

施行**獨裁政治**
因戰爭落敗被判死刑

貝尼托・墨索里尼在義大利施行「法西斯主義」的獨裁政治(※)，第二次世界大戰時，與日本和德國同盟。

1922年墨索里尼的4萬名支持者，向國王要求更強而有力的政府，擁護墨索里尼取得政權。

法西斯黨取得政權！

限制自由並侵略外國

我的名字叫墨索里尼，本來是一名教師，後來成為政治家，取得政權後推行了法西斯主義政治。所謂的「法西斯」是限制人們追求自由和幸福的權利，並向外侵略他國的獨裁政治。然而，義大利在第二次世界大戰中落敗，最後我也被判了死刑。

貝尼托・墨索里尼

※指一個人或者是一個政治團體擁有極大的強權，施行政治壟斷。

問題　墨索里尼是什麼科目的教師？

❶ 音樂　　❷ 體育　　❸ 法語　　❹ 美術

答案：③　他是法語教師，此外也教授歷史、國語和地理。

231

福特出生的日子					
時代劃分	古代	中世	近世	**近代**	現代

7月30日（西元1863年）

國名▶ 美國
☑現存 ☐滅亡

多虧了 汽車大王
大家都買得起汽車了

一手打造世界級汽車製造商福特的亨利・福特，一邊在發明大王愛迪生的公司上班，一邊在家著手進行引擎的相關研究。

> 我做出了不是有錢人也可以買得起的汽車！
>
> 耶！

想讓老百姓也買得起汽車

這位後來成立汽車製造商的福特，結束在底特律的工廠工作後，便進入了愛迪生的電燈公司。他在那裡一邊工作，一邊在家進行汽車研究，最後終於打造出汽車。離開愛迪生的公司，成立汽車公司的福特，致力於開發不是有錢人也買得起的汽車。1908年開始販售的T型福特汽車，在全世界製造了1500萬台以上。

💡 **問題**　福特以什麼手段宣傳自家汽車？

❶ 電影　　❷ 送信　　❸ 賽車　　❹ 警車

答案：③　福特參加賽車比賽並獲得勝利，藉此方式尋找出資者。

7月31日 （西元1588年）

無敵艦隊與英國對戰的日子

時代劃分：古代　中世　**近世**　近代　現代

國名：**西班牙**　☑現存　□滅亡

明明被稱為<mark>無敵艦隊</mark>卻被英國打得一敗塗地

在大航海時代號稱世界最大國家的西班牙艦隊，竟然輸給英國。西班牙的國力日漸衰退，也起因於這場戰役。

曾是世界最大國家的西班牙戰敗

歐洲各國的船隊開往非洲、亞洲及美洲大陸的時代，叫做「大航海時代」。當時的西班牙，在世界各地擴張領土，成為世界最大的帝國。後來，因為英國幫助荷蘭從西班牙獨立，西班牙與英國便發生了戰爭！雖然西班牙派出被稱為「無敵艦隊」的強力艦隊，但英國以活動自如的船隻應戰，在暴風雨時占盡優勢，最後獲得了勝利。

問題　英國艦隊的司令官法蘭西斯・德瑞克的職業是什麼？

❶ 海盜　　❷ 牧師　　❸ 畫家　　❹ 歌手

答案：① 當時的英國政府認可海盜攻擊敵對國家的船隻。

8月1日（西元前30年）

亞歷山大城被攻陷的日子

時代劃分 ▶ **古代** 中世 近世 近代 現代

國名 ▶ **羅馬帝國** □現存 ☑滅亡

將軍與女王這對戀人 **戰敗** 的悲慘命運

羅馬將軍安東尼在戰爭中敗給過去的夥伴屋大維，他與妻子克麗奧佩脫拉遭遇了悲慘的命運。

> 克麗奧佩脫拉已經死了，我活下去也沒有意義。

> 我其實還活著啦！

逃到埃及城市，仍被攻陷

古代羅馬的將軍安東尼，與埃及女王克麗奧佩脫拉相愛。安東尼與妻子小屋大薇分手後，便與小屋大薇的弟弟屋大維（後來的羅馬初代皇帝）關係惡化。在一場海上戰役中，安東尼敗給了屋大維。他逃往亞歷山大城，仍然被打得落花流水。後來，<u>安東尼聽信了克麗奧佩脫拉已經身亡的假消息，選擇自殺結束一生</u>。

💡 **問題**　還活著的克麗奧佩脫拉，後來採取了什麼行動？

❶ 對抗　　❷ 逃走　　❸ 背叛　　❹ 自殺

答案：④　得知安東尼死訊後，她讓自己被毒蛇咬死（也有一說是服毒自殺）。

8月2日 （西元1990年）

伊拉克入侵科威特的日子

時代劃分 ▶ 古代 ｜ 中世 ｜ 近世 ｜ 近代 ｜ **現代**

國名 ▶ **伊拉克**　☑ 現存　☐ 滅亡

大概在這裡

隔壁的油田是我的 為爭奪而展開攻擊

中東的伊拉克突然攻擊鄰國科威特，並占領該國，聯合國要求伊拉克撤出科威特，但伊拉克拒絕離開。

> 科威特本來是屬於伊拉克的！

財政困難的伊拉克覬覦科威特盛產的石油，在伊拉克入侵後，處死了數百名科威特人。

拒絕撤離，被攻擊而戰敗

我是薩達姆·海珊，伊拉克的獨裁總統，攻擊隔壁的國家科威特，用武力征服別人的國土！以美國為首的多國部隊，對我指手畫腳要求撤出科威特，我才不會乖乖聽話。於是，多國部隊發動波斯灣戰爭，伊拉克就此戰敗。

💡 **問題**　波斯灣戰爭時，多國部隊空襲伊拉克的作戰名稱是？

❶ 沙牆　　❷ 沙漠風暴　　❸ 石頭雨　　❹ 火燄之箭

答案：②　此外，地面戰被稱作「沙漠之劍」。

8月3日 （西元前480年）

溫泉關悲劇發生的日子

時代劃分 ▶ **古代** 中世 近世 近代 現代

國名 ▶
希臘
☑ 現存　☐ 滅亡

大概在這裡

只有300名勇士力戰20萬大軍

斯巴達是希臘城邦之一，斯巴達的士兵以稀少的人數迎戰波斯大軍。

> 這關斯巴達可不會讓你通過！
> 嗚
> 喔喔喔喔

以稀少的人數奮勇迎戰大軍

西亞大國波斯進攻希臘，在海戰（阿提密西安海戰）方面，雙方勢均力敵；而在陸戰方面，斯巴達軍在狹窄道路迎擊波斯軍。據說斯巴達軍只有300人，力戰20萬人的波斯軍。斯巴達士兵勇敢地堅守了3天，最後仍被全數殲滅。

💡 問題　「斯巴達」這個詞，後來被用來形容什麼？

❶ 嚴格的教育　　❷ 魯莽的挑戰　　❸ 勇氣　　❹ 強壯男人

答案：① 斯巴達為了培養士兵，會讓孩童接受嚴格的教育，因此嚴格的教育被稱作「斯巴達教育」。

8月4日 （西元1474年）

萬里長城開始大興土木的日子

時代劃分：古代　中世　**近世**　近代　現代

國名：明　☐現存　☑滅亡

敵人無法入侵 世界**最大的堡壘**

明朝的皇帝為了強化萬里長城，花費100年的時間進行工程，將長城延伸了2700公里。

問題

萬里長城全長為幾公里？

1. 約3400公里
2. 約4500公里
3. 約6300公里

守護城內！耗費百年而成的最強屏障

在現今中國的北京，搭電車約1小時就能抵達世界遺產——萬里長城的所在地。萬里長城非常長，甚至能從北海道往下至沖繩，將日本列島環繞一圈。古代中國的帝王們，為了驅趕頻頻入侵中原的其他民族，建造了萬里長城。這一天，為了強化萬里長城的防禦能力，一場巨大的工程開工了。

補充

登上中國最具代表的觀光勝地——萬里長城，可以看見一望無際的草原和沙漠。

答案：③　萬里長城由西元前開始逐步興建而成，但現存的部分幾乎都是明朝時期所建設的。

8月5日 （西元前371年）

留克特拉戰役爆發的日子

時代劃分：**古代** / 中世 / 近世 / 近代 / 現代

國名▶ **希臘** ☑現存 ☐滅亡

導入**新的戰鬥方式**
力克強大軍隊

古希臘以強大軍隊聞名的城邦斯巴達，敗給導入新戰術的城邦底比斯。

> 這就是「斜線陣」戰術！

先包圍敵人！ ▶ 與第一組人左右夾攻 ▶ 再包圍敵人 ▶ 最後是我們！

靠天才將軍致勝的戰役

古希臘由許多城邦所組成，同屬城邦的斯巴達與底比斯之間掀起戰火。儘管斯巴達以強大軍隊聞名，但在「留克特拉戰役」中，底比斯的伊巴密濃達將軍使用新戰術「斜線陣形」，成功擊退斯巴達大軍。底比斯也因為在這場戰役中取得勝利，在往後的10年間，成為希臘最大的城邦。

💡 **問題** 希臘的城邦如何稱呼？

① bird　　② milk　　③ color　　④ polis

答案：④　英文的警察police，就是從polis這個詞彙衍生而來。

8月6日（西元1806年）

神聖羅馬帝國滅亡的日子

時代劃分：古代　中世　近世　**近代**　現代

國名▶ 神聖羅馬帝國（現今德國）
☐ 現存　☑ 滅亡

名字很酷的國家因戰敗而**滅亡**

現在的德國，過去曾經是神聖羅馬帝國，因為戰爭敗給法國的拿破崙，導致國家滅亡。

> 神聖羅馬帝國已經結束了……

長達884年的歷史告終

西元962年，神聖羅馬帝國誕生。雖然名字裡有羅馬，但實際位於現在的德國和奧地利一帶。第一位國王鄂圖一世獲得羅馬教皇的加冕，神聖羅馬帝國就此誕生。神聖羅馬帝國自15世紀開始，受到哈布斯堡家族統治，直到敗給法國的拿破崙，哈布斯家族的法蘭茲二世退位，帝國終於瓦解。

💡 **問題**　神聖羅馬帝國皇帝法蘭茲二世退位後，成為什麼？

❶ 成為其他國家的皇帝　　❷ 被處死刑　　❸ 成為僧侶　　❹ 成為學者

答案：①　他在1804年成為奧地利帝國皇帝，在王位直到逝世。

8月7日 （西元1869年）

德意志社會民主工黨成立的日子

時代劃分：古代　中世　近世　**近代**　現代

國名▸ **德國**　☑現存　☐滅亡

大概在這裡

為**勞工**利益打拚的政黨

共產主義（※）（社會主義）思想普及世界各地，德國成立了德意志社會民主工黨。

> 成立社會主義的政黨！
> 一字排開！

法律曾經明文禁止相關活動

學者馬克思與恩格斯發表了書籍《共產黨宣言》後，共產主義開始在世界各地傳播。之後，德意志社會民主工黨成立。1878年禁止社會主義活動的法律被制定後，相關集會曾一度違法。後來法律廢除，政黨活動獲得許可後，更名為德國社會民主黨。1912年成為獲得議會最多席次的政黨。

※大家平等共享一切所得，共同持有的思想。

問題　在德國，是誰制定了禁止社會主義活動的相關法律？

❶ 墨索里尼　❷ 俾斯麥　❸ 拿破崙　❹ 伊藤博文

答案：② 當時的德國首相俾斯麥制定了社會主義鎮壓法。

8月8日 （西元1967年）

東南亞國協組成的日子

時代劃分 ▶ 古代　中世　近世　近代　**現代**

國名 ▶
東南亞各國
☑ 現存　☐ 滅亡

大概在這裡

一起加油！各國齊心協力 追求和平與經濟成長

ASEAN（東南亞國家協會）的各國政治領袖，每年會進行政策協商，除了和平和經濟，文化發展也是目標之一。

問題

最後一個參加ASEAN的國家是哪一個？

❶ 緬甸
❷ 柬埔寨
❸ 越南

大家一起合作解決問題

這天，為了東南亞地區的和平與穩定的經濟成長，以東南亞各國的齊心努力為目標，成立了ASEAN（東南亞國家協會）。最初參與ASEAN的國家只有泰國、印尼、菲律賓、新加坡和馬來西亞，到了1999年，東南亞所有國家全都參與其中。一年一度，各國領袖會聚集起來舉辦高峰會，針對議題進行協商。

補充

位於東亞的日本、中國、韓國，可與ASEAN的國家進行自由貿易。

答案：② 東南亞10國全都參與其中。

8月9日 （西元1914年）

朵貝‧楊笙出生的日子

時代劃分：古代 / 中世 / 近世 / 近代 / **現代**

國名▶ **芬蘭** ☑現存 □滅亡

大概在這裡

創造**嚕嚕米**的芬蘭人

享譽國際，並在日本被製作成動畫的《嚕嚕米》，原作者朵貝‧楊笙是芬蘭的作家，也是畫家。

楊笙將作品《嚕嚕米》創作成小說、繪本、漫畫等各種形式，也曾在報章連載。

> 世界各地的人都在閱讀《嚕嚕米》

父母都是藝術家，自己從小也以畫家為目標

我的名字叫朵貝‧楊笙，來自芬蘭，是作家、也是畫家。受到雕刻家父親與畫家母親的影響，我從小就渴望成為藝術家，15歲以職業插畫家出道。我從1945年起的25年間創作的《嚕嚕米》系列，成為世界名著，在日本還被製作成動畫喔。

朵貝‧楊笙

💡 **問題** 《嚕嚕米》的主角嚕嚕米住在哪裡？

❶ 動物園　　❷ 海　　❸ 人類的城市　　❹ 山谷

答案：④　嚕嚕米住在「歡樂谷」——有許多奇妙生物聚集的山谷。

242

8月10日 （西元1792年）

「八月十日事件」發生的日子

時代劃分 ▶ 古代 中世 近世 **近代** 現代

國名 ▶
法國
☑ 現存　☐ 滅亡

誰都別想阻止**革命**
就連國王、王妃也不行！

法國大革命之後，巴黎市民襲擊國王寢宮，抓捕國王及王妃，王權政治宣告終結。

反對革命的行動激怒了市民們

1789年法國大革命發生後，周邊各國都害怕發生革命，紛紛用力牽制法國。在這樣的爭奪情勢下，法國與奧地利、普魯士之間發生戰爭，然而法國皇家卻向敵國提供情報。憤怒的巴黎市民及參戰的人們湧入宮廷，抓捕國王路易十六和王妃瑪麗・安東尼。這起事件之後，王權政治便宣告終結。

問題　「八月十日事件」發生時，守衛宮殿的是哪國人？

❶ 瑞士人　　❷ 英國人　　❸ 日本人　　❹ 埃及人

答案：① 作為傭兵的瑞士人守衛了宮殿。

8月11日（西元1919年）

《威瑪憲法》制定的日子

時代劃分：古代 / 中世 / 近世 / 近代 / **現代**

國名▶ 德國　☑現存　☐滅亡

重視普遍選舉與人權 非常**偉大的憲法**

現在的德國在第一次世界大戰戰敗之後，改為共和制國家。同時制定了《威瑪憲法》，是民主（※）、思想進步的憲法。

> 制定《威瑪憲法》
> 但是14年後，我會讓它不再被使用

民主憲法被希特勒出手終結

第一次世界大戰戰敗後，德意志帝國更改國名為威瑪共和國。威瑪共和國制定了《威瑪憲法》，裡面明文規定了國民主權（政治的主人是國民自己）、男女平等的普遍選舉，以及生命權（任何人都享有健康且有尊嚴的生活）等權利。《威瑪憲法》被稱為世界最民主的憲法，影響了其他國家。然而，這部憲法後來被希特勒廢止了。

※重視群眾的想法。

問題　「威瑪」指的是什麼？

① 過去將軍的名字　② 神的名字　③ 獅子　④ 城市名

答案：④　制憲會議在威瑪這座城市召開。

8月12日 （西元前30年）

克麗奧佩脫拉去世的日子

時代劃分 ▶ 古代 | 中世 | 近世 | 近代 | 現代

國名 ▶ 埃及
☑ 現存　☐ 滅亡

大概在這裡

美貌與**戲劇化的人生**
使她名留青史

古埃及女王克麗奧佩脫拉與古羅馬帝國的將軍安東尼相愛，借外力守護埃及。

流利

外語也精通，好棒喔！

克麗奧佩脫拉頭腦聰明又精通外語，擅長運用各種語言進行外交。

美麗聰穎的女王大人！

與強敵羅馬結為同盟，守護埃及！

我是被譽為「絕世美女」的埃及女王克麗奧佩脫拉。地中海許多國家都受到羅馬的統治，<u>但是我與古羅馬帝國的將軍安東尼相愛，並借助他們的力量守護埃及的獨立</u>。然而，在深愛的安東尼去世後，我因為過度悲傷而自殺了。

💡 **問題**　克麗奧佩脫拉喜歡什麼食物？

❶ 辣椒　　❷ 馬鈴薯　　❸ 番茄　　❹ 埃及國王菜

答案：④　除了埃及國王菜之外，據說她也喜歡醋、橄欖油和芝麻油。

8月13日 （西元1521年）

阿茲提克帝國滅亡的日子

時代劃分：古代　中世　**近世**　近代　現代

國名▶ 阿茲提克帝國
□ 現存　☑ 滅亡

大概在這裡

鄰近國家**成為敵人**
最終敗給西班牙

阿茲提克帝國曾經擁有高度文明，卻因西班牙的侵略（※）而滅亡。

> 征服他們！
> 嗚嗚嗚……

以墨西哥為中心發展的繁榮大國

在14世紀，以現在的墨西哥一帶為中心，阿茲提克帝國曾經繁盛一時。阿茲提克帝國擁有高度文明——阿茲提克文明，15世紀時，力量足以支配整座墨西哥高原。直到16世紀，西班牙探險家艾爾南‧克爾特斯率領軍隊來到這裡。<u>克爾特斯與阿茲提克帝國周遭的敵國結為同盟，組成一支龐大軍隊，阿茲提克帝國因而戰敗，最後滅亡</u>。

※攻陷並奪取他國的土地。

💡 **問題**　下列哪一項是阿茲提克帝國戰敗的原因之一？

❶ 疾病　　❷ 食物　　❸ 颱風　　❹ 地震

答案：① 因為歐洲人的引入，天花這個傳染病在阿茲提克帝國蔓延開來。

246

8月14日 （西元1860年）

西頓出生的日子

時代劃分：古代 / 中世 / 近世 / **近代** / 現代

國名 ▶ **英國** ☑現存 ☐滅亡

書寫**動物們的故事** 躍身暢銷作家

厄尼斯特·湯普森·西頓以描寫動物故事的《西頓動物記》聞名，他是作家，同時也是畫家和博物學家。

> 西頓捕獲了名為羅伯的狼和牠的伴侶，因其自傲的模樣而大受感動。

嗷嗚

> 強大聰明，羅伯是一隻自傲的狼

寫動物故事而成名

我叫西頓，是一名作家，也是畫家和博物學家，出生於英國，並在加拿大長人。我寫《西頓動物記》描述動物的故事，其中〈狼王羅伯〉這篇是我看到狼群之後，深受感動的真實體驗。為了讓大家知道動物與大自然的美好，我將這些故事記錄了下來。

厄尼斯特·湯普森·西頓

問題　「羅伯」的原文是代表什麼意思？

❶ 機器人　　❷ 國王　　❸ 鬥士　　❹ 狼

答案：④　西班牙文的狼。

8月15日（西元1947年）

印度與巴基斯坦分治的日子

時代劃分：古代　中世　近世　近代　**現代**

國名▶ 印度　☑現存　☐滅亡

大概在這裡

好不容易獨立了
國家卻一分為二

一直受到英國統治的印度終於獨立，卻因為宗教的差異，又分開成為印度和巴基斯坦兩個國家。

要獨立，但沒辦法在一起！

■ 印度　■ 巴基斯坦

我不同意！

以印度教和伊斯蘭教區分

印度作為殖民地，長期受英國的統治。面對英國的統治，一直以來也有零星的抗爭活動，但在第一次世界大戰過後，獨立運動才開始盛行。後來，印度在1947年終於獨立了，可惜又分為以印度教徒為主的印度，以及伊斯蘭教徒為主的巴基斯坦。從此之後，印度與巴基斯坦之間便紛爭不斷。

問題　從巴基斯坦又分出哪個國家？

❶ 斯里蘭卡　　❷ 尼泊爾　　❸ 伊朗　　❹ 孟加拉

答案：④　孟加拉原本是巴基斯坦的一部分。

8月16日 （西元1977年）

貓王去世的日子

時代劃分 ▶ 古代 中世 近世 近代 **現代**

大概在這裡

國名 ▶
美國
☑ 現存　☐ 滅亡

搖滾之王
最暢銷的獨唱藝人

貓王艾維斯・普里斯萊的活躍，
也對後來的人氣樂團「披頭四」造成巨大影響。

問題
因為貓王而在年輕人之間掀起流行的髮型是？

❶ 短鬢角
❷ 飛機頭
❸ 中分頭

擄獲全球人心的超級巨星

貓王艾維斯・普里斯萊是來自美國的音樂家。他被稱為「搖滾之王」，CD等音樂唱片的銷量高達6億張，是超級巨星。艾維斯・普里斯萊一舉成名後，也參演電影，在各方面都非常活躍。他參與了30部以上的電影演出，對許多人帶來影響。擁有超高人氣的他，在這一天因意外而去世了。

補充
貓王的死因眾說紛紜，有人說他死於肥胖或是使用禁藥等等，但他真正的死因，據說是服用過量的安眠藥。

答案：② 瀏海往上高高梳起，後方頭髮則往後梳成「鴨嘴」的造型。

249

8月17日 （西元1999年）

土耳其大地震發生的日子

時代劃分：古代　中世　近世　近代　**現代**

國名▶ 土耳其　☑現存　☐滅亡

土耳其發生**大地震**
世界各國協助救援

土耳其西北部發生劇烈地震，該地區居住人口眾多，受災人數超過6萬人。

> 哇——地震啦！
> 哐噹　哐噹　哐噹　哐噹

發生芮氏規模7.4的地震

這天的下午3點，土耳其西北部發生地震。地震規模非常大，達到芮氏規模7.4的程度！<u>地震震央位於工業都市伊茲密特，土耳其總人口約6000萬人，其中約有50萬人居住在這裡</u>。死亡與受傷的人數加起來，總計罹難者達4萬人以上。世界各國紛紛伸出援手，日本也派出救難隊協助救援，並贈送帳篷、毛毯和發電機等物資。

💡 **問題**　土耳其的著名食物是什麼？

❶ 義大利麵　❷ 炒飯　❸ 咖哩　❹ 烤肉

答案：④　土耳其料理非常著名，被稱為世界三大料理之一，其中又以土耳其烤肉最為有名。

成吉思汗去世的日子

8月18日（西元1227年）

時代劃分：古代 | **中世** | 近世 | 近代 | 現代

國名▶ 蒙古帝國
☐ 現存　☑ 滅亡

大概在這裡

遊牧民族的領袖打造**最強帝國**

成吉思汗統一蒙古遊牧民族，建立了蒙古帝國，成為擁有世界最大領土的國家。

據說蒙古軍強盛的關鍵是因為騎兵，他們的馬匹可以快速且長時間移動。

馬上無敵！

噠噠　噠噠

打贏眾多敵人而稱王

我是成吉思汗，原是遊牧民族的部落首領之子，後來贏了其他部落，成為整個遊牧民族的領袖。我成為蒙古帝國君王之後，打造了版圖擴及中國及西亞的大國。在我去世後，國家甚至還擴張到東南亞及東歐一帶。

成吉思汗

💡 **問題**　成吉思汗的「汗」字是什麼意思？

❶ 男人　　❷ 馬　　❸ 王　　❹ 刀

答案：③　成吉思汗因狩獵時不慎落馬，傷勢惡化而亡。

251

8月19日（西元1923年）

經濟學者帕雷托去世的日子

時代劃分 ▶ 古代 / 中世 / 近世 / 近世 / **現代**

國名 ▶ **義大利**　☑ 現存　☐ 滅亡

只有**兩成的人**在做實質的工作

經濟學家威爾弗雷多·帕雷托提出「帕雷托法則」，這項法則至今仍在世界各地被廣泛使用。

> 這就是帕雷托法則
>
> 真正認真在做事的人只占兩成

被認為是否定「民主主義⁽※⁾」的思想

義大利經濟學家帕雷托提出的「帕雷托法則」，至今仍被運用在不同場合，用來思考各種狀況。例如：「公司兩成的員工從事八成的工作」、「商品八成的銷售來自兩成的客戶」等，就是運用「帕雷托法則」的實際案例。然而這個思考方式，也被認為是只重視社會的少數精英而飽受批判。

※國民擁有決定國家如何發展的權利。

問題　帕雷托於大學畢業後，曾在什麼地方工作？

❶ 鐵路公司　　❷ 藥劑公司　　❸ 報社　　❹ 電影公司

答案：① 帕雷特大學時攻讀數學和物理學，後來在鐵路公司當工程師。

8月20日 （西元1897年）

「世界蚊子日」起源的日子

時代劃分 ▶ 古代 ｜ 中世 ｜ 近世 ｜ **近世** ｜ 現代

國名 ▶ 英國
☑ 現存　☐ 滅亡

小小的蚊子竟是**散播疾病**的可怕昆蟲

瘧疾被證明可透過蚊蟲叮咬而傳染，只要瘧原蟲寄生在蚊子體內，就會傳播瘧疾。

> 你就是傳播瘧疾的凶手！

每年約殺死40萬人的可怕疾病

這天，英國醫學家羅納德・羅斯在蚊子的胃裡，發現了瘧原蟲這種寄生蟲。一旦被體內存在瘧原蟲的蚊子叮咬後，人類就會罹患瘧疾。雖然在日本，幾乎沒有人罹患瘧疾，但全世界，現在每年仍有40萬人因感染瘧疾而死亡。為了提醒大家留意散播這種可怕疾病的蚊子，英國將8月20日定為「世界蚊子日」。

💡 **問題**　哪種生物殺死最多人類？

❶ 獅子　　❷ 鯊魚　　❸ 人類　　❹ 蚊子

答案：④　除了瘧疾以外，蚊子也會散播其他疾病，據說一年約殺死72萬人。

253

8月21日 (西元1165年)

法國國王腓力二世出生的日子

時代劃分：古代 / 中世 / 近世 / 近代 / 現代

國名：法國 ☑現存 ☐滅亡

讓法國**富強**的偉大國王誕生了

法國國王腓力二世為法國帶來繁榮，是受人尊敬的偉大國王，又被稱為「尊嚴王」。

> 我要和英國開戰

> 不是參加十字軍，一起抗戰過嗎……

腓力二世原與英國國王查理一世共同參加十字軍，後來與查理一世之間發生戰火。

統治法國全國的第一步

我是法國國王腓力二世。當時法國國內有部分地區仍屬於英國領土，法國國王的權力並不大。後來，我和英國開戰，<u>讓法國國內多數屬於英國的領土，重新歸還法國所有</u>。作為法國國王，踏出統治法國全國的第一步。

💡 **問題**　十字軍的目的是什麼？

❶ 寶石　　❷ 聖地　　❸ 書籍　　❹ 石油

答案：②　目的是從伊斯蘭教國家手中奪回基督教的聖地耶路撒冷。

德布西出生的日子

8月22日 （西元1862年）

時代劃分 ▶ 古代 ／ 中世 ／ 近世 ／ **近代** ／ 現代

大概在這裡

國名 ▶ **法國**　☑ 現存　☐ 滅亡

創作的曲子優美 但**個性超級惡劣**？！

創作《月光》等優美樂曲的作曲家克勞德·德布西，他為20世紀的音樂帶來深遠影響，但個性差也出名。

德布西被老師評語：「有才能，但態度差。」甚至與他相愛的女性還曾企圖自殺。

> 態度好差！
> 差勁！
> 唔—

受到畫家與詩人的影響

我原本是希望成為鋼琴家，但是遲遲無法得獎，於是成為了作曲家。<u>不只與音樂家來往，我也與詩人、畫家等藝術家交流，以此創作自己的音樂。</u>因為個性難相處，人際關係問題層出不窮，讓我失去了情人與朋友，但我的作品至今仍廣為流傳。

克勞德·德布西

💡 **問題**　德布西飼養了什麼動物？

❶ 馬　　❷ 羊　　❸ 貓　　❹ 熱帶魚

答案：③　他曾說過「比起人更喜歡貓」，在他第二次結婚時也養了狗。

8月23日 （西元1939年）

《德蘇互不侵犯條約》簽訂的日子

時代劃分：古代／中世／近世／近代／**現代**

國名：德國　☑現存　☐滅亡

咦？德國和蘇聯不是**互為敵人**？！

德國的希特勒與蘇聯（現今俄羅斯）的史達林約定互不攻擊對方，想要集中精神對付英國、法國。

> 我們約好了不互相攻擊囉！

締結互不攻擊的條約

第二次世界大戰爆發前夕，德國的希特勒與蘇聯的史達林之間締結了《德蘇互不侵犯條約》，甚至約定瓜分鄰國波蘭。所謂的「互不侵犯」，就是約定雙方互不攻擊對方。在大戰之前，德國先要面臨與敵對關係的英國、法國間的戰爭。這時如果蘇聯也加入攻擊，情況會對德國更加不利，於是締結了《德蘇互不侵犯條約》。

問題　史達林的父親是從事什麼工作？

❶ 學校老師　　❷ 製鞋匠　　❸ 麵包店老闆　　❹ 軍人

答案：②　史達林是居住在喬治亞的製鞋匠之子。

8月24日 （西元79年）

龐貝火山爆發的日子

時代劃分 ▶ **古代** | 中世 | 近世 | 近代 | 現代

大概在這裡

國名 ▶
羅馬帝國
☐ 現存　☑ 滅亡

火山**大爆發**
城市在一夕之間消失

古羅馬帝國有個叫龐貝的城市，龐貝附近的火山爆發，城市與居民全數滅亡。

施工途中發現的遺址

現在的義大利拿坡里附近，在古羅馬帝國時期曾經是龐貝城。龐貝城原本是繁極一時的城市，卻因為附近的維蘇威火山爆發，而在一夕間滅亡。後來經過很長的一段時間，龐貝城被世人所遺忘，直到16世紀的一次運河工程施工，龐貝城遺址才被人發現。1748年開始進行考古挖掘，當年龐貝城的生活樣貌才重新展露在世人面前。

💡 **問題** 龐貝城遺址現在成為什麼？

① 水庫　② 公園　③ 垃圾場　④ 軍事基地

答案：② 龐貝城遺址獲得保存，成為了公園，考古挖掘現在仍持續進行著。

8月25日 （西元1830年）

比利時獨立革命爆發的日子

時代劃分 ▶ 古代 中世 近世 **近代** 現代

國名 ▶
比利時
☑ 現存　☐ 滅亡

大概在這裡

法國革命了
我們也要**革命**

比利時長年被荷蘭統治，受到法國發生革命的刺激，為了獨立，比利時也掀起了革命運動。

> 法國革命成功了！
> 耶
> 我們比利時也要革命！
> 喔

比利時為了獨立而戰

這年，法國發生了七月革命，帶給歐洲各國很大的影響。當時被荷蘭統治的比利時人民受到七月革命的刺激，也發起了獨立革命。<u>荷蘭派遣軍隊與比利時對戰，然而比利時人民已經在這場戰爭中成立了臨時政府，並於10月4日宣布獨立</u>。1831年，在英國、法國、俄羅斯（帝國）等國參與的倫敦會議中，比利時的獨立獲得各國承認。

💡 **問題**　比利時有名的點心是什麼？

❶ 巧克力　　❷ 糖果　　❸ 果乾　　❹ 餅乾

答案：❶ 做成格子狀，用鐵板烘烤的比利時鬆餅也很有名。

8月26日（西元1789年）

《法國人權宣言》被採納的日子

時代劃分：古代 中世 近世 **近代** 現代

國名▶ **法國** ☑現存 □滅亡

我們**代表人民**
憤怒的平民主張自身權利

這個宣言主張自由、平等，並追求國民權利，以對抗差勁的政府。

問題

這時的法國國王是誰？

❶ 路易十三
❷ 路易十四
❸ 路易十六

只有平民需要納稅是不平等的！

18世紀的法國，社會的身分地位依序劃分為教會神父、督責者、貴族及平民。但是只有平民需要支付稅金，這點令人民覺得不公平。在這樣的背景下，因為屢次爆發戰爭，加上國王的驕奢無度，使法國陷入了財政困難！國王想增加稅收，要求平民多付稅金，人們當然不能接受。為了改變國家，法國人民採納了《法國人權宣言》。

補充

世界各國的憲法都以《法國人權宣言》為範本。

答案：③　《法國人權宣言》發表後，路易十六便遭處死刑。

8月27日 （西元1910年）

德雷莎修女受洗的日子

| 時代劃分 | 古代 | 中世 | 近世 | 近代 | **現代** |

大概在這裡

國名 ▶ 鄂圖曼帝國
☐ 現存　☑ 滅亡

為貧窮的人、得病的人 奉獻**上帝的愛**

德雷莎修女在印度為貧窮、受疾病所苦的人們服務，不僅在印度，她也受到世界各國人們的尊敬。

德雷莎修女的行為在世界各地引起共鳴。在她去世後，出現了許多與她有同樣使命的人們。

和平——從一個微笑開始！

為受苦的人們服務

我是阿澤涅・岡捷・博亞久，又名德雷莎修女，出生於現在的北馬其頓。我在18歲時進入修道院成為教師，並前往當時的英國領地——印度。後來，<u>我在印度為貧困、受疾病所苦的人們服務</u>，於1979年得到了諾貝爾和平獎。

德雷莎修女

💡 **問題**　德雷莎修女將諾貝爾和平獎的獎金用在什麼地方？

❶ 購物　　❷ 賭博　　❸ 投資　　❹ 捐獻

答案：④　她沒有將獎金用在自己身上，全部捐出去了。

260

8月28日 （西元1749年）

歌德出生的日子

時代劃分：古代　中世　近世　**近代**　現代

國名▶ 神聖羅馬帝國（現今德國）
☐ 現存　☑ 滅亡

大概在這裡

把自己的煩惱寫下來成了世界級的**大作家**

著名作家歌德憑藉自身的經驗，因戀愛而苦惱的青年為主角，寫下小說《少年維特的煩惱》，獲得極高的評價。

> 我寫的小說都是以自己的經驗為本喔。

除了《少年維特的煩惱》以外，他也寫了主角被惡魔誘惑的《浮士德》。

寫下深受歡迎的青春小說，一躍成為著名作家

我叫約翰·奧夫岡·馮·歌德，大學時攻讀法律，後來成了一名律師。但我在大學時，也開始傾心於文學。被文學吸引的我，一邊工作一邊創作小說和詩。以我自身經驗為基礎寫下的青春小說《少年維特的煩惱》獲得好評，之後又創作了許多作品。

💡 **問題**　歌德除了律師、作家之外，還從事什麼職業？

❶ 警察官　　❷ 醫師　　❸ 音樂家　　❹ 政治家

答案：④　26歲時，受到位於現在德國一帶的威瑪大公國邀請，成為威瑪大公國的政治家。

261

8月29日 （西元1929年）

飛船齊柏林號成功環行世界一周的日子

時代劃分 ▶ 古代 ｜ 中世 ｜ 近世 ｜ 近代 ｜ **現代**

國名 ▶ 德國　☑現存　☐滅亡

世界最大的**飛船**繞行地球一周

飛機問世之前，飛船是空中之旅主要的交通工具，世界最大的飛船——齊柏林號成功環遊世界一周。

> 我去環遊世界啦！

中途也有停在日本

在大型飛機問世之前，空中運行的主要交通工具是飛船。當時世界最大的飛船——齊柏林號從德國出發，中途停經日本，在這天成功環遊世界一周。1937年，興登堡號飛船發生爆炸空難，之後飛機就漸漸取代了飛船，成為空中之旅的主要交通工具。

💡 **問題**　飛船巨大的囊袋裡裝了什麼？

❶ 汽油　　❷ 氣體　　❸ 水　　❹ 棉花

答案：② 裝入氫氣、氦氣等比空氣更輕的氣體，讓飛船能飄浮在空中。

8月30日 （西元1958年）

毛澤東動念建立人民公社的日子

時代劃分 ▶ 古代 / 中世 / 近世 / 近代 / **現代**

國名 ▶ 中國　☑現存　□滅亡

以為用集團進行運作就能獲得成功

中共的領導人毛澤東為了發展農業和工業，在農村建立「人民公社」，結果並未成功。

> 有了人民公社，一切都做得到！
> 有太多事要做了，好累啊！
> 真的會成功嗎……？

想要發展農業，結果失敗了！

中共的領導人毛澤東想在農村建立「人民公社」。為了發展農業，他想以集團的方式進行農耕。不只是農業，毛澤東還想讓人民公社發展工業、施行學校教育。然而，要做的事實在太多，導致農村生產力降低，甚至還引發自然災害。毛澤東的計畫，最後以失敗告終。

💡 **問題**　毛澤東下令要消滅的是什麼動物？

① 烏鴉　② 豬　③ 麻雀　④ 狗

答案：③　以麻雀會「吃稻米穀物」為由下令消滅，結果少了麻雀這個天敵，導致害蟲數量增加。

263

8月31日 （西元1378年）

梳毛工起義以失敗告終的日子

時代劃分 ▶ 古代 | **中世** | 近世 | 近代 | 現代

國名 ▶ 義大利
☑ 現存　☐ 滅亡

我們也要參與政治
不能輸給有錢人

在義大利的佛羅倫斯，被稱為「梳毛工」的勞動者起義叛變，他們短暫地組織了自己的政權，最終仍失敗。

> 呀——呀——
> 好不容易能參與政治了
> 輸得一塌糊塗！

勞工爆發不滿

義大利紡織工業的下層階級勞動者，被稱為「梳毛工」，薪水很低，卻要做牛做馬。當時的貿易與政治受到職業工會掌控，對此感到不平的梳毛工人，群聚在佛羅倫斯城起義叛變，並組織了自己的政權。然而就在這天，梳毛工輸掉與工會的戰爭，也喪失了政權。

💡 **問題**　義大利著名的建築「比薩斜塔」有什麼特徵？

① 建築物傾斜　② 有100層樓　③ 金色牆壁　④ 建在海上

答案：① 因為建造時地基下沉而導致傾斜。

9月1日 （西元1939年）

第二次世界大戰開打的日子

時代劃分 ▶ 古代 / 中世 / 近世 / 近代 / **現代**

國名 ▶ 波蘭 ☑現存 □滅亡

正式宣戰
席捲世界的大戰爭

波蘭背後有英國及法國在撐腰，明知如此，德國還是攻陷波蘭，引發了這場戰爭。

問題

這時的德國是由哪一個政黨主政？

❶ 民主黨
❷ 納粹黨
❸ 自由黨

戰火延燒世界各地

這天，德國柏林的電台和報紙紛紛宣告戰爭在波蘭開打。當時的波蘭，背後有來自英國及法國的援助。因為這件事，英國與法國也向德國宣戰。自此展開的第二次世界大戰，也是人類歷史上，至今為止規模最大的戰爭。

補充

據說在第二次世界大戰中，士兵與一般民眾合計共8500萬人身亡。其中，也有不少人是因疾病或飢餓而死亡。

答案：② 當時的德國又被稱為「納粹德國」。

9月2日 （西元1985年）

鐵達尼號被發現的日子

時代劃分 ▶ 古代 ／ 中世 ／ 近世 ／ 近代 ／ **現代**

國名 ▶ 美國　☑現存　☐滅亡

大概在這裡

沉沒的鐵達尼號在海底被發現了！

用新型的探測器，發現撞上冰山沉沒的豪華郵輪，但船體已支離破碎，無法打撈上岸。

> 經過70多年，你們終於找到我了……

> 發現時已經裂成兩半了！

沉沒地點充滿謎團……

1912年，豪華郵輪鐵達尼號在北大西洋撞上冰山而沉沒。這場事故的罹難者多達1513人，是當時全球最大的海上災難。這天，沉沒的鐵達尼號船體在約3800公尺深的海底被發現。美國與法國組成的共同調查隊，利用超音波探測器、以及能在海面上操縱的水下無人相機等設備，終於找到沉沒的鐵達尼號。

問題　鐵達尼號從英國航向哪裡？

❶ 法國　　❷ 美國　　❸ 日本　　❹ 巴西

答案：②　這次航行是鐵達尼號的首航，目的地是美國的紐約。

9月3日 （西元1658年）

政治家克倫威爾去世的日子

時代劃分 ▶ 古代 / 中世 / **近世** / 近代 / 現代

國名 ▶ 英國　☑現存　☐滅亡

清教徒領袖克倫威爾去世

基督教的「清教徒」向徵收大量稅金的國王發起戰爭，他們的領袖就是克倫威爾。

死刑

可是我已經死了耶

去世後，才被判死刑的革命領袖

現在的英國，過去曾是英格蘭共和國。屬於英國基督新教的「清教徒」在1642年發起革命，抓捕蠻橫的國王查理一世，並將他處死。率領這批清教徒抗戰的奧利佛・克倫威爾成為國家領導人，卻在1658年因病去世。做法強硬的克倫威爾，甚至在死後還遭到判決，遺體從墳墓中被掘出並斬首。

問題　克倫威爾是因為什麼疾病而去世？

❶ 流行感冒　❷ 癌症　❸ 肺結核　❹ 麻疹

答案：① 被認為是克倫威爾的直接死因，此外他也受尿道結石所苦。

9月4日（西元1965年）

史懷哲醫師去世的日子

時代劃分：古代　中世　近世　近代　**現代**

國名：加彭　☑現存　☐滅亡

大概在這裡

為非洲醫療盡心盡力的史懷哲醫師去世

在非洲的加彭，一個叢林圍繞的城市蘭巴雷內，史懷哲致力醫療，治療許多患者，最後也在當地去世。

> 我不只行醫救人，也喜歡音樂。

史懷哲也是名音樂家，為了籌措建設醫院的資金，他還曾舉辦管風琴音樂會。

用諾貝爾和平獎的獎金蓋醫院的「叢林聖者」

我是來自於德國的醫師亞伯特·史懷哲，為了拯救因疾病所苦的人們，38歲時來到非洲。非洲這個地方，醫師非常少。雖然在戰爭時，我曾一度被敵方抓捕，但戰爭結束後，又回到了非洲。我的醫療工作得到認可，後來還獲得了諾貝爾和平獎。

💡 **問題** 當地人暱稱史懷哲為「Oganga」，代表什麼意思呢？

① 醫師　② 魔術師　③ 探險家　④ 魔法師

答案：④　據說是形容會使用發光道具施展魔法的人。

9月5日（西元1774年）

探險家庫克發現新島嶼的日子

時代劃分：古代 / 中世 / 近世 / **近代** / 現代

國名▶ 新喀里多尼亞島
☑ 現存　□ 滅亡

大概在這裡

詹姆士・庫克 **發現**太平洋的新喀里多尼亞

18世紀，歐洲人乘坐帆船出海，庫克船長在澳洲以東發現了新喀里多尼亞。

18世紀，歐洲人在天文學和數學等領域有了新的發現，航海技術也日益進步。

乘著奮進號，在世界的海洋來場大冒險！

不只探險島嶼，也觀測到了金星喔！

海上探險家——庫克船長發現島嶼

我叫詹姆士・庫克，是英國的軍人、探險家，也是西洋歷史上第一個發現南太平洋島嶼新喀里多尼亞的人喔。這座島嶼上的風景，和我父親的故鄉——群山環繞的蘇格蘭鄉下十分相似，於是就以羅馬帝國時期的國名「新喀里多尼亞」，為這座島嶼命名。

詹姆士・庫克

問題　以日本的國土為參考，新喀里多尼亞大約有多大？

❶ 北海道　　❷ 本州　　❸ 四國　　❹ 九州

答案：③　國土面積為1萬8575.5平方公里，約為日本四國的大小。

9月6日 （西元1522年）

麥哲倫探險隊完成航行世界一周的日子

時代劃分 ▶ 古代 / 中世 / **近世** / 近代 / 現代

國名 ▶ 西班牙　☑現存　☐滅亡

駕船環行世界一周
耗時3年的航程

漫長的航程遭遇不少危險的事，意外喪生的麥哲倫，仍被視為完成了不可能的任務。

> 找出3個不一樣的地方！

雖然有許多船員喪命，仍順利達成任務

1519年，在西班牙集結而成的遠征隊──麥哲倫探險隊出海了。經過了3年的歲月，麥哲倫探險隊再次回到出發地點西班牙。雖然完成了人類首次航行世界一周的壯舉，但許多船員都喪失了性命，包含這艘船的領袖麥哲倫在內。據說船員原本約有300人，最後生還的僅僅只有18人。

補充：麥哲倫是葡萄牙人，並非西班牙人。麥哲倫是他的英文名字，葡萄牙語發音為麥加林斯。

看圖找不同的答案：　①海裡有沒有魚　②旗幟的形狀　③人頭的帽子

9月7日 （西元1822年）

巴西獨立的日子

時代劃分 ▶ 古代 | 中世 | 近世 | **近代** | 現代

國名 ▶
巴西
☑ 現存　☐ 滅亡

大概在這裡

南美洲的巴西脫離葡萄牙**獨立**

位於南美洲大陸、有亞馬遜河流過的巴西，曾是葡萄牙的一部分，後來國王的兒子成為領袖，完成獨立。

> 我是初代國王
>
> 巴西帝國
>
> 國旗

過去巴西曾經屬於葡萄牙

現今的巴西在1500年被葡萄牙航海家發現，曾為葡萄牙的一部分。後來葡萄牙被法國攻擊時，當時的國王逃到巴西，建立了「葡萄牙巴西帝國」。等到法國戰神拿破崙倒下後，那位國王便回到了葡萄牙，但國王的兒子佩德羅一世卻選擇留在巴西，並在這天以「巴西帝國」之名獨立。

💡 **問題**　巴西最廣泛被使用的語言是？

❶ 巴西語　　❷ 葡萄牙語　　❸ 法語　　❹ 西班牙語

答案：② 受到印第安原住民語言的影響，又被稱為「巴西葡萄牙語」。

9月8日 （西元1951年）

《舊金山和平條約》簽訂的日子

時代劃分：古代 / 中世 / 近世 / 近代 / **現代**

國名▶ 美國　☑現存　□滅亡

大概在這裡

簽訂**和平條約**
戰爭宣告終結

太平洋戰爭結束後，包含美國在內的聯合國，仍對日本進行控制。直到和平條約簽訂，戰爭才宣告終結。

> 我回美國啦！
> 以後我會自己看著辦的！
> 友好條約

日本與世界恢復友好關係

這天，參與太平洋戰爭的48個國家與日本之間，簽訂了解除戰爭狀態的《舊金山和平條約》。戰爭結束仍持續受到聯合國（美國、英國、荷蘭等國）控制的日本，在這項條約簽訂後，終於重新回到國際社會的懷抱。戰敗之初，日本先是藉由許多外國的力量，得以重新運作。簽約後，外國人只留下部分基地，紛紛回到了自己的國家。

💡 **問題**　代表日本簽訂《舊金山和平條約》的首相是誰？

❶ 安倍晉三　　❷ 吉田茂　　❸ 田中角榮　　❹ 小泉純一郎

答案：② 戰敗後重建日本，建立日本戰後基礎的首相。

9月9日 （西元1890年）

桑德斯上校出生的日子

時代劃分：古代 / 中世 / 近世 / **近代** / 現代

國名：美國　☑現存　☐滅亡

打造炸雞品牌的 肯德基爺爺

桑德斯上校為了幫母親分憂解勞，做過許多工作，也吃了不少苦，最後創立深受人們喜愛的肯德基速食。

> 哇……好有人氣！

「上校」是肯德基州州長授予他的榮譽頭銜，本名為「哈蘭德·大衛·桑德斯」。

最初是在加油站販賣的炸雞

創立速食店「肯德基」的就是我！在我6歲時，父親就去世了，為了替母親分憂解勞，我14歲輟學，前後做了好幾種工作。40歲時，我開了一間加油站，當時在餐廳區販售的炸雞，就是現今肯德基的起源。

> 最初只有6個座位的咖啡廳

問題　桑德斯上校戴的眼鏡，是哪個國家製造的？

❶ 日本製　　❷ 美國製　　❸ 德國製　　❹ 法國製

答案：① 他戴的是日本眼鏡，來自著名產地——福井縣鯖江市生產的眼鏡。

9月10日 （西元869年）

津芝叛亂爆發的日子

時代劃分 ▶ 古代 **中世** 近世 近代 現代

國名 ▶ **伊斯蘭帝國**　□現存　☑滅亡

大概在這裡

黑人奴隸叛亂
爆發戰爭

在今天的伊拉克南部一帶，黑人奴隸得到阿里這個男人的扶助，發起叛亂。

> 打造自己的國家——
> 噢——啊！
> 阿里

黑人奴隸的叛亂持續長達14年

從前，在伊拉克的南部有許多被稱為「津芝」的黑人奴隸。這天，一個自稱阿里・本・穆罕默德的男人出現，他幫助津芝發起叛亂！叛亂團體日漸茁壯，甚至在9年後建立了自己的王都穆夫塔拉。叛軍一度被王朝的5萬軍隊圍攻，受困於穆夫塔拉。又經過了2年的戰爭，阿里終於在西元883年被打倒，終結了長達14年的叛亂。

💡 **問題**　津芝們從事什麼工作？

❶ 改良鹽地　　❷ 洗衣煮飯　　❸ 讀書學習　　❹ 搬運貨物

答案：①　伊拉克南部因為鄰近海邊，導致土壤鹽分過高而不易種植作物。

9月11日 （西元2001年）

美國發生恐怖攻擊的日子

時代劃分 ▶ 古代 / 中世 / 近世 / 近代 / **現代**

國名 ▶ 美國
☑ 現存　☐ 滅亡

飛機衝撞大樓
美國爆發恐怖攻擊(※)

不滿美國的強硬手段，憤怒的恐怖分子發動攻擊。
受到飛機衝撞，紐約高樓大廈因而倒塌。

恐怖分子挑釁美國

這天早上，想靠著暴力征服世界的恐怖組織蓋達，劫持了客機，攻擊美國紐約的大樓及各地的重要設施。事件起因於，美國對外國的態度和思考方式，引發蓋達組織的強烈不滿。這次的攻擊造成兩棟110層的大樓倒塌，造成2977人的死亡。事件過後，蓋達組織所任的阿富汗，與美國之間的戰爭開打。

※恐怖攻擊是指不透過協商，以暴力事件強制執行自己想法的手段。

問題　這一天有幾架飛機被劫持？

❶ 1架　❷ 3架　❸ 4架　❹ 5架

答案：③　4架被劫持的飛機當中，有2架撞上紐約的大樓。

9月12日 （西元前490年）

馬拉松的起源——馬拉松戰役爆發的日子

時代劃分 ▶ **古代** 中世 近世 近代 現代

國名 ▶
希臘
☑ 現存　☐ 滅亡

大勝敵軍的士兵
高興地**跑來跑去**

希臘軍隊只有1萬人，迎戰2萬名士兵的波斯大軍，最後獲得勝利。

問題
在這場戰爭中，跑了46公里的士兵叫什麼名字？

❶ 阿基米德
❷ 尤克勒斯
❸ 米太亞德

馬拉松起源於歡呼勝利的士兵行動

這天，希臘與波斯（現今伊朗）之間發生戰爭。為了打這場戰爭，波斯準備精良大軍，卻敗給士兵數量不到一半的希臘。雖然處於劣勢，但希臘軍隊最後仍然取得勝利，有位士兵開心地跑了46公里回去傳遞戰勝的消息。順帶一提，這就是現今田徑競技「馬拉松」的由來喔。

補充
據說當年跑了46公里的士兵，因為身上背著很重的裝備，在抵達終點時不幸喪命。

答案：②　他從馬拉松跑到雅典的距離，足足有46公里之遠。

9月13日 （西元1923年）

西班牙將軍發動軍事政變的日子

時代劃分：古代　中世　近世　近代　**現代**

國名▶ 西班牙　☑現存　☐滅亡

普利莫・德・里維拉將軍在西班牙發動**軍事政變**

第一次世界大戰後，歐洲各地紛紛出現施行獨裁政治（※）的獨裁者，西班牙的普利莫將軍也發動了軍事政變。

> 是獨裁
> 普利莫・德・里維拉
> 那種做法沒問題嗎……？

以力量壓制政治及社會的動亂

西班牙加泰隆尼亞地區的領袖普利莫・德・里維拉將軍，在這天發動了軍事政變（政變就是對國家政權的叛亂）。普利莫的目的是，獨攬大權並以武力壓制政治及社會的動亂。西班牙國王阿方索十三世將普利莫召到首都，並承認他可以行使軍事政治。然而他的做法最終仍宣告失敗，也喪失了國王的信任。

※指一個人或者是一個政治團體擁有極大的強權，施行政治壟斷。

問題 加泰隆尼亞的城市巴賽隆納以哪一項運動著名？

❶ 足球　❷ 棒球　❸ 柔道　❹ 籃球

答案：① 擁有巴賽隆納足球俱樂部、皇家西班牙人體育俱樂部等在世界具有高人氣的足球隊。

9月14日 （西元1321年）

但丁去世的日子

時代劃分 ▶ 古代 **中世** 近世 近代 現代

國名 ▶ **義大利** ☑現存 ☐滅亡

義大利**厲害的詩人**
但丁開創文藝復興文學

時至今日，義大利詩人但丁仍對藝術有深遠的影響。
但丁在56歲時，於旅行途中因病去世。

> 但丁抵達天國
>
> 對於文學及藝術造成深遠影響……沒想到本人卻不起眼耶！
>
> 但丁

完成地獄旅行詩《神曲》

詩人但丁・阿利吉耶里出生於歐洲的佛羅倫斯，他同時也是政治家。但丁因為政治鬥爭的緣故，無法繼續待在佛羅倫斯，後來，他移居到拉溫納，寫出了描述地獄到天堂旅途的長詩《神曲》。可惜，不久之後，就在這天，結束漫長威尼斯之旅的他，在歸途因為感染瘧疾而身亡。

💡 **問題** 讓但丁一眼就愛上的美少女是誰？

❶ 碧雅翠絲　❷ 小野小町　❸ 克麗奧佩脫拉　❹ 楊貴妃

答案：① 但丁曾經以他在9歲時遇到的初戀少女碧雅翠絲，做為寫詩的靈感。

9月15日 （西元1916年）

戰車啟用的日子

時代劃分 ▶ 古代 / 中世 / 近世 / 近代 / **現代**

國名 ▶ 英國　☑現存　□滅亡

這怎麼贏得了？！
讓敵人喪志的新型兵器登場

當時英軍在深入敵營前，面臨兵力折損的嚴重問題，在這種狀況下，重新振作起來的關鍵就是戰車。

找出3個不一樣的地方！

叩叩叩……

喀喀喀……

槍林彈雨也不怕！

英法聯軍與德軍在法國北部展開戰爭。這天，英國啟用了被命名為「坦克」的新型兵器──戰車。這款全世界最早被使用的戰車，可以一邊將飛過來的子彈反彈回去，一邊衝向德軍陣營。但是因為還在開發階段，當時被送往戰場的50台戰車，能夠不斷攻擊並一直撐到最後的只有10台。

補充

雖然最初的戰車有乘坐人員訓練不夠充分、功能不完全等各種問題，但它的出現是讓敵國喪失戰鬥意志的契機。

看圖找不同的答案：①頭盔的形狀　②戰車的聲音　③前方人物的表情

279

9月16日 （西元1890年）

土耳其舊帝國船隻遇難的日子

時代劃分：古代　中世　近世　**近代**　現代

國名▶ 鄂圖曼帝國
☐ 現存　☑ 滅亡

大概在這裡

聯繫國與國之間
埃爾圖魯爾號事件發生的日子

受颱風影響，鄂圖曼帝國的船隻在日本附近遭遇船難，得到附近島民的救助，牽起雙方堅定友情。

100年的友情

接下來也請　　　多多指教！

島國人民向遭遇颱風的船員伸出援手

這天，鄂圖曼帝國（現今土耳其）的船隻埃爾圖魯爾號，在日本和歌山縣的紀伊大島附近遭遇颱風，撞上岩石而沉沒。生還的69名船員在當地島民的幫助下，最後搭乘日本的船隻回國。約在100年後的1985年，土耳其人也幫助來不及逃離伊朗與伊拉克戰爭的日本人民，兩國的友情至今仍不曾改變喔。

💡 **問題**　埃爾圖魯爾號航行到日本，目的是什麼？

❶ 為了友好　　❷ 為了戰爭　　❸ 為了探險　　❹ 為了採購

答案：① 船隻以親善為目的來訪，捎來鄂圖曼帝國皇帝給日本天皇的信。

9月17日 （西元745年）

楊玉環被冊封為貴妃的日子

時代劃分：古代 | 中世 | 近世 | 近代 | 現代

國名▶ 唐　□ 現存　☑ 滅亡

大概在這裡

美麗非凡的道姑楊太真成為唐朝**貴妃**

以世界美女著名的楊貴妃，其實是皇帝兒子的妻子，皇帝覬覦她的美色，把她搶過來。

> 玄宗皇帝命自己的兒子與楊玉環離婚，再讓成為道姑的楊玉環還俗為妃。太真是她在道姑時期的道號。

請您聽新曲《傾國(※)美女》

哇——環環！

僅僅4年就成為地位尊高的「貴妃」

我是楊玉環。這天，我被冊封為唐朝玄宗皇帝的妃子。因為姿色不凡又冰雪聰明，我在4年後就成為後宮地位最高的「貴妃」。玄宗被我迷得神魂顛倒，導致國家變得動亂不堪。我也是歷史上非常有名的世界三大美女之一喔（另外兩位是克麗奧佩脫拉、小野小町）。

楊貴妃

※指國家傾覆。

💡 問題　「唐」是現在的哪個國家？

❶ 韓國　　❷ 中國　　❸ 美國　　❹ 澳洲

答案：② 距今約1400年前，位於現在中國，曾經非常繁榮。

9月18日 （西元1851年）

報紙《紐約時報》創刊的日子

時代劃分 ▶ 古代　中世　近世　**近代**　現代

國名 ▶ 美國　☑現存　☐滅亡

世界級的報紙
紐約時報創刊

從19世紀起，全球開始發展成現代的資訊社會，美國發行的《紐約時報》因為新聞內容正確而受到世人信賴。

> 這是創刊號！跟現在的報紙截然不同。

> 只有4頁，還沒照片啊？

最早的整份報紙只有4頁

19世紀，美國隨著電信等通信技術的發達，開始可以掌握偏遠地方的資訊。這時，新聞扮演的角色也變得重要了起來，就在這天，報紙《紐約時報》發行了創刊號。整份報紙只有4頁，因報導內容正確而受到好評。大約經過10年，發行量就成長為10萬份，現在已經是世界最具代表的報紙之一。

💡 問題　《紐約時報》創刊號一份多少錢？

❶ 1美分　　❷ 10美分　　❸ 1美元　　❹ 120日圓

答案：① 當時一份報紙售價1美分（100美分等於1美元）。

282

9月19日（西元1947年）

微波爐問世的日子

時代劃分 ▶ 古代　中世　近世　近代　**現代**

大概在這裡

國名 ▶
美國
☑ 現存　☐ 滅亡

只要**微波**一下
加熱料理的便利工具

食物能運用微波爐在短時間內加熱，讓人吃到美味，發明這個偉大產品的是一個美國人。

問題

微波爐的日文「電子レンジ」是漢字「電子」加上英文「range」，這裡的「range」是什麼意思呢？

❶ 爐灶
❷ 冰箱
❸ 火

因為一個偶然，日常生活不可或缺的電器誕生了

某一天，在雷達設備公司上班的伯希・史賓賽站在雷達前，發現口袋裡放著的巧克力融化了。雷達原本的功能是，發現眼睛不能看見的遠方物體，但史賓賽以這件事為契機，發明了可以調理食物的微波爐。

補充

最早的微波爐其實不會發出「叮」的聲響，但因為沒有火，無法知道什麼時候調理完成，後來才加裝了腳踏車鈴，這就是「叮」的聲響起源。

答案：① 英文的「range」是爐灶的意思。

9月20日 （西元1924年）

遺跡調查結果發表的日子

時代劃分 ▶ 古代 中世 近世 近代 **現代**

國名 ▶ **巴基斯坦** ☑現存 ☐滅亡

大概在這裡

哈拉帕與摩亨佐達羅的**遺跡調查結果**發表

兩處遺跡在19世紀中葉被發現，直到20世紀才展開調查。結果顯示，遺跡是遠古時代的文明。

> 摩亨佐達羅好像是因為洪水氾濫而衰亡的

> 古時候河水氾濫的影響很恐怖呢！

嘩—————啦—————‼

針對印度河流域文明，最早發表的調查結果

流經巴基斯坦的印度河，沿岸的「哈拉帕」與「摩亨佐達羅」兩處遺跡，有了最早的調查結果，這天被刊登於《倫敦畫報》。遺跡挖掘出來的印章與土器形狀非常相似，由此可知，遠古時代在這個地區曾經建立幅員廣大的先進文明。據說，還有下水道和大眾浴場等設施。考古學家約翰・馬歇爾將這一帶命名為「印度河流域文明」。

💡 **問題** 調查印度河流域文明的是哪裡人？

❶ 美國人　　❷ 英國人　　❸ 日本人　　❹ 外星人

答案：② 負責調查的是英國學者馬歇爾，他在古印度城市研究的領域也頗負盛名。

284

9月21日 （西元1119年）

完顏阿骨打發明新文字的日子

時代劃分 ▶ 古代　**中世**　近世　近代　現代

國名 ▶
金
☐ 現存　☑ 滅亡

女真族領袖
完顏阿骨打發明女真文字

女真族的領袖——完顏阿骨打，擊敗各國的統治者，建立「金」，並發明自己國家的文字「女真文」。

> 我創造了文字！
> 嘿嘿
> （女真）
> 跟現今的國字完全不同呢！
> 完顏阿骨打

擊退統治者，創造屬於自己的文字

很久以前，住在現在中國一帶的女真族領袖——完顏阿骨打，擊退了遼朝的統治者，建立金朝這個新的國家。這天，他下令停用過去一直使用的契丹文，改採更為便利，直接書寫女真語的女真文。女真文也算是一種漢字，分為兩大類：分別是表示意義的「表意文字」，以及表示聲音的「表音文字」。

💡 **問題**　「金」的名稱由來，是因為附近盛產什麼？

❶ 金棗　　❷ 金魚　　❸ 金蛋　　❹ 沙金

答案：④ 「金」所在地的阿什河，據說可以淘到金沙。

9月22日 （西元1994年）

始祖地猿相關消息傳到海外的日子

時代劃分 ▶ 古代 ／ 中世 ／ 近世 ／ 近代 ／ **現代**

國名 ▶ 衣索匹亞
☑ 現存 ☐ 滅亡

大概在這裡

人類祖先被命名為始祖地猿 消息傳到海外

在非洲的衣索匹亞，
發現最早人類祖先的遺骸。

> 嗯，這個牙齒應該是個大發現！
>
> 那是什麼？
>
> 阿爾迪

發現人類的祖先——猿人的遺骸

1992年，衣索匹亞的阿瓦什地區，發現大約450萬年前人類的祖先——猿人的遺骸。後來，附近陸續發現多具人猿的骨頭，被命名為「始祖地猿」。這天，消息也在海外被大幅報導。<u>取名為「阿爾迪」的始祖地猿遺骸</u>，經專家推斷身高約120公分，<u>體重約50公斤，能以兩條腿行走</u>。當時參與美國研究團隊的日本學者諏訪元等人，也在這項考古計畫大展身手。

💡 **問題** 阿爾迪在哪種環境下生活？

❶ 森林　　❷ 海中　　❸ 河邊　　❹ 山裡

答案：① 發現牛群與阿爾迪共同生活在森林中，也找到木頭碎片的化石。

286

9月23日 （西元1862年）

俾斯麥成為普魯士首相的日子

時代劃分 ▶ 古代 / 中世 / 近世 / **近代** / 現代

國名 ▶ 普魯士王國
☐ 現存　☑ 滅亡

大概在這裡

成為普魯士王國與德意志帝國兩國首相(※)的 **俾斯麥**

俾斯麥運用軍事力量，統一普魯士王國和鄰國的人民，成立了德意志帝國，也是現代德國的起源。

藉軍事的力量整合德意志！

俾斯麥施行不同的作戰策略，刻意惹怒法國，讓法國主動開戰。

俾斯麥

這傢伙真不得了……

動用軍事力量解決一切！

我是奧托·馮·俾斯麥，出生於普魯士王國。受到普魯士國王威廉一世的重用，我在這一天成為了國家的首相。接著，又行使鐵（武器）血（士兵的血）政策，逼迫鄰近國家屈服，建立了德意志帝國。後來，我在這個國家也當上了首相！

奧托·馮·俾斯麥

※指的是協助君主（國王）處理政事的最高負責人。

問題　俾斯麥是個大胃王，據說他一餐可以吃多少東西？

❶ 15顆雞蛋　❷ 5公斤的肉　❸ 20條魚　❹ 10碗拉麵

答案：① 俾斯麥喜歡吃雞蛋，一餐最多可以吃15顆，他的體重多達123公斤。

9月24日 （西元622年）

穆罕默德移居麥地那的日子

時代劃分：古代 | **中世** | 近世 | 近代 | 現代

國名▶ **阿拉伯半島** ☑現存 ☐滅亡

穆罕默德踏上旅途
從麥加遷徙到麥地那

被其他部族驅趕的穆罕默德，接受阿拉伯人的邀請，移居麥地那。

> 希吉拉（※）的路程，接近台北到墾丁的距離！

> 走得很辛苦呢！

踏上數百公里的旅途，移居到阿拉伯

伊斯蘭教的先知穆罕默德，在麥加這座城市受到其他部族的逼迫，轉而移居到麥地那（現今沙烏地阿拉伯的城市）。為了避免被人發現，穆罕默德和他的朋友阿布・巴克爾趁著夜色，踏上長程的旅途。後來，他在這片土地獲得傳播伊斯蘭教的機會。順帶一提，穆罕默德與追隨者的共同群體被稱為「烏瑪」。

※意思是阿拉伯語的「移居」。

💡 **問題** 麥加到麥地那的距離有多遠？

❶ 100公里　　❷ 200公里　　❸ 300公里　　❹ 400公里

答案：④　當時沒有其他交通方式，不論距離有多遠，只能靠步行或是騎乘動物。

288

9月25日 （西元1974年）

世界首次舉行鐵人三項的日子

時代劃分 ▶ 古代 中世 近世 近代 **現代**

國名 ▶ 美國 ☑現存 ☐滅亡

游泳、腳踏車、長距離跑步
全由一個人完成的艱辛競技

鐵人三項的英文「triathlon」，是來自希臘語的「3」（τρι）和「競賽」（ἆθλον）。

問題

世界第一場鐵人三項競賽是在那裡舉辦？

① 紐約
② 溫哥華
③ 聖地牙哥

抵達終點需耗時3小時以上的長距離競賽！

鐵人三項是至今仍在進行的競速運動，每位選手需要獨立完成游泳、腳踏車及長距離跑步等三種項目。這天，美國舉辦了世界第一場鐵人三項競賽，據說這場比賽共有46名選手參加。鐵人三項在2000年雪梨奧運被列為正式項目，是備受世界注目的人氣競賽。

補充

鐵人三項在小學生、國中生之間也擁有高人氣，有許多特別在年齡、距離和路線降低標準、專為兒童設計的競賽及體能教室。

答案：③　在聖地牙哥，當地的運動俱樂部成員參加了這場競賽。

9月26日
（西元1529年）

鄂圖曼帝國攻打奧地利的日子

時代劃分 ▶ 古代 | 中世 | 近世 | 近代 | 現代

國名 ▶
奧地利
☑ 現存　☐ 滅亡

鄂圖曼帝國大軍
圍攻維也納

有大帝稱號的鄂圖曼帝國國王蘇萊曼一世，攻打奧地利，圍城首都維也納。

> 他愛好藝術，也是一名詩人，筆名「穆希比」是「愛慕之物」的意思喔♡

蘇萊曼一世

最終仍無法戰勝季節！

很久以前，統治鄂圖曼帝國盛世的國王蘇萊曼一世，因為強大而被稱作「大帝」。當時的鄂圖曼帝國與歐洲各國間發生戰爭，這天，他們攻陷了奧地利首都維也納，進行圍城，據說數以萬計的人民全被圍困在城裡。但秋天之後，天氣越來越冷，糧食也日漸短缺，使得鄂圖曼帝國大軍最後不得不撤退。

💡 **問題**　蘇萊曼是什麼意思？

❶ 所羅門王　　❷ 世界之王　　❸ 海賊王　　❹ 歐洲之王

答案① 古代以色列的「所羅門王」以阿拉伯語閱讀，並以土耳其語發音的名字。

9月27日 （西元1825年）

改良式蒸汽動力火車運行的日子

時代劃分 ▶ 古代 | 中世 | 近世 | **近代** | 現代

國名 ▶
英國
☑ 現存　☐ 滅亡

蒸汽動力火車世界首次運行 載送乘客及貨物

連接英國各城市之間的鐵路首次開通，過去運送行李或乘客都是使用馬車，自此成功導入機械動力。

> 這就是科學的力量！
> ——史蒂芬生
>
> 運送了600人
> 碰！
> ——機車一號

運送多達600名乘客的力量

這天，位於英國北部的斯托克頓與達靈頓，兩座城市之間長40公里的鐵路開通了。蒸汽動力火車「機車一號」載運多達600名乘客，在長長的鐵道上奔馳，向世界展現它的威力。打造這輛蒸汽動力火車的是技師喬治‧史蒂芬生。成功運行之後，英國開始大量使用蒸氣動力，進行工業改良，向「工業革命」時代邁出步伐。

💡 **問題**　蒸汽動力火車使用的燃料是什麼？

❶ 石油　　❷ 煤炭　　❸ 電力　　❹ 氫氣

答案：②　燃燒煤炭，以煮沸熱水時產生的蒸氣作為動力，讓機械運行。

291

9月28日 （西元前551年）

孔子出生的日子

| 時代劃分 | 古代 | 中世 | 近世 | 近代 | 現代 |

大概在這裡

國名▶ 魯國
☐現存　☑滅亡

一手創立**儒教**的孔子是中國的偉人

出生於古代魯國的孔子，創立的「儒家」和其思考方式，至今仍被許多人奉為生活準則。

> 我在政治的世界並不活躍……

以儒教始祖為人所知的孔子，因為熱衷學習、不會妄自尊大，追隨他的弟子多達3000人。

日本也學習了孔子的「儒家」思想

我是孔子，是一名學者，研究深刻探討事物的學問——哲學。我生在古代中國一個叫魯國的國家。雖然自幼家境貧苦，但我努力向學，終於在當官之後，確立了「儒家」這門思想。包括對人的關懷與遵守約定等等，都是儒家思想非常重視的事情。

> 身高好高！
> 要是生在現代，能當籃球選手呢！

💡 問題　據說孔子長的很高大，請問究竟有多高？

❶ 196公分　　❷ 206公分　　❸ 216公分　　❹ 226公分

答案：③　雖然孔子的身高非常高，但據弟子的說法，他是身長腿短的體型。

9月29日 （西元1938年）

慕尼黑協定會議召開的日子

時代劃分 ▶ 古代 中世 近世 近代 **現代**

國名 ▶ 德國　☑現存　☐滅亡

為了避免戰爭而召開的
慕尼黑協定會議

在歐洲蓄積實力的德國，運用武力迫使鄰近國家屈服。
為了解決問題，英德兩國召開了會議。

> 嗯！
> 要小心！
> 大叔你滿腦子都想著騙人耶
> 喔！
>
> 張伯倫　　希特勒

希特勒沒有遵守約定

這天，在德國的慕尼黑，英國首相張伯倫與納粹德國的領袖阿道夫·希特勒，雙方召開國際會議。當時，德國想將捷克斯洛伐克的部分領地據為己有，為了避免發生戰爭，兩國進行了協商。但是希特勒不守信用毀約，持續擴張德國的領土，半年之後，捷克斯洛伐克就被德國併吞。

問題　希特勒後來引發了巨大的戰爭，請問是什麼戰爭？

① 第一次世界大戰　② 第二次世界大戰　③ 太平洋戰爭　④ 行星大戰

答案：②　希特勒在1939年攻打波蘭，第二次世界大戰便隨之爆發。

9月30日 (西元1924年)

柯波帝出生的日子

時代劃分：古代 / 中世 / 近世 / 近代 / **現代**

國名 ▶ 美國　☑現存　☐滅亡

大概在這裡

柯波帝誕生
年紀輕輕就成為暢銷作家

19歲在雜誌連載第一部小說，並獲得文學獎的柯波帝，童年時期過得非常辛苦。

> 我也有去過日本喔！

柯波帝

他有很多作品在海外被翻譯出版，是一位人氣作家。

柯波帝與作家、藝術家和社交名流們都有往來，也受到媒體的關注。

四處搬家，非常努力地刻苦自學

我是楚門・柯波帝，出生於美國路易斯安那州。因為自幼單親，家境不好，跟著撫養我長大的母親在美國各地城鎮四處搬遷，沒辦法到學校上學，只能在家自學。我會**實際考察發生過的事件，寫入小說裡面**，年幼時累積的經驗，也是這項寫作技法的靈感喔。

問題　柯波帝的代表作叫做「第凡內……」什麼？

❶ 早餐　　❷ 午餐　　❸ 晚餐　　❹ 下午茶

答案：① 《第凡內早餐》這部小說在1961年改編成電影，由奧黛麗・赫本主演，轟動一時。

今年只剩下3個月了！

歇腳小專欄

世界史小典故
近世 篇

航海時代的大發現，竟然是維他命C

維他命C是現代人都知道的維生素，但是你知道嗎？它的效果是在大航海時代被人發現的！當時，在船上生活的船員，最害怕得到「壞血病」，這種病會使血管變得脆弱、身上有出血等症狀。

原因是船上糧食不足，缺乏富含維他命C的新鮮蔬果所導致的疾病。後來研究發現，要治療壞血病，食用柑橘類的水果很有效。直到20世紀，人們才知道原來是維他命C預防了壞血病。

10月1日 （西元前331年）

亞歷山大大帝打敗大流士三世的日子

時代劃分 ▶ **古代** 中世 近世 近代 現代

國名 ▶
馬其頓王國
☐ 現存　☑ 滅亡

戰勝對手大流士三世 讓國家變得更強大

企圖征服全世界的馬其頓國王亞歷山大三世，讓敵對國家俯首稱臣，打造屬於自己的大帝國。

> 打敗了大流士三世，我要稱帝！

亞歷山大三世　　亞歷山大帝國

軍隊騎乘馬匹，突襲敵軍

位於古希臘的馬其頓帝國，國王亞歷山大三世（大帝）從希臘出發，抵達現在的伊拉克一帶，於高加米拉戰役中，擊退了敵人波斯國王大流士三世。馬其頓軍隊僅有4萬7000人，卻勝過擁有25萬人的波斯大軍。後來，從埃及到印度河流域，全都在亞歷山大的勢力範圍之內，亞歷山大帝國就這麼誕生了。

💡 **問題**　當時的戰爭，會使用何種動物？

❶ 獅子　　❷ 大象　　❸ 長頸鹿　　❹ 熊貓

答案：②　大象作為戰爭用途，可以突擊敵人，使敵人四散，被稱為「戰象」。

10月2日
（西元1889年）

泛美會議首度召開的日子

時代劃分：古代　中世　近世　**近代**　現代

國名▶ 美國　☑現存　☐滅亡

美洲大陸的各國集合 大家一起來召開會議

具有世界實力的美國作為主辦國，
召集美洲大陸其他國家，舉行國際會議。

> 互相合作吧！
> 一起賺更多錢！
> 必須變得友好
> 要怎麼做才能維持和平？
> 共同促進發展吧！

聯合整個美洲大陸的會議

在美國以南，剛剛脫離歐洲殖民，陸續獨立的拉丁美洲各國，為了相互之間的團結，曾召開多次的會議，結果都無法達成互助的目標。這天，具有世界實力的美國成為主辦國，召開了第一次的泛美會議。「泛美」指的是包含北美、中美及南美的整個美洲大陸，這次舉行的會議，後來也演變成美洲大陸的組織──「美洲國家組織」。

💡 **問題**　加入「美洲國家組織」的會員國共有多少？

❶ 10國　　❷ 25國　　❸ 35國　　❹ 100國

答案：③　1951年成立的「美洲國家組織」共有35個會員國。

10月3日 （西元1906年）

SOS被採用的日子

時代劃分 ▶ 古代 ｜ 中世 ｜ 近世 ｜ 近代 ｜ **現代**

國名 ▶
德國
☑ 現存　☐ 滅亡

遇難時，作為求救信號發出SOS

至今全球仍廣泛使用的求救信號「SOS」，在100年前就被採用，讓遇難的船隻與飛機有機會獲救。

> 喔！是求救信號──很短、很容易辨認！
>
> SOS！ SOS！
>
> 往下沉沒

SOS已被使用超過100年以上

這天，第一屆國際無線電電報會議在德國舉行，討論決議世界電報規則，「SOS」也在會議中被確定採用。SOS是遭遇事故時，遇難船隻或飛機呼叫救援用的信號。SOS這幾個字本身並無任何意義，但是在使用無線電傳遞摩斯電碼時，只要敲打「滴滴滴、答答答、滴滴滴」就能表示「救我！」的意思，SOS信號至今仍在全球被廣泛使用。

問題　世界第一艘使用SOS信號求援的是那個國家的船隻？

❶ 日本　　❷ 義大利　　❸ 美國　　❹ 德國

答案：③　從紐約開往佛羅里達的美國船隻「阿拉帕霍號」。

298

10月4日 （西元1814年）

米勒出生的日子

時代劃分：古代 中世 近世 **近代** 現代

國名：法國 ☑現存 ☐滅亡

描繪寫實的自然風景
成為**當紅炸子雞**

如實描繪大自然風景、努力工作的農民，米勒畫作給人美麗又高尚的感覺。

米勒描繪農民們撿拾地上麥穗的畫作《拾穗》，讓人在勞動的身影中感受美。

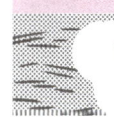

恬靜　好美！好感動！

包括米勒在內，以農村或自然風景為題材的畫家，被稱為巴比松派。

擅長描繪自然及農家生活

我是尚‧法蘭索瓦‧米勒，在這天誕生於法國西北部諾曼第的農家。從小，我就很會畫畫，後來也到大城市巴黎習畫。因為喜歡描繪自然風景和農民的身影，我選擇移居到農村巴比松。

尚‧法蘭索瓦‧米勒

問題 米勒是從什麼時代開始，被人介紹到日本？

① 江戶時代 1603至1868年　② 明治時代 1868至1912年　③ 大正時代 1912至1926年　④ 昭和時代 1926至1989年

答案：② 米勒於1875年去世，隔年，義大利畫家將其他人臨摹的米勒畫作帶到日本。

299

10月5日 (西元1993年)

宣布南極上空發現臭氧層破洞的日子

時代劃分 ▶ 古代 中世 近世 近代 **現代**

國名 ▶ 南極
☑ 現存　☐ 滅亡

大概在這裡

發現守護地球的 **臭氧層** 被破壞了

「溫室效應」讓地球越來越熱，原因是臭氧層被破壞，英國的南極探測隊首度在臭氧層發現破洞。

> 哇！天空有破洞……！
> 轟隆轟隆……
> 實際上，臭氧層的破洞看起來並不是這樣的，但它確實是地球暖化的原因。

保護地球生物的臭氧層

這天，英國派駐南極的探測隊，宣布發現南極的臭氧層大約有三分之二遭到破壞。臭氧是空氣中的氣體，在距離地面10至50公里的上空，以臭氧組成的大氣層就是臭氧層。臭氧層可以替我們吸收有害的紫外線，保護地球上的生物。噴霧罐或工業製品經常使用的氟氯烴，被認為是臭氧層破洞的元凶。當臭氧層被破壞，容易導致生物的皮膚發腫，甚至罹患皮膚癌。

💡 問題　臭氧是什麼味道？

❶ 腥臭味　❷ 甜甜的香味　❸ 水果香　❹ 酸酸的香味

答案：① 不只有腥臭味，吸入高濃度的臭氧還可能致死，是強烈的毒氣。

10月6日 （西元1908年）

波士尼亞與赫塞哥維納成為他國領土的日子

時代劃分：古代　中世　近世　近代　**現代**

國名▶ 波士尼亞與赫塞哥維納共和國
☑現存　☐滅亡

奧地利將波士尼亞與赫塞哥維納**據為己有**

波士尼亞與赫塞哥維納這個國家被納入奧匈帝國，紛爭就此展開。

（漫畫）
- 波士尼亞與赫塞哥維納是我的！
- 哈哈哈哈哈
- 不可原諒！

生氣的塞爾維亞人暗殺皇儲

波士尼亞與赫塞哥維納(簡稱「波赫」)被鄂圖曼帝國統治長達600年。在1878年的柏林會議，決議該國領土不變，但將政治行使權移轉給奧匈帝國。接著，奧地利在這天宣布波赫是自己國家領土的一部分。此舉惹怒了長年居住在波赫的塞爾維亞人，不但引發6年後的奧地利皇儲暗殺事件，也造成後續更多的紛爭。

問題　奧地利皇儲暗殺事件引發了什麼戰爭？

① 第一次世界大戰　② 第二次世界大戰　③ 宇宙戰爭　④ 一年戰爭

答案：①　事件發生後，鄰近國家也紛紛加入其中，最後演變成第一次世界大戰。

301

10月7日 （西元1571年）

勒潘陀海戰爆發的日子

時代劃分：古代 / 中世 / **近世** / 近代 / 現代

國名▶ 鄂圖曼帝國　☐ 現存　☑ 滅亡

大概在這裡

4小時內，超過百艘**船隻沉沒**
海上王者換人做

鄂圖曼帝國曾是歐洲的主要強國，在這場海戰，卻敗給西班牙和威尼斯的聯軍。

> 大意誤事！
> 噗嚕噗嚕
> 真的假的？全被消滅了！

強大軍艦意外沉沒！

鄂圖曼帝國曾擁有強大的軍隊，過去不斷地跟鄰近國家發生戰爭。事件發生於希臘西部海岸的勒潘陀，鄂圖曼帝國襲擊敵軍西班牙與威尼斯（現今義大利的城市）。兩軍在這天展開海上對峙，碰上強勁的歐洲軍隊，<u>鄂圖曼帝國的軍隊在4小時內，就被敵軍擊沉超過100艘的船艦</u>。

問題
創作哪部作品的小說家，曾作為一名士兵參與勒潘陀海戰？

❶《唐吉軻德》　❷《飄》　❸《湯姆歷險記》　❹《鬼滅之刃》

答案：① 西班牙作家米格爾・德・塞凡提斯在這場戰役中受了重傷。

10月8日（西元1856年）

亞羅號事件爆發的日子

時代劃分：古代・中世・近世・**近代**・現代

國名：清朝　☐現存　☑滅亡

反對歧視
無法忍受，因而爆發戰爭

清朝嚴重歧視外國人，長期累積的不滿情緒爆發，引起戰爭。

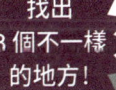

找出3個不一樣的地方！

戰爭爆發的契機是一起大事件

這天，在清朝（現在的中國）停泊於廣州某條河的船隻亞羅號，接受了清朝官員調查。調查結果，12名船員被懷疑是海賊而遭到逮捕。這艘船的船長是英國人，船上張貼的英國國旗也被撕下。為此感到憤怒的英國，與法國聯手佔領廣州。其他不滿清朝的國家也群起效尤，結果爆發了亞羅號戰爭這場巨大的紛爭！

補充：這場因亞羅號事件而引起的戰爭，因為發生在鴉片戰爭之後，所以又被稱為「第二次鴉片戰爭」。

看圖找不同的答案：①左後方的人手中物品　②右前方的人手中有沒有花　③國旗

303

10月9日（西元1969年）

制定「世界郵政日」的日子

時代劃分：古代・中世・近世・近代・**現代**

國名▶ 瑞士　☑現存　□滅亡

制定**國際郵政規則**
隨時可以將信件寄到海外

將信件寄往其他國家的國際郵政規則，是由萬國郵政聯盟（UPU）所制定。

> 哇——是美國寄來的信件！
> 來自日本的信件！

統整國際郵政制度的工作

郵政的國際組織——萬國郵政聯盟（UPU），在1874年的這天成立了。這個組織負責的工作是統整國與國之間的國際郵政流程，為了紀念它的成立，這天被定為「世界郵政日」。無論在地球的哪個地方，都能以標準的價格寄送郵件、國際郵件和國內郵件有同等流程、每個國家都以郵票做為支付郵資的憑證，這些都是UPU所制定的規則，日本也在明治時代就加入了UPU喔。

💡 **問題**　UPU的總部設立在哪個國家？

❶ 美國　　❷ 俄羅斯　　❸ 瑞士　　❹ 日本

答案：③　UPU的第一場會議於瑞士的伯恩舉行，總部也設立在伯恩這個城市。

10月10日 （西元1911年）

武昌起義發生的日子

時代劃分 ▶ 古代 / 中世 / 近世 / 近代 / **現代**

國名 ▶ 清　□現存　☑滅亡

士兵**叛亂**？！
政府吞敗後，國名也更改了

過去統治中國及鄰近國家的清朝，陸續在戰爭中敗給英國、日本等國，引發革命組織與士兵通力合作，揭竿起義。

> 大家齊心協力！
> 這次可不會再輸了！
> 啪嗒啪嗒啪嗒啪嗒……
> 這場起義之後，抗爭規模變得越來越大

在武昌這個城市，士兵們大爆走！

清朝時，士兵們發生叛變，因為清朝接續在戰爭中吞敗，被迫聽令於歐洲和日本。百姓喪失工作，又被徵收大量稅金，於是，以武力想改變社會的組織便出現了。他們說服武昌這座城市的士兵，增加志同道合的夥伴，正面迎戰並推翻了清朝政府，這個組織後來將國家更名為中華民國。

問題　清朝的皇帝溥儀，後來成為哪個國家的皇帝？

❶ 滿洲國　　❷ 九州國　　❸ 歐洲國　　❹ 澳洲國

答案：① 滿洲國建立於1932年，後來在1945年滅亡。

305

10月11日 （西元640年）

高昌國滅亡的日子

時代劃分 ▶ 古代 **中世** 近世 近代 現代

國名 ▶ 高昌國　□現存　☑滅亡

大概在這裡

許多國家對它虎視眈眈
埋在沙漠中的綠洲之都

現在位於中國的新疆維吾爾自治區，曾是沙漠綠洲的高昌國，在唐朝時被滅國。

> 好想把那片綠洲搶過來！
>
> 這裡曾被許多的組織給盯上！

被盯上的綠洲之都

高昌國曾統治中亞的吐魯番盆地一帶（現今中國的新疆維吾爾自治區）。這天，被當時強盛的國家——唐朝軍隊大舉進攻，高昌國便滅亡不存在了。高昌國位於沙漠正中央，是旅人取得食物和飲水的綠洲之都，自古以來就被中國及附近的遊牧國家（以飼養馬和羊為生）虎視眈眈，企圖攻占它。滅國之後，一直到20世紀，遺址始終被埋藏在沙漠之中。

問題　以下哪個故事裡面，曾經出現過高昌國？

❶ 西遊記　　❷ 桃太郎　　❸ 格列佛遊記　　❹ 魔戒

答案：①　為了研究佛教而踏上印度之旅的三藏法師玄奘，途中造訪了高昌國。

10月12日 （西元1492年）

哥倫布發現北美新大陸的日子

時代劃分 ▶ 古代 / 中世 / **近世** / 近代 / 現代

國名 ▶ 美洲大陸
☑ 現存　☐ 滅亡

大概在這裡

以為是印度
結果竟是**新大陸**

探險家克里斯多福‧哥倫布乘船從歐洲出發，以為到達了目的地印度，沒想到竟然是新大陸。

> 哥倫布抵達的大陸，後來以另一名探險家亞美利戈‧維斯普奇的名字命名為「美洲大陸」。

「喔——這就是印度啊！」

「不，根本就不是啦……」

因誤會而命名的島嶼

我乘著帆船航行，發現了西印度群島！後來才知道原來當時我抵達的不是印度，而是位於北美大陸東南方的島嶼。因為看到住在當地的人們皮膚曬得黝黑，我誤以為到了印度啦。於是，我將當地人稱為印地安人，又將那些島嶼的名字都加上了「印度」。

克里斯多福‧哥倫布

💡 問題　哥倫布在美洲大陸展開一項生意，請問是何種工作？

① 農業　　② 漁業　　③ 販賣原住民奴隸　　④ 買賣珍稀動物

答案：③　哥倫布在當地殺害並將原住民當作奴隸販賣，惹惱為探險計畫出資的西班牙女王。

307

10月13日 （西元1884年）

倫敦時間被定為世界通用標準時間的日子

時代劃分 ▶ 古代　中世　近世　**近代**　現代

國名 ▶
英國
☑ 現存　☐ 滅亡

大概在這裡

倫敦很安定，就定為世界**標準時間**

世界各地的人們開始交流後，有了通用時間的需求，最後以當時政治較安定的倫敦為時間基準。

> 15度的線有24條（24小時）呢！
> 垂直的線叫「經線」喔！

以通過格林威治天文台的直線為基準

這天，在美國華盛頓召開的會議，決議通過英國倫敦「格林威治天文台」的經線(※)為「經度0度」。以經度0度所在地的時間為世界基準，經度每15度就差1小時。在此之前，各個國家都是使用自己制定的時間，直到世界各地的人們開始頻繁交流往來，才有了通用時間的需求。

※連接南北極，極點之間的線。

問題

日本的標準時間比世界標準時間快9個小時，基準點在哪裡？

❶ 兵庫縣的明石市　❷ 東京都的新宿區　❸ 大阪府的大阪市　❹ 京都府的京都市

答案：①　決定日本標準時間的東經135度線通過明石市，明石市也因此聞名，被稱為「子午線之都」。

308

10月14日 （西元1066年）

諾曼征服英格蘭的日子

時代劃分：古代 / **中世** / 近世 / 近代 / 現代

國名▶ 英國　☑現存　□滅亡

大概在這裡

英格蘭王就是我
爭奪王位的**戰爭**開打

在英國還分成許多小國的11世紀，為了爭奪英格蘭王的寶座，威廉與哈羅德二世之間展開戰爭。

> 這個國家的國王是我！
> 我才是最偉大的人！
> 哼哼
> 吼嗚
>
> 後來，英格蘭又成為英國

打敗自稱為王的哈羅德

很久以前，英國分成四個國家，其中一個國家出現內戰——爭奪英格蘭國王寶座的是，被封為諾曼第公爵的威廉，以及自稱為王的貴族哈羅德二世。這天，雙方軍隊在海斯汀開戰，率領諾曼軍的威廉善用騎兵，打敗了哈羅德，<u>這場戰役又被稱作「諾曼征服」</u>。

問題 現代英國是英格蘭、蘇格蘭、北愛爾蘭，以及那個地方的合稱？

❶ 威爾斯　　❷ 愛爾蘭　　❸ 冰島　　❹ 霍格華茲

答案：① 英國的正式國名是「大不列顛與北愛爾蘭聯合王國」。

10月15日 （西元1904年）

波羅的海艦隊被派往日本海的日子

時代劃分：古代　中世　近世　近代　**現代**

國名▶ 俄羅斯帝國　☐現存　☑滅亡

俄羅斯還沒輸
最強艦隊該出動了

日本與俄羅斯開打日俄戰爭，情勢最初對堅持不懈的日軍有利，但俄羅斯並不著急，因為擁有被稱為「最強」的艦隊。

> 我們是世界最強的！
> 呵呵呵……
> 哇哈哈
> 不讓你們補給燃料和糧食……

日本勝過大國俄羅斯

過去日本帝國和俄羅斯帝國曾展開戰爭。這天，俄羅斯派出號稱世界最強的「波羅的海戰艦」，航向日本海。不料，卻碰上日本盟軍——英國的阻礙，導致遲遲無法靠港。等波羅的海艦隊抵達日本海時，燃料已經用盡。這時，<u>日本的艦隊突然急轉彎，正面迎戰，採取前所未見的作戰方式擊敗俄羅斯</u>。後來，日本與俄羅斯簽訂《朴資茅斯條約》，戰爭宣告終結。

💡 **問題**　日俄戰爭時，俄軍使用了什麼有效的最新武器？

❶ 飛機　　❷ 戰車　　❸ 刀　　❹ 機關槍

答案：❹　俄羅斯軍隊手持機關槍埋伏，將靠近陣地的日本軍隊一一擊倒。

10月16日 （西元1945年）

「世界糧食日」起源的日子

時代劃分 ▶ 古代 中世 近世 近代 **現代**

國名 ▶
世界各國
☑ 現存　☐ 滅亡

可以吃飽飽真幸福！
希望打造這樣的世界

「吃」是人類生存非常重要的事，為了讓世界糧食及人們的生活變得更好，聯合國在這天設置了專門機構。

問題

現在全世界每年丟棄多少的糧食量？

❶ 1噸
❷ 5000噸
❸ 13億噸

希望糧食問題能夠得到解決

直到現在，全球仍有受食物不足所苦，甚至死亡的人。希望無法獲得充足食物而受苦的人們能夠越來越少，「世界糧食日」就是為了這個想法而制定的日子。雖然還有很多無法解決的問題，但為了讓世界各地的人們都能吃到營養、安全又美味的食物，而且吃得飽飽的，全世界都在持續努力喔。

補充

全球每年的糧食生產量約26億噸，這個產量原本應該是能讓全世界所有人口都獲得充足食物。

答案：③　因為剩食等原因，每年約有13億噸的糧食被丟棄。

10月17日 （西元1849年）

蕭邦去世的日子

時代劃分 ▶ 古代 ／ 中世 ／ 近世 ／ **近代** ／ 現代

國名 ▶
波蘭
☑ 現存　☐ 滅亡

被譽為**鋼琴詩人**的天才鋼琴家

蕭邦直到去世前，仍在不停地進行演奏及創作。才能不凡的他，甚至曾在英國女王面前演奏。

> 找出3個不一樣的地方！

即使受疾病所苦，仍舊不放棄演奏

弗雷德里克・蕭邦是一位鋼琴家，同時也有作曲天賦。據說他從小便很會彈鋼琴，年僅8歲就能夠在眾人面前彈奏自己創作的曲子。18歲時，他想認真學習音樂，卻因為戰爭的緣故，無法如願。他只好輾轉於各個國家，持續作曲的偉業，並藉由演奏娛樂人們。他在病逝後，留下了230篇以上的名曲。

補充：因為戰爭的緣故，蕭邦不得不離開他出生成長的故鄉波蘭。擔心故鄉戰火的他，創作了至今仍是名曲的《革命練習曲》（練習曲作品10第12號）。

看圖找不同的答案：①音符　②樂譜　③鋼琴鍵盤

10月18日 （西元1967年）

蘇聯探測機登陸金星的日子

時代劃分 ▶ 古代 中世 近世 近代 **現代**

國名 ▶ 蘇維埃聯邦　□現存　☑滅亡

世界首次
耗時4個月登陸金星

1950年，蘇聯（現今俄羅斯）領先全球，成功飛向太空，並且派遣無人探測機，登陸金星。

> 從地球花了4個月才抵達喔！

金星

徹底查明了金星是「死亡的世界」

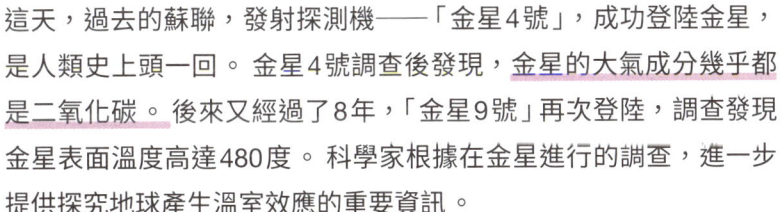

這天，過去的蘇聯，發射探測機——「金星4號」，成功登陸金星，是人類史上頭一回。金星4號調查後發現，<u>金星的大氣成分幾乎都是二氧化碳</u>。後來又經過了8年，「金星9號」再次登陸，調查發現金星表面溫度高達480度。科學家根據在金星進行的調查，進一步提供探究地球產生溫室效應的重要資訊。

💡 問題　在金星4號登陸隔天，哪個國家也在金星附近進行了觀測？

❶ 美國　　❷ 日本　　❸ 英國　　❹ 法國

答案：① 美國和蘇聯是互相爭奪航太實力的競爭對手。

313

10月19日 （西元1862年）

電影發明者盧米埃出生的日子

時代劃分 ▶ 古代 中世 近世 **近代** 現代

國名 ▶
法國
☑ 現存　☐ 滅亡

想用大銀幕播放電影
充分應用照相知識和技術

法國的盧米埃兄弟，打造「電影放映機」，有了這台新機器，大家就可以一起觀賞電影。

> 由於父親開設照相館，兩兄弟因此具備充足的攝影知識和技術。

> 弟弟路易負責導演和攝影！

路易

> 全世界第一部喜劇電影喔！

奧古斯特

讓大家能一起看電影的機器

我們是盧米埃兄弟，利用愛迪生設計的裝置，將電影投放在大銀幕，打造能夠讓大家一起看電影的「電影放映機」。我們被稱作是「電影之父」，這天是哥哥奧古斯特的生日。順帶一提，他也是生物學家喔。

盧米埃兄弟（左：哥哥奧古斯特、右：弟弟路易）

💡 **問題**　日本曾經有個職業是解說默劇電影的內容，請問是下列哪一個？

❶ 辯士　　❷ 漫才師　　❸ 落語家　　❹ 配音員

答案：①　最早的電影沒有聲音，主要是靠旁邊演奏樂器，或是由「辯士」解說劇情內容。

314

10月20日（西元1935年）

大長征成功的日子

時代劃分：古代　中世　近世　近代　**現代**

國名：中華蘇維埃共和國　□現存　☑滅亡

步行距離超過1萬公里
邊打仗邊移動，很多人喪失生命

毛澤東率領的共產黨軍隊，
因為敗給敵對陣營，展開1萬多公里的徒步長征。

> 總有一天要靠努力來改變這個世界！

耗時1年，一邊作戰一邊逃亡

當時在中國，名為共產黨的政治組織，所屬軍隊敗給了敵對陣營的國民黨軍隊。於是在這天，他們以徒步的方式，從江西省逃到了陝西省這個地方。據說距離最遠長達1萬2500公里！比日本到非洲的距離還要遠，這場遷移又被稱為「長征」。總計花了1年以上的時間，因為一邊作戰一邊移動的關係，士兵從原本的8萬人，最後折損到只剩下8千人。

問題　中國共產黨是在何年建立了國家？

❶ 1949年　　❷ 1950年　　❸ 1951年　　❹ 1952年

答案：① 中國共產黨在第二次世界大戰後，借由蘇維埃聯邦的力量，建立現在的中華人民共和國。

315

10月21日 （西元1966年）

反越戰集會召開的日子

時代劃分：古代　中世　近世　近代　**現代**

國名▶ 美國　☑現存　☐滅亡

大概在這裡

反對戰爭
10萬人爭取和平

越戰到了1960年代，演變得越來越激烈，人們為了反戰，聚集在華盛頓召開集會。

> 反對戰爭！
> 在美國首都華盛頓召開有特別意義！
> 反對 NO

反越戰的示威遊行(※)擴散到世界各地

第二次世界大戰之後，越南這個亞洲國家分裂成南北，持續發生內戰。後來美軍也介入越戰，讓戰況越演越烈。反對越戰的人們在這天聚集到美國華盛頓參與集會，超過10萬人參與這場被稱為「向五角大廈進軍」的示威行動，為了紀念這場行動，人們將這天定為「國際反戰日」，以確認對戰爭的反對態度。

※有同樣想法的人聚集起來，宣揚其意見的遊行。

💡 **問題**　現在越南的貨幣單位是什麼？

❶ 鎊　　❷ 克朗　　❸ 盾　　❹ 盧比

答案：③　越南社會主義共和國的首都位於河內，全國總人口破1億人。

10月22日（西元1938年）

複印機發明的日子

時代劃分：古代／中世／近世／近代／**現代**

國名：美國　☑現存　☐滅亡

利用靜電原理印刷就是複印機的起源

複印機是由美國發明家催生的，不只是運用在公司，一般家庭或便利商店也常使用。

> 能賺錢又對社會有貢獻的發明，最適合我了！
> ——切斯特・卡爾森

普及全世界的複印機

這天，美國的物理學家兼發明家切斯特・卡爾森，發明了複印機，他運用靜電能將碳粉吸附到紙張的電子相片「靜電印刷」技術。卡爾森在1942年獲得專利[※]，後來由「全錄」（Xerox）公司進行複印機的販售，推廣普及全球。應用靜電印刷的物理學研究，之後也持續進步，催生出雷射印表機等更多新形式的複印機喔。

※只限發明者可以使用的特別權利。

問題　因為Xerox複印機而獲得重大發展的是哪一項職業？

❶ 動畫師　　❷ 小說家　　❸ 小說家　　❹ 劇作家

答案：① 有了複印機，動畫師繪製的圖就能直接印在膠片上。

10月23日 （西元1973年）

第一次石油危機爆發的日子

時代劃分 ▶ 古代 中世 近世 近代 **現代**

國名 ▶
世界各國
☑ 現存　☐ 滅亡

日用品從商店消失？！
石油不夠，只能舉雙手投降

中東的第四次戰爭，帶給全球經濟重大的影響，讓人們的生活陷入混亂。

問題

以下哪種日用品不是以石油為原料？

❶ 衛生紙
❷ 洗潔劑
❸ 洗碗海綿

受到戰爭的影響，石油取得困難

這天，「第一次石油危機」爆發，為世界經濟帶來了巨大的影響。造成這次危機的原因是，參與中東戰爭的阿拉伯各國制定政策，包括減少石油產量，以及提高價格。一直以來，許多國家都仰賴阿拉伯地區供給的原油，現在不但石油取得困難，價格也漲了好幾倍，造成全球大混亂。

補充

當時受到第一次石油危機的衝擊，許多人大量囤購以石油為原料的日用品，引起了很大的混亂。

答案：① 當時，就連非石油製品的衛生紙也有一袋難搶的傳聞，造成一股囤購風潮。

10月24日 （西元1648年）

《西發里亞和約》簽訂的日子

時代劃分 ▶ 古代 | 中世 | **近世** | 近代 | 現代

國名 ▶ 神聖羅馬帝國（現今德國）
☐ 現存　☑ 滅亡

大概在這裡

經過30年還沒分出勝負
戰爭**到此為止**

一場打了長達30年的戰爭，鄰近國家也加入，規模越變越大。為了終止這場戰爭，各國召開國際會議。

> 從1618年就開始了！
>
> 戰爭已經打了30年……
>
> 差不多是時候結束它了！

最初的國際會議，是為了結束戰爭而召開

從前有一個叫神聖羅馬帝國的國家，因為基督教的新教與舊教之間關係惡化，爆發了一場被稱為「三十年戰爭」的紛爭。當時歐洲各國也紛紛加入，形成多國互相爭鬥的局面，正式演變成為戰爭。為了阻止戰爭越演越烈，<u>各國代表集結在德國北部西發里亞地區的都市──明斯特與奧斯納布魯克，約定終止這場戰爭</u>。這個集會，據說也是歐洲最初的國際會議。

💡 問題　現今的明斯特以某種交通工具聞名，請問是什麼交通工具？

❶ 汽車　　❷ 電動車　　❸ 馬車　　❹ 腳踏車

答案：④　據說這個城市的腳踏車數量超過人口數，是有名的「腳踏車之都」。

10月25日 （西元732年）

法蘭克王國軍隊戰勝伊斯蘭軍的日子

時代劃分 ▶ 古代 | **中世** | 近世 | 近代 | 現代

大概在這裡

國名 ▶
法蘭克王國
☐ 現存　☑ 滅亡

兩方軍隊
在圖爾和普瓦捷之間對戰

法蘭克王國和伊斯蘭軍之間的戰爭宣告終結，
守護了基督教世界！

> 交戰多日，終於打敗他們了！

打敗強盛的伊斯蘭軍

想要擴張自家領土的伊斯蘭軍打進歐洲，越過了庇里牛斯山，直到羅亞爾河一帶。統治這個地方的基督教勢力──亞奎丹公爵奧都，向法蘭克王國的宮相（宮廷中的最高職位）查理・馬特求助。於是，兩軍在圖爾和普瓦捷之間交戰，善用騎兵的法蘭克王國軍隊，最終獲得勝利，<u>成功守護了歐洲的基督教世界</u>。

💡 **問題**　圖爾和普瓦捷是現在哪一國的城市？

① 德國　　② 法國　　③ 義大利　　④ 日本

答案：②　圖爾位於法國中部，普瓦捷則是法國西部的都市。

10月26日 （西元1955年）

越南成立新國家的日子

時代劃分 ▶ 古代 / 中世 / 近世 / 近代 / **現代**

國名 ▶ 越南共和國　☐現存　☑滅亡

大概在這裡

美國支持越南成立**新國家**

第二次世界大戰之後，中國和美國都想拉攏越南，成為自己的夥伴。最後，在美國強力支持下，越南共和國宣告成立。

> 新國家，我支持你！
> 我會加油的！
> 然而，這個國家只撐了 20 年⋯⋯

在美國協助下，越南建國

這天，越南首相吳廷琰建立了越南共和國（南越），並擔任第一任的總統。美國是因為擔心蘇聯或中國在越南成立社會主義國家，於是協助越南立國。但是後來，嚮往社會主義的越南民主共和派（北越）軍隊佔領了越南共和國的西貢（現在的胡志明市），越南共和國也宣告滅亡了。

💡 **問題**　越南傳統運動「足毽」是什麼樣的競技運動？

① 踢毽子　② 拍毽子　③ 丟毽子　④ 吃毽子

答案：①　場地中間架上球網的三對三踢毽子競技。

321

10月27日 （西元1998年）

制定「泰迪熊日」的日子

時代劃分 ▶ 古代　中世　近世　近代　**現代**

國名 ▶ **美國**　☑ 現存　☐ 滅亡

大概在這裡

心地善良的總統拯救小熊的生命

看見瀕死小熊的羅斯福，沒有獵殺牠，反而伸出援手救助。

問題

最早製作泰迪熊玩偶的是什麼商店的人？

❶ 花店
❷ 糖果店
❸ 服飾店

泰迪熊的名字，來自於總統的小名

前美國總統羅斯福的興趣是獵熊。某天，因為沒有捕獲任何獵物，同行狩獵的其他獵人便找了一頭小熊，提議由他給小熊最後的致命一擊，但羅斯福拒絕了。這個善良的舉動引起話題，便以羅斯福的小名「泰迪」和「熊」組成「泰迪熊」這個名字，並將1998年的這天定為紀念日喔。

補充

因為羅斯福的溫柔而誕生「泰迪熊」一詞，現在則專指熊造型的玩偶。

答案：② 糖果店看見媒體報導，製作了玩偶，並且命名為「泰迪熊」。

10月28日 （西元1704年）

約翰・洛克去世的日子

時代劃分：古代 / 中世 / 近世 / **近代** / 現代

國名▶ **英國** ☑現存 □滅亡

大概在這裡

自由主義之父
對許多國家的成立，帶來貢獻

曾對美國、法國獨立帶來貢獻，被稱為「自由主義之父」的約翰・洛克，在這天去世了。

> 早在貴族、國王的時代，他就提倡人皆平等且獨立，不該妨礙他人的生命及自由。

> 人類並不是生來就具備理性，經驗很重要！

嗯　嗯

哲學(※)普及世界各國

我是哲學家約翰・洛克，建立「經驗論」和「社會契約論」的基礎。經驗論是指「人類的知識是透過經驗累積而成」；社會契約論則是主張「自由且平等的人類，以理性為基礎建立國家」。我去世之後，這些思想仍被世界上的許多人採納。

約翰・洛克

※探究萬物本質的學問。

問題　約翰・洛克除了是哲學家，他還從事過什麼職業？

❶ 賽車手　　❷ 漫才師　　❸ 醫師　　❹ 漁民

答案：③　約翰・洛克學習哲學和醫學，是一個優秀的人才。

323

10月29日 （西元1656年）

（儒略曆）*公曆為 11/8

哈雷出生的日子

時代劃分 ▶ 古代 | 中世 | **近世** | 近代 | 現代

國名 ▶
英國
☑ 現存　☐ 滅亡

天文學家成功預言
彗星出現的日子

愛德蒙·哈雷在1682年觀測到彗星，並預言彗星「每76年會接近地球一次」。

找出3個不一樣的地方！

發現彗星會以固定週期繞行太陽

彗星是繞行太陽的小星星，觀測到這顆星星的人，是這天出生的天文學家哈雷。他從小就非常喜歡天體觀測，並在大學期間研究行星。哈雷在1682年觀測到一顆彗星，並預言在76年後的1758年，這個星星將會再次出現。雖然沒等到1758年，他就已經去世，但這顆彗星後來果真如他的預言般出現，於是被命名「哈雷彗星」。

補充　因為彗星總是突然出現，過去被視為是戰爭或災害的前兆，許多人都避之唯恐不及。

看圖找不同的答案：　①人物的頭上　②星星的形狀是◇或☆　③流星的圖案

10月30日 （西元1938年）

廣播劇《世界大戰》播出的日子

時代劃分：古代　中世　近世　近代　**現代**

國名▶ 美國　☑現存　□滅亡

外星人打過來了?!
逼真的廣播劇在美國造成恐慌

廣播劇《世界大戰》太過逼真，造成恐慌，聽眾嚇得不得了，這是真實發生的事嗎？

外星人來了！是真的？還是假的？

這天，美國廣播局將科幻作家H・G・威爾斯的《世界大戰》製作成廣播劇播出。因為劇情內容實在太過逼真，故事劇情發生地點的紐澤西，出現騷動，當地人誤以為外星人真的打過來了！當時擔任朗讀故事的演員是奧森・威爾斯。後來也有傳說，這場騷動是故意造假的，並不曾真正發生過。

問題　廣播劇中的外星人，是從哪裡來到地球？

❶ 月球　　❷ 火星　　❸ 金星　　❹ 巴爾坦星

答案：②　在劇中，火星人乘坐稱為「三足步行機」的三隻腳機器，攻打地球。

325

10月31日 （西元1632年）

維梅爾出生的日子

時代劃分 ▶ 古代 | 中世 | **近世** | 近代 | 現代

國名 ▶ 荷蘭　☑現存　□滅亡

大概在這裡

這位畫家是誰？！
時隔 **200年** 的發現

維梅爾因為法國研究者的發現而受到注目，這天是他的生日，他也是荷蘭的代表畫家之一。

> 荷蘭當時正處於戰亂，人們沒有錢，買畫的人也很少。

> 這個價格會不會太便宜了……

維梅爾

無名畫家在死後200年，才成為人氣王

我是約翰尼斯・維梅爾，生前幾乎沒有人知道我的名字。我只有實力，但沒什麼人氣，勉強以繪畫交換麵包度日。家裡有11個小孩要撫養，但我身無分文，生活真的過得很辛苦。真正成名是我去世200年以後的事情。

維梅爾

💡 **問題**　維梅爾還從事其他的工作，請問他做過什麼職業？

❶ 民宿的老闆　❷ 警察官　❸ 消防員　❹ 學校的老師

答案：①　維梅爾的父親是經營民宿、餐飲店和買賣美術品的商人，他繼承了父親的產業。

11月 1日
（西元1755年）

發生里斯本大地震的日子

時代劃分 ▶ 古代 / 中世 / 近世 / **近代** / 現代

國名 ▶
葡萄牙
☑ 現存　☐ 滅亡

大地震無情襲擊 齊聚教堂的市民

里斯本大地震無情襲擊了西歐地區，里斯本是這場地震的中心地，建築物幾乎都倒塌崩壞，許多人罹難傷亡。

> 我們的城市全毀了……

轟隆隆——

大地震造成許多市民失去寶貴生命

這天的上午9點40分，西歐地區發生了一場大地震，震央在葡萄牙的首都里斯本。當天恰巧是紀念基督教聖人們的「萬聖節」，里斯本的市民都聚集在平時出入的教堂，準備迎接這個節日。天搖地動的地震使得教堂倒塌，造成嚴重傷亡。這場地震也引發巨大海嘯和大火，火勢延續了6天才完全撲滅。不只是葡萄牙，西班牙和摩洛哥也災情慘重。

💡 **問題**　熱羅尼莫斯修道院在地震後奇蹟似的留存，後來被列入什麼？

❶ 世界文化遺產　❷ 歐洲遺產　❸ 葡萄牙遺產　❹ 里斯本遺產

答案：①　熱羅尼莫斯修道院是葡萄牙特有的曼努埃爾式建築，在1983年被列入世界文化遺產。

11月2日 （西元1920年）

史上第一家民營廣播電臺開播的日子

時代劃分 ▶ 古代　中世　近世　近代　**現代**

國名 ▶
美國
☑ 現存　☐ 滅亡

機器會說話？史上第一家 廣播電臺的公共廣播開播

廣播是利用無線電波來傳遞聲音資訊，隨著廣播技術的演進，開始提供公共廣播的服務。

史上首次的公共廣播內容，是總統大選結果的快報

在1900年，全球第一次出現音訊廣播，當時是加拿大的電子工程師——范信達，成功做到了聲音的傳送、接收。後來，世界各地展開音訊廣播的實驗，由一家位在美國賓夕凡尼亞州匹茲堡的KDKA電臺，在1920年進行了史上第一次的公共廣播。第一次的廣播內容是播報華倫‧哈丁當選美國總統的快報。

💡 **問題**　日本的第一支廣播廣告是什麼廣告？

❶ 報紙　　❷ 手錶　　❸ 髮膠　　❹ 冰淇淋

答案：②　1951年9月1日早上7點，日本放送的電臺播放了精工舍（現在的精工鐘錶）的廣告。

328

11月3日 （西元1957年）

小狗乘坐太空船上太空的日子

時代劃分 ▶ 古代 ｜ 中世 ｜ 近世 ｜ 近代 ｜ **現代**

國名 ▶ **蘇聯** ☐現存 ☑滅亡

小狗成為宇宙飛行員?!
第一次登上太空的日子

蘇聯發射了世界第一顆人造衛星的太空船，當時太空船裡載了一隻名叫萊卡的小狗。

> 雖然接受過訓練，但還是好可怕——汪！

史上第一隻到達地球軌道的小狗

史上首架登太空的太空船是蘇聯（現今俄羅斯）的史普尼克2號。史普尼克2號載了一隻母狗萊卡，這也是太空船第一次載著動物上太空。史普尼克2號載著萊卡發射出去後，成功繞了地球軌道一圈！不過，這架太空船原本就沒有採用可以飛回地球的設計，很遺憾地，萊卡沒辦法活著返回地球。

💡 **問題**　史普尼克2號在哪裡發射？

❶ 國際太空站　　❷ 拜科努爾太空發射場　　❸ 種子島宇宙中心　　❹ 天宮太空站

答案：② 拜科努爾太空發射場，位於現在的哈薩克（過去屬於蘇聯），目前是租借使用，從蘇聯時代至今，一直都是俄羅斯使用的火箭發射場。

11月 4日

（西元1922年）

發現圖坦卡門陵墓的日子

時代劃分：古代 / 中世 / 近世 / 近代 / **現代**

國名：**埃及**　☑現存　□滅亡

發現古老**埃及法老王**圖坦卡門的陵墓

眾多埃及考古學家一直在探尋圖坦卡門的陵墓，最後在一個被稱為「帝王谷」的地方發現。

> 找出3個不一樣的地方！

發現夢寐以求的圖坦卡門陵墓

這天，考古學家霍華德・卡特發現了圖坦卡門的陵墓。卡特尋找圖坦卡門的陵墓已經好幾年，但一直沒有找到，眼看資金快要耗盡。在進行最後一次的開挖工程時，卡特終於挖掘到通往王族陵墓的階梯。在那之後，卡特花費了長達10年的歲月挖掘陵墓，最後成功找到戴著黃金面具、躺在石棺裡的圖坦卡門。

補充：古埃及人相信人們能在死後的世界復活，所以會在棺材裡放入生活所需的食物、衣服，甚至珠寶。

看圖找不同的答案：①最前面的金字塔形狀　②圖坦卡門面具拿在手上的東西　③人面獅身像的耳朵形狀

11月5日 （西元1688年）

奧蘭治親王威廉登陸英國的日子

時代劃分：古代 / 中世 / **近世** / 近代 / 現代

國名▶ 英國　☑現存　□滅亡

女兒的丈夫**篡奪**我的國王寶座

當時的英國國王偏袒天主教徒，英國的議會無法接受，於是把荷蘭總督請來英國，成為新的國王。

- 英國當時的國家宗教是基督新教的國教會，但國王詹姆斯二世是虔誠天主教徒。
- 為了守護英國，我要勇敢站出來！
- 雖然這樣會變成父王的敵人，但也是不得已的事情。
- 看來我在英國已經待不下去了！

率領大軍從荷蘭攻進英國

英國的議會看不慣國王詹姆斯二世任性施政的作為，於是想出「把國王女兒的丈夫，也就是奧蘭治親王威廉請來當新國王」的點子。威廉接受了這個提議，並率領超過1萬人以上的大軍登陸英國，最後把詹姆斯二世趕出英國，自己成為新國王威廉三世。

威廉三世

問題　詹姆斯二世被趕出英國後，逃亡到了哪裡？

① 荷蘭　　② 德國　　③ 法國　　④ 西班牙

答案：③　詹姆斯二世得不到皇家衛隊的保護，最後不得不逃亡到法國。

11月6日 （西元485年）

北魏實施「均田制」的日子

時代劃分：**古代** / 中世 / 近世 / 近代 / 現代

國名：**北魏**　☐ 現存　☑ 滅亡

為了不讓農民生活困苦 決定分配**土地**

當時的農民生活相當不穩定，「均田制」是為了農民而建立的制度。

> 這麼一來，農民的生活和國家的收入就會穩定下來。
> 嘿咻！　嘿咻！

暫時性被授予土地的農民

為了讓農民能夠在同一塊土地持續從事農業，進而保有穩定的生活，中國在北魏時期建立了由國家借土地給農民的制度，稱為「均田制」。所謂的均田制，是以當時認定為成年的15歲以上男子，以及他的妻子為對象，可以向國家租借土地，等到年滿70歲時，再把土地歸還給國家。同時相對地，農民也必須繳納農作物作為國家的稅收，並且擔負兵役的義務。在這個制度下，農民的生活變得安穩，國家的收入也變得穩定。

💡 **問題**　什麼動物因為「均田制」也可分配到土地？

❶ 豬　　❷ 馬　　❸ 牛　　❹ 狗

答案：③　均田的制度，對於擁有許多牛隻的富裕人家較有利。

11月7日（西元1917年）

俄國革命爆發的日子

時代劃分：古代 中世 近世 近代 **現代**

國名▶ **蘇俄**　☐現存　☑滅亡

列寧與同伴們**推翻**俄羅斯的皇帝專政（※）

因為戰爭持續延長，人民無法擺脫困苦的生活，革命家弗拉基米爾·列寧，率領勞工和士兵一起捍衛生活。

> 把和平、土地、麵包還給人民！

由列寧率領勞工和農民們展開革命

當時的俄羅斯帝國由皇帝掌權，政府只顧著打仗，不在乎人民的生活過得越來越困苦。於是，一群追求和平以及食物的勞工、士兵們組成名為「蘇維埃」的組織。後來，勞工和農民們在革命家列寧的帶領下，決定一起推翻政府。這場革命運動被稱為「俄國革命」，後來的社會主義政權「蘇維埃社會主義共和國聯邦（蘇聯）也是由此而誕生。

※指權力集中在擁有特定地位的人物或團體身上，可獨斷獨行地從事政治。

問題　蘇聯的國旗畫了什麼圖案？

❶ 麵包和牛奶　　❷ 小孩和母親　　❸ 長劍和盾牌　　❹ 槌子（榔頭）和鐮刀

答案：④　蘇聯的國旗畫了槌子和鐮刀的圖案，象徵掀起俄國革命的勞工。

333

11月8日 （西元1929年）

紐約現代藝術博物館開幕的日子

時代劃分 ▶ 古代　中世　近世　近代　**現代**

國名 ▶ **美國**　☑現存　☐滅亡

由富裕人家的貴婦們開了一間藝術博物館

紐約現代藝術博物館的成立，是因為三位上流階級的貴婦們提議：「我們要不要來成立一間專門展示現代藝術的博物館？」

> 我可以借出梵谷的作品。
>
> 那我借出塞尚的作品好了！

世界第一間專門展示現代藝術的博物館

在世界陷入經濟大蕭條的10天後，紐約現代藝術博物館開幕了。當時是利用辦公大樓的一間辦公室推出首展，名稱為「塞尚・高更・秀拉・梵谷展」。很多人正因面臨史無前例的經濟衰退而失業，大家抱著追求希望的心情前來看展。在那之後，紐約現代藝術博物館不僅展出過往的作品，也積極介紹當代作品。如今，紐約現代藝術博物館已經搬遷到一棟由日本人谷口吉生設計的建築物。

💡 **問題**　紐約現代藝術博物館的別名是什麼？

① SoRA　② MoMA　③ KuMA　④ KoMA

答案：②　MoMA取自Museum of Modern Art（現代藝術博物館）的字頭簡稱。

11月9日 （西元1989年）

促成柏林圍牆倒塌起因的日子

時代劃分：古代　中世　近世　近代　**現代**

國名▶ **德國**　☑現存　☐滅亡

大概在這裡

民眾為了**追求自由**
蜂擁來到難以跨越的圍牆

當初為了將德國劃分為東德和西德而興建的柏林圍牆，在短短一夜之間倒塌。

找出3個不一樣的地方！

柏林圍牆的存在，讓一些人見不到家人和朋友

當初是為了把德國劃分為東德和西德才興建了柏林圍牆，起因是第二次世界大戰後戰敗的德國被分裂為東、西兩邊。分裂後，東德和西德之間出現經濟落差。東德的人民試圖逃到經濟蓬勃發展的西德，因此才會建起了圍牆制止人民逃難。心中累積怨氣的人民長期表示抗議，最後德國政府終於允許人民可以自由往來東、西兩邊。

補充　某位政府發言人會錯意而做出「即刻可以跨越圍牆」的發言，使得東德的人們群聚闖越圍牆，最後邊境也因此消失。

看圖找不同的答案：　①圍牆和闖入的人民　②爬上圍牆的人比不同手勢　③最前面的人頭上帽子

335

11月10日 （西元1483年）

馬丁・路德出生的日子

時代劃分 ▶ 古代 / 中世 / **近世** / 近代 / 現代

國名 ▶ 神聖羅馬帝國（現在的德國）
☐ 現存　☑ 滅亡

無法原諒宗教的斂財行為
展開**路德的改革**

馬丁・路德是礦工之子，出生於德國，他為宗教改革帶來契機，也是讓基督教廣泛散播到德國和各個國家的人物。

> 這樣你們就可以贖罪了！
>
> 人們是因為信仰而獲得拯救！

抗議為了募集資金而販賣贖罪券

擁有莫大權力的羅馬教宗，為了修建聖伯多祿大殿，販賣贖罪券作為「可減輕在世時所犯罪刑」的證明書。但是，路德認為贖罪券只是為了募集資金而來的，對此產生危機意識，並發表抗議文。<u>路德獲得人們的支持，與教宗形成對峙關係</u>。後來，因為路德的抗議，各地也陸續展開宗教改革。

問題 路德當初為什麼會成為修道士？

❶ 父親　　❷ 雷擊　　❸ 生病　　❹ 老師

答案：② 因為路德在遇到一場大雷雨時，發誓「如果平安逃過一劫，願意成為修道士。」

11月11日 （西元1918年）

第一次世界大戰結束的日子

時代劃分 ▶ 古代　中世　近世　近代　**現代**

國名 ▶
世界各國
☑ 現存　☐ 滅亡

以為幾個月就會結束
沒想到**大戰**卻持續4年

第一次世界大戰在1914年爆發，歷經長達4年的時間才結束，導火線是奧匈帝國的皇太子夫婦，遭暗殺身亡的塞拉耶佛事件。

> 日本當時也參戰了！
>
> 拳打　同盟國
>
> 聯合國　腳踢

由歐洲各國之間的紛爭，演變成世界規模的大戰

塞拉耶佛事件發生後，奧匈帝國正式向塞爾維亞宣戰，最後掀起全歐洲的戰爭。交戰一開始分成俄羅斯、法國、英國等國家組成的聯合國，以及德國、奧匈帝國等組成的同盟國。聯合國這一方因為獲得美國的協助，贏得最後的勝利。戰爭結束的隔年，各國在巴黎簽署《凡爾賽條約》，德國因此失去部分土地以及殖民地，並且支付了大筆賠款[※]。

※指為了補償自己造成對方的損害而支付的金錢。

💡 **問題**　當時日本與哪個國家結成同盟？

❶ 英國　　❷ 德國　　❸ 澳洲　　❹ 法國

答案：① 日本當時與加入聯合國的英國結為同盟，並攻擊德國的殖民地——位於中國的青島。

337

11月12日 （西元1840年）

奧古斯特・羅丹出生的日子

時代劃分：古代 / 中世 / 近世 / **近代** / 現代

國名：**法國** ☑現存 □滅亡

以肌肉展現人心的雕像顯得過度寫實

羅丹從小就不斷創作出令人讚嘆的雕塑品，不僅雕刻出美麗的外觀，更試圖以作品展現人性本質。

《沉思者》是羅丹為巴黎的美術館所創作的作品其中一部分，因為他沒能夠在生前完成創作，所以是在未完成的狀態下公開作品。

> 雖然我是自學，但創作出很厲害的作品喔！

相信自己而持續創作的雕塑家

我叫奧古斯特・羅丹，從小就非常喜愛藝術。不過，當時的人們都喜歡美麗的作品，我的寫實風格作品並不被人們接受。即便如此，我還是抱著「只有美麗的外觀，卻沒有靈魂的雕像，一點意義也沒有」的信念持續創作。

奧古斯特・羅丹

💡 **問題**　《傷鼻的男子》是以誰為模特兒？

❶ 工匠　　❷ 父親　　❸ 弟弟　　❹ 老師

答案：① 《傷鼻的男子》是以當時經常進出工作室的工匠為模特兒所創作的作品，也成為展示作品。

11月13日 （西元1890年）

公開發表利用結核菌素於治療的日子

時代劃分：古代／中世／近世／**近代**／現代

國名▶ 德國　☑現存　☐滅亡

過去被認定無藥可醫的疾病
治療法獲得進步

柯霍從事醫師工作，同時也持續研究傳染病，為醫學發展帶來莫大的貢獻。

問題

除了結核桿菌和炭疽桿菌之外，柯霍還發現了什麼菌？

1. 沙門氏菌
2. 霍亂弧菌
3. 肉毒桿菌

至今仍被全球醫院採用的檢查方法

這天，德國的細菌學家羅伯・柯霍，發表了可以利用「結核菌素」的物質進行治療的方法。當時，很多人得到一種名叫結核病的疾病，卻無法進行任何治療，最後不幸喪命。起初，柯霍認為可以利用結核菌素作為藥物來治療結核病，因此發表了這個治療法，結果沒有得到治療效果。不過，後來結核菌素被利用在檢查方法，成功帶來了大幅進步。

補充

柯霍的多項功績受到肯定，並在1905年榮獲諾貝爾生理醫學獎。

答案：② 霍亂弧菌是生存在水中的病菌。

11月14日 （西元1840年）

克洛德·莫內出生的日子

時代劃分：古代 / 中世 / 近世 / **近代** / 現代

國名▶ **法國** ☑現存 ☐滅亡

大概在這裡

著迷於描繪**光線之美**的人生

克洛德·莫內總是畫筆不離手，在畫家布丹的啟發下，開始學習「以繪畫展現光線之美」。

《睡蓮》是莫內的代表作之一，據說莫內當時是以自家的日式庭園裡，浮在水面上的睡蓮為繪畫題材。

> 我畫了多達50張的睡蓮呢！

以繪畫呈現無形光線的畫家

我從小就喜歡繪畫，也會兜售自己的畫作。某天，畫家布丹邀約我到戶外寫生，指導如何「在光線之中畫圖，能夠使圖畫變得生動」。布丹的畫作展現出光線灑落之美，讓人感動不已，我也因此開始以繪畫呈現光線之美。

克洛德·莫內

💡 **問題**　像莫內一樣展現朦朧柔和畫風的畫家被稱為什麼流派？

❶ 浪漫主義　　❷ 表現主義　　❸ 印象派　　❹ 未來主義

答案：❸　這派畫家會以朦朧柔和的「印象」來呈現景色或人物，因此被稱為印象派。

340

11月15日 （西元1923年）

地租馬克貨幣發行的日子

時代劃分：古代 / 中世 / 近世 / 近代 / **現代**

國名▶ **威瑪共和國**　☐現存　☑滅亡

讓一文不值的貨幣恢復**金錢價值**

第一次世界大戰後，（現今）德國陷入經濟危機，導致幣值暴跌，政府為了重振經濟而發行了新貨幣。

> 這些錢根本就跟玩具紙鈔沒兩樣吧？

遏止經濟惡化的「地租馬克」

經歷第一次世界大戰戰敗，威瑪共和國（現今德國）的貨幣「馬克」價值暴跌。原本在大戰前，1美元可以兌換4.2馬克，但大戰過後，居然變成1美元可以兌換4兆馬克！面對這樣的狀況，當時擔任總理的施特雷澤曼決定發行名為「地租馬克」的新貨幣。透過1兆馬克可以兌換1地租馬克的制度，成功恢復貨幣的金錢價值，經濟也跟著穩定下來。

問題　當時的老百姓用什麼搬運「馬克」去買東西？

❶ 警車　　❷ 卡車　　❸ 嬰兒車　　❹ 腳踏車

答案：③　據說當時的老百姓就連去買麵包，也必須利用嬰兒車搬運一疊疊的馬克鈔票。

11月16日 （西元1532年）

引起印加帝國滅亡導火線的日子

時代劃分：古代 中世 **近世** 近代 現代

國名▶ 印加帝國　☐現存　☑滅亡

大概在這裡

好不容易當上皇帝 不久之後**被處決**

印加帝國是一個具獨特文明的大帝國，擁有被稱為「天空之城」的馬丘比丘遺跡。可惜，因為征服者皮薩羅的出現而滅亡。

> 雖然我們的人數寡少，但大家同心協力一起奮戰吧！
>
> 衝啊！

持續200年以上歷史的大帝國滅亡

印加帝國是以南美洲的祕魯一帶為中心的繁榮帝國，在第11代皇帝卡帕克逝世後，掀起爭奪王位的內戰。內戰最後由阿塔瓦爾帕取得勝利，並成為皇帝。不料，卻碰上法蘭西斯克‧皮薩羅率領西班牙軍隊前來征服印加帝國，阿塔瓦爾帕遭到俘虜。隔年，阿塔瓦爾帕被處決，印加帝國也就此滅亡。

💡 **問題**　當時印加帝國擁有的輝煌文明，不包含哪一項？

① 建築　　② 織物　　③ 繪畫　　④ 文字

答案：④　雖然印加帝國擁有高明的建築技術以及農耕技術，卻沒有使用文字的文化。

342

11月17日 （西元1869年）

蘇伊士運河開通的日子

時代劃分 ▶ 古代 / 中世 / 近世 / **近代** / 現代

國名 ▶ 埃及　☑現存　☐滅亡

可以在歐洲和亞洲之間 **輕鬆往返**

過去，人們從亞洲前往歐洲，要繞一大圈經過非洲大陸才能抵達。為了解決交通不便，人們打造了蘇伊士運河。

> 好麻煩啊！ → 輕鬆！

盛大的開通典禮，邀請皇后和皇帝當嘉賓

最初是一位名叫雷賽布的法國外交官想出來的點子，覺得可以開鑿一條連結地中海與紅海的蘇伊士運河。過程受到英國的阻擾，蘇伊士運河好不容易在這天開通，舉辦了盛大的開通典禮。據說這場典禮邀請了多達6000位嘉賓，包含法國皇后以及奧地利皇帝在內。不過，我們不能忘記開鑿運河的期間（10年），多達12萬名勞工不幸喪命的事實。

問題 為了開鑿蘇伊士運河，招募了哪個國家的勞工？

❶ 埃及　❷ 蘇丹　❸ 利比亞　❹ 衣索比亞

答案：① 當初為了開鑿蘇伊士運河，招募2萬至4萬名的埃及農民。

11月18日 （西元1307年）

威廉·泰爾射蘋果的日子

| 時代劃分 ▶ | 古代 | **中世** | 近世 | 近代 | 現代 |

大概在這裡

國名 ▶
瑞士
☑ 現存　☐ 滅亡

犯了**沒有向帽子敬禮的罪**
遭到總督下令逮捕

格斯勒總督下令在廣場高掛象徵神聖羅馬帝國的帽子，規定人民必須向帽子敬禮。神射手威廉·泰爾起身反抗這個暴政。

> 你如果有本事射中蘋果，我就放了你們。

> 爸爸，人家會害怕！

威廉·泰爾是瑞士的英雄，但因為史書上沒有他的相關記載，所以也被形容是「傳說中的英雄」。

成功一箭射中
放在兒子頭上的蘋果

格斯勒是神聖羅馬帝國派來的惹人厭總督，他一心想要掌控我們這些瑞士人。我從格斯勒高掛的帽子前面直接走過去，結果被他逮捕，他對我說：「我把蘋果放在你兒子的頭頂上，你如果有本事射中蘋果，我就放了你們。」我是個神射手，當然是一箭就成功射中蘋果！

💡 **問題**　威廉·泰爾的行動成為哪起事件的契機？

❶ 經濟危機　　❷ 獨立運動　　❸ 宗教改革　　❹ 戰爭

答案：②　據說威廉·泰爾的行動促成在哈布斯堡王朝統治下的瑞士獨立。

344

11月19日 (西元1863年)

林肯發表著名演說的日子

時代劃分：古代　中世　近世　**近代**　現代
國名：**美國**　☑現存　☐滅亡

讓所有人擁有自由與平等 林肯帶來**著名演說**的日子

北部要求廢除黑奴制，南部則主張維持奴隸制度，美國一分為二展開南北戰爭。最後由林肯率領的北軍獲勝，發表了舉世聞名的演說。

> 亞伯拉罕・林肯的演說非常有名，但因為時間太短了，所以沒有留下任何演說的照片。

說得好！

政府為人民所擁有，被人民所選出，為人民而服務！

讓分裂國家合而為一的歷史性演說

我們雖然在南北戰爭贏得勝利，但很多人因為戰爭失去了性命。為了對死去的人們表示哀悼，身為總統的我，選擇在當時戰況慘烈的蓋茲堡舉辦儀式。同時發表「政府為人民所擁有，被人民所選出，為人民而服務，永續於世」的演說，這才是我心中真正理想的民主主義(※)。

亞伯拉罕・林肯

※指國民擁有權利決定怎麼做，才能夠使國家變得更加美好。

問題 林肯在南北戰爭中做出什麼宣言？

① 世界和平宣言　② 解放奴隸宣言　③ 世界人權宣言　④ 美國獨立宣言

答案：② 林肯向主張持續黑人奴隸制度的南部，做出要求解放奴隸的宣言。

11月20日（西元1851年）

成為「披薩日」起源的日子

時代劃分：古代 中世 近世 **近代** 現代

國名：**義大利** ☑現存 ☐滅亡

成為人氣料理**由來**的瑪格麗特王后誕生

大家都知道有名的瑪格麗特披薩，這道料理的由來是義大利的瑪格麗特王后，王后的生日也被紀念為「披薩日」。

> 披薩真好吃！

為了在日本推廣披薩而設立的紀念日

在19世紀時，義大利的瑪格麗特王后曾到訪拿坡里。為了紀念王后的到訪，披薩師傅特別製作顏色近似義大利國旗的披薩獻給王后。瑪格麗特王后愛上了這個特製披薩，表示可以用她的名字命名，人氣料理「瑪格麗特披薩」就此誕生。事實上，當初是一家日本的印刷公司決定以瑪格麗特王后的生日作為「披薩日」，所以在義大利當地，並沒有披薩日喔！

💡 **問題**　瑪格麗特披薩上面撒的是哪種乳酪？

❶ 莫札瑞拉乳酪　　❷ 戈貢佐拉乳酪　　❸ 高達乳酪　　❹ 卡門貝爾乳酪

答案：① 瑪格麗特披薩是以紅色的番茄、綠色的羅勒、白色的莫札瑞拉乳酪呈現出義大利的國旗顏色。

11月21日 （西元1783年）

史上第一次以氣球載人飛行的日子

時代劃分 ▶ 古代 中世 近世 **近代** 現代

國名 ▶ **法國** ☑現存 ☐滅亡

大概在這裡

氣球成功載人在空中飛行
難道氣球具有**飛行魔力**？！

最初，人們不相信是火的熱氣讓氣球飛起，認為熱火冒出來的煙霧藏有「飛行魔力」。

找出3個不一樣的地方！

當時的國王和王后也十分關注實驗

最初是法國的孟格菲兄弟，成功做到史上第一次以氣球載人飛行的實驗。這件大事在法國非常有名，甚至還將氣球稱為「孟格菲」。當時的國王路易十六和瑪麗・安東尼王后也親自到場關注，孟格菲兄弟成功進行了以氣球載著動物飛行的實驗。在動物實驗成功之後，當天也成功讓熱氣球載著兩個人在空中飛行了25分鐘。

補充：據說當時有些人反對載著動物飛行的實驗，認為天空屬於神明所有，人類不應該闖入神明的空間。

看圖找不同的答案： ①小鳥的數量 ②熱氣球的圖案 ③女生的髮型

347

11月22日 （西元1497年）

瓦斯科・達伽馬繞過好望角的日子

時代劃分 ▶ 古代　中世　**近世**　近代　現代

國名 ▶ **葡萄牙**　☑ 現存　☐ 滅亡

大概在這裡

發現**印度航路**
開啟與印度之間的貿易

葡萄牙希望與印度進行貿易、重振財政，在國王的命令下，瓦斯科・達伽馬負責開拓通往印度的航路。

葡萄牙王室因為財政陷入困難，於是想直接與印度進行貿易，希望能便宜取得辛香料和黃金的生意。

> 我們要繞過好望角到印度去！

開拓新航路，拯救了國家

我是航海家瓦斯科・達伽馬，國王命令我去開拓與印度進行貿易的印度航路，於是我率領4艘船艦從葡萄牙出發。我們的艦隊成功繞過非洲最南端的好望角，大約在1年後順利抵達印度。**幸虧有了這條印度航路，葡萄牙的經濟也因此變得繁榮**。

瓦斯科・達伽馬

💡 **問題**　航海家陸續發現新航路的時代，被稱為什麼時代？

① 新航路時代　② 貿易時代　③ 航路開拓時代　④ 大航海時代

答案：④　橫越大西洋發現美洲大陸的哥倫布，以及橫越太平洋的麥哲倫，都是這個時期的著名航海家。

348

11月23日 （西元1859年）

比利小子出生的日子

時代劃分：古代 / 中世 / 近世 / 近代 / 現代

國名▶ **美國** ☑現存 ☐滅亡

西部拓荒時代的英雄 是一個槍法快狠準的殺人犯?!

比利小子是異類傳說人物，在西部拓荒時代曾殺害多達21個人，但在西部牛仔片裡面，他被塑造出英雄形象，成為受歡迎的人物。

比利小子出現過的電影多達50部以上，在電影裡，比利小子被塑造成抑強扶弱的英雄形象。

砰！

如果要比槍法，我絕對不會輸給任何人！

一再做出搶劫和殺人行為的傳說惡徒

我是比利小子，大家都知道我是一個槍法高超的快槍手。12歲時，我殺死了侮辱母親的男人，惡名昭彰的犯罪史就此展開。在成長過程中，我做盡了很多壞事，包括搶劫、殺人等。後來，我在21歲時逃獄，結果被槍殺了。

比利小子

問題 是什麼媒體報導逃獄消息，使得比利小子變得出名？

❶ 報紙　　❷ 電視　　❸ 雜誌　　❹ 廣播

答案：① 美國的報紙《紐約時報》報導了比利小子逃獄的消息。

349

11月24日 （西元1891年）

菸草抗議活動蔓延各地的日子

時代劃分：古代　中世　近世　**近代**　現代

國名▶ 伊朗　☑現存　☐滅亡

菸草權利遭到獨占
伊朗人民**大發雷霆**

當時伊朗有很多人抽菸，政府卻把菸草的所有權利給了英國人，點燃伊朗人民的怒氣。

> 只有英國可以販賣菸草！
>
> 既然這樣，我們也不抽菸了！

人民以戒菸的方式向國王表示抗議

在禁止喝酒的伊朗，抽菸變成人民的樂趣。不過，伊朗的國王試圖壓抑並剝奪人民的自由，他把販賣和出口菸草的權利只給了英國人塔波特。於是，伊朗的菸草商和人民為了反對這件事，展開不抽菸的抗議活動。「菸草抗議活動」前後持續了兩年之久，最後國王取消了塔波特的特權。

問題　伊朗國王授予英國人菸草的權利，用來換取什麼？

❶ 酒　　❷ 金錢　　❸ 牛　　❹ 土地

答案：② 國王授予塔波特權利，同時收取販售菸草的四分之一收入。

11月25日 （西元1960年）

「國際終止婦女受暴日」起源的日子

| 時代劃分 | 古代 | 中世 | 近世 | 近代 | **現代** |

國名 ▶
世界各國
☑ 現存　☐ 滅亡

勿忘米拉瓦爾姊妹的犧牲
保護女性與女童**不受暴力傷害**

當時的多明尼加，受到政治家也是軍人的特魯希略統治，結果反對獨裁政體（※）的米拉瓦爾姊妹遭到暗殺。

反對　暴力！

勇敢的姊妹促成「國際終止婦女受暴日」的制定

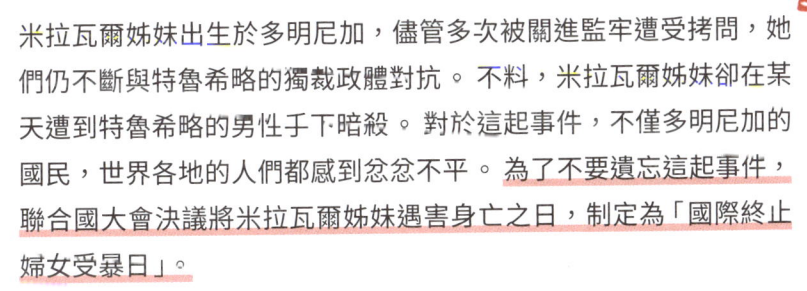

米拉瓦爾姊妹出生於多明尼加，儘管多次被關進監牢遭受拷問，她們仍不斷與特魯希略的獨裁政體對抗。不料，米拉瓦爾姊妹卻在某天遭到特魯希略的男性手下暗殺。對於這起事件，不僅多明尼加的國民，世界各地的人們都感到忿忿不平。為了不要遺忘這起事件，聯合國大會決議將米拉瓦爾姊妹遇害身亡之日，制定為「國際終止婦女受暴日」。

※指由1人或單一政治團體，獨占絕對強大權力的政體。

問題　「國際終止婦女受暴日」的象徵色是什麼顏色？

❶ 黃色　　❷ 粉紅色　　❸ 橘色　　❹ 紫色

答案：❹　為了紀念這一天，各地會舉辦以紫光照亮建築物等許多活動。

351

11月26日 （西元1844年）

卡爾・賓士出生的日子

時代劃分：古代 中世 近世 **近代** 現代

國名▶ **德國** ☑現存 ☐滅亡

大概在這裡

發明史上第一輛賓士
以汽油為推動燃料的汽車

過去人們多是乘坐馬車代步，卡爾・賓士抱著「我要發明更方便的代步工具！」的信念，成功製造以汽油為推動燃料的交通工具。

> 騎腳踏車會累，我想要發明自己會動的車子！

戴姆勒也成功發明了汽車，但賓士先取得專利，所以成為汽車之父。

噗噗

使交通工具從馬車變成汽車的人物

我是卡爾・賓士，我設立了引擎公司，並且開發出二行程引擎，最後歷經多次的研究，終於成功製造出三輪汽車。在那之後，我和一位名叫戴姆勒的工程師一起設立戴姆勒・賓士公司，陸續開發出很多新款的車子。大家都形容我是「汽車之父」喔！

💡 **問題** 戴姆勒・賓士的汽車品牌名稱是什麼？

❶ 捷豹　　❷ 梅賽德斯・賓士　　❸ 保時捷　　❹ 邁巴赫

352

答案：② 雖然後來已經沒有使用戴姆勒・賓士這個名稱，但它至今仍是深受歡迎的高級汽車品牌。

11月27日 （西元1901年）

創設諾貝爾獎的日子

時代劃分 ▶ 古代 中世 近世 近代 **現代**

國名 ▶ 瑞典　☑ 現存　☐ 滅亡

大概在這裡

發明炸藥者留下的**遺言**
我只是想要對人類有所幫助

諾貝爾貢獻自己用發明累積的財產，
讚揚世界各地的研究者與專家們的功勞。

問題

諾貝爾獎每年在幾月幾日
舉辦頒獎典禮？

❶ 1月1日
❷ 11月27日
❸ 12月10日

把榮耀的獎項贈予對人類做出巨大奉獻的人物

阿佛雷德・諾貝爾是發明矽藻土炸藥的人。不過，矽藻土炸藥後來被利用為「殺人武器」，奪走無數人們的性命，讓諾貝爾深受打擊。後來，諾貝爾留下遺言，表示將貢獻自己的遺產創設諾貝爾獎，並頒發給做出對人類有所幫助的發明或發現的人們。諾貝爾獎包含了物理學獎、化學獎、醫學獎或生理學獎、文學獎、經濟學獎，以及和平獎等總共六大領域。

補充

矽藻土炸藥有助於安全且更加快速地完成工程，在建設道路或隧道時，可發揮極大效用，土木工程的技法也因此大大進步。

答案：③　諾貝爾獎每年會在諾貝爾的忌日12月10日舉行。

353

11月28日 （西元1520年）

麥哲倫發現太平洋的日子

時代劃分：古代　中世　**近世**　近代　現代

國名▶ 西班牙　☑現存　☐滅亡

在南美大陸的西方發現**浩瀚無際的海洋**

得知哥倫布發現西印度群島、達伽馬發現印度航路的消息，讓來自葡萄牙的斐迪南·麥哲倫——懷抱起巨大的夢想。

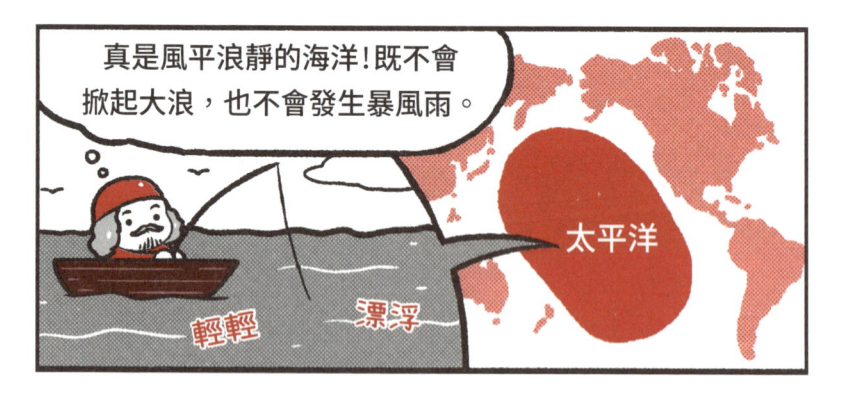

真是風平浪靜的海洋！既不會掀起大浪，也不會發生暴風雨。

太平洋

輕輕　漂浮

第一位發現太平洋的航海家

大航海時代，麥哲倫在西班牙國王的請託下，進行了一趟環球航行。出發後，麥哲倫先前往南美洲的巴西，再沿著大陸往南航行，一路尋找可通往西方的水路。麥哲倫的船隊在有如迷宮般的群島之間穿梭前進，最後終於來到一望無際的大海！這片大海就是太平洋。麥哲倫繼續漫長的航行，最後抵達了關島。後來，麥哲倫在菲律賓被捲入戰鬥而不幸喪命，未能如願實現環球航行。

💡 **問題**　麥哲倫的船隊，當初穿過了哪條水路？

❶ 麥哲倫海峽　　❷ 麥哲倫航路　　❸ 太平洋航路　　❹ 葡萄牙海峽

答案：①　麥哲倫海峽是連結大西洋與太平洋的主要航路，介於南美大陸與最南端的大火地島之間。

11月29日 （西元1947年）

巴勒斯坦分割案決議通過的日子

時代劃分 ▶ 古代 中世 近世 近代 **現代**

國名 ▶
世界各國
☑ 現存　☐ 滅亡

究竟要等到什麼時候？才能建立**自己的國家**

聯合國成立時，曾設定目標希望以色列與巴勒斯坦能夠各自以獨立國家的立場共存。不過，這個目標至今仍未實現。

> 這麼做！　這麼做！　這麼做！
> 我們想要自己決定自己的事情！

至今仍為了難民問題而苦的巴勒斯坦

巴勒斯坦過去受到英國的統治(※)。統治結束時，聯合國曾經提出分割建立一個阿拉伯國家巴勒斯坦，以及一個猶太國家以色列的方案。不過，以色列與鄰近的阿拉伯諸國爆發戰爭，被趕出巴勒斯坦的人們變成了難民。最後，以色列順利建國，但巴勒斯坦直到現在，還沒有真正建立自己的國家。

※指運用權力支配土地和人民。

問題　巴勒斯坦和以色列位在哪裡？

❶ 歐亞大陸　　❷ 非洲大陸　　❸ 南美洲大陸　　❹ 澳洲大陸

答案：① 巴勒斯坦和以色列位在涵蓋到亞洲的歐亞大陸，以及非洲大陸的交界處，因此有多種民族共存。

355

11月30日 （西元1874年）

> 邱吉爾出生的日子
>
> 時代劃分：古代 / 中世 / 近世 / **近代** / 現代
>
> 國名▶ **英國** ☑現存 ☐滅亡
>
> 大概在這裡

英國由我來保護
以堅強意志**戰勝希特勒**的人物

第二次世界大戰時，英國首相英勇對抗希特勒率領的德國納粹黨，保護了英國，這位首相就是溫斯頓‧邱吉爾。

「我是最偉大的英國人！」

邱吉爾總是頭戴帽子、嘴裡叼著雪茄、手上拄著拐杖。他的形象能夠帶給人民安心感。

無畏於希特勒，勇敢保護國民的首相

我是在第二次世界大戰中當選英國首相的溫斯頓‧邱吉爾。當時，納粹德國的希特勒接二連三地侵略歐洲國家，英國也因為受到攻擊而陷入困境。即便如此，我還是抱著絕對不屈服的堅強意志，帶領英國戰勝了納粹德國。

💡 **問題** 擁有文學才華的邱吉爾晚年得了什麼獎？

❶ 諾貝爾文學獎　　❷ 布克獎　　❸ 芥川獎　　❹ 書店大獎

答案：❶　文學才華洋溢的邱吉爾以《第二次世界大戰回憶錄》的著作榮獲諾貝爾文學獎。

12月1日 （西元1988年）

制定「世界愛滋病日」的日子

時代劃分：古代　中世　近世　近代　**現代**

國名▶ 世界各國　☑現存　☐滅亡

認識並預防**愛滋病** 不以有色眼光看待

愛滋病過去曾經在世界各地蔓延流行，還被稱為「黑死病」，對於感染愛滋病的患者，很多人會以有色眼光看待或抱持偏見。

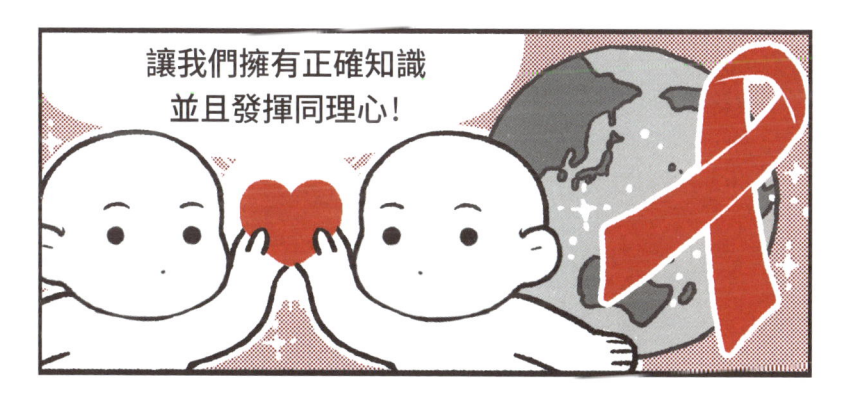

> 讓我們擁有正確知識並且發揮同理心！

讓人們深化愛滋病知識的日子

1980至90年代，愛滋病奪走無數人們的性命。當時人們還不了解愛滋病是什麼疾病，也沒有藥物可以治療。由於愛滋病是一種傳染病，所以愛滋病患者會受到差別對待或遭受偏見。於是，世界衛生組織（WHO）為了抑止愛滋病的全球大流行，並且讓人們擁有正確知識，避免患者受到差別對待或偏見，特地制定「世界愛滋病日」。

問題　「世界愛滋病日」的象徵物是什麼？

❶ 紅絲帶　　❷ 粉紅絲帶　　❸ 黃絲帶　　❹ 橘絲帶

答案：①　透過把紅絲帶別在身上，表達自己不會對愛滋病抱持偏見。

12月2日 （西元1804年）

舉行儀式承認拿破崙為皇帝的日子

時代劃分：古代 中世 近世 **近代** 現代

國名▶ **法國** ☑現存 ☐滅亡

大概在這裡

為了保護法國人民奮勇起身的**英雄**

拿破崙·波拿巴以法軍司令的身分，成為與英國等國家對抗的英雄，他在這天戴上象徵皇帝的皇冠。

拿破崙制定了新憲法以及各項法律，受到大家的愛戴，並在人民投票支持下，被選為皇帝。

咿呀！

我有領袖氣質，而且天資聰穎！人民跟著我就對了！

以軍人、政治家身分表現活躍的偶像

我還在軍隊裡當隊長時，王室和貴族的生活奢侈，使得人民的生活越來越困苦。後來，人民為了推翻國王而發起法國大革命。但是，人民的生活還是沒有獲得改善，最後只能靠著軍隊的力量逼迫議會解散，我也成為最高領導人。

拿破崙·波拿巴

問題 讓拿破崙戴上皇冠的儀式稱為什麼儀式？

❶ 繼承王位儀式　❷ 授予儀式　❸ 加冕儀式　❹ 慶祝儀式

答案：③　拿破崙年僅35歲即戴上象徵皇帝的皇冠。

12月 3日 （西元1989年）

馬爾他峰會落幕的日子

時代劃分：古代　中世　近世　近代　**現代**

國名▶ 馬爾他
☑ 現存　☐ 滅亡

大概在這裡

停止你爭我吵的日子
讓世界**從對立變和諧**

第二次世界大戰後，美國和蘇聯的冷戰[※]持續40年以上，馬爾他峰會為這場冷戰畫下句點。

> 讓我們握手言和，創造嶄新的時代！

持續40年之久的冷戰結束

當時，美國和蘇聯（蘇維埃社會主義共和國聯邦）之間一直存在著爭奪世界領導權的問題。兩國之間雖然不會使用武力，但在經濟和外交等方面一直呈現對立的狀態。這天，美國總統布希與蘇聯的最高蘇維埃主席兼共產黨總書記戈巴契夫，來到停泊在地中海馬爾他海港的蘇聯郵輪，登船進行了高峰會談。雙方約定未來將會互相合作，不再對立。

※雖不至於掀起戰爭，但國家之間或國際社會因激烈對立而陷入緊張狀態。

問題　冷戰結束後，蘇聯變成哪一國？

❶ 法國　　❷ 俄羅斯聯邦　　❸ 加拿大　　❹ 德國

答案：② 馬爾他峰會的2年後，蘇聯因為發生政變而失去作為國家的機能，後來建立了俄羅斯聯邦。

359

12月 4日

（西元1884年）

首爾爆發甲申政變的日子

時代劃分 ▶ 古代　中世　近世　**近代**　現代

國名 ▶
朝鮮王朝
☐ 現存　☑ 滅亡

朝鮮必須獨立
親日派人士掀起**政變**

這天，大人物們正在首爾的王宮裡舉行郵政局的開業典禮，獨立黨趁機掀起政變。

> 我們要向日本學習，建立自己的獨立國家！

> 你們繼續當清朝的手下就好！

雖然擊敗清朝派，但很快就遭到反擊

當時，朝鮮分為清朝派以及日本派。屬於日本派的金玉均和朴泳孝抱著「希望朝鮮不受清朝的掌控，能夠像日本一樣近代化且國家獨立」的想法，成立了獨立黨。於是，獨立黨為了打倒清朝派而掀起政變，他們占領王宮，殺害了清朝派的妃子。不過，獨立黨很快就遭到反擊，一群人被關在王宮裡，不到幾天的時間，這場政變即失敗收場。

💡 **問題**　下列哪位日本人與金玉均的關係良好？

❶ 夏目漱石　❷ 福澤諭吉　❸ 野口英世　❹ 德川家康

答案：②　金玉均希望朝鮮可以近代化，因此與持有相同看法的福澤諭吉關係良好。

12月5日 （西元1901年）

華特・迪士尼出生的日子

時代劃分：古代／中世／近世／近代／**現代**

國名：**美國** ☑現存 ☐滅亡

大概在這裡

畫一隻老鼠 當新動畫的主角吧！

製作動畫電影需要非常多的資金，生活困苦的華特仍努力投入製作，幸好有一隻老鼠「拯救」他。

> 米老鼠系列的《汽船威利號》是世界第一部在動畫電影裡加入聲音以及音樂的作品。

> 全世界最珍貴的資源存在於赤子之心。

透過一隻老鼠，為全世界的人們帶來夢想

大家好！我是華特・迪士尼。大家應該都認識米老鼠吧？米老鼠其實是我一個人關在房間裡製作動畫電影時，突然跑出一隻老鼠帶給我靈感而畫出來的角色。多虧了米老鼠掀起風潮，我才能夠一部接著一部製作出創新技術的電影。

華特・迪士尼

💡 **問題** 在哪裡可以見到米老鼠和牠的同伴們？

① 富士急樂園　② 東京夏日樂園　③ 環球影城　④ 迪士尼樂園

答案：④　第一座迪士尼樂園興建設置在美國加州

12月 6日 （西元1922年）

愛爾蘭建國的日子

時代劃分 ▶ 古代｜中世｜近世｜近代｜**現代**

國名 ▶
愛爾蘭
☑ 現存　☐ 滅亡

我們不要繼續被統治
對抗英國的島國

第一次世界大戰後，英國動用武力，仍無法順利統治愛爾蘭。後來，愛爾蘭終於贏得自治權。

> 我們要擺脫英國，自己獨立！

擺脫英國的統治，贏得自治權

幾世紀以來，愛爾蘭一直苦於受到英國的統治。第一次世界大戰後，愛爾蘭對英國的反抗意識達到高峰，內部紛爭四起。英國派出軍隊，還是沒辦法平定紛爭，最後只好將土地分割為北愛爾蘭（阿爾斯特）與南愛爾蘭，並且制定愛爾蘭政府法令，認同兩塊土地各自擁有自治權。在這一天，不包含阿爾斯特的愛爾蘭正式獨立。

💡 問題　愛爾蘭是位在哪裡的國家？

❶ 北美　　❷ 亞洲　　❸ 歐洲　　❹ 非洲

答案：③　愛爾蘭位在西歐，與日本同樣都是島國，首都為都柏林。

12月7日（西元1941年）

太平洋戰爭爆發的日子

時代劃分：古代　中世　近世　近代　**現代**

國名▶ **美國** ☑現存 ☐滅亡

被限制進口石油
日本向美國正式宣戰

日軍持續入侵中國和東亞國家，引起美國和英國的反彈。

> 向珍珠港展開攻擊！

因為被限制進口石油，日本對珍珠港展開攻擊

由於中日戰爭延長，日軍的石油變得不足，為了確保石油資源，日本打算入侵東南亞，引起美國的憤怒，下令停止出口石油到日本。日本向美國提出重新供給石油的要求，結果談判失敗。美國在夏威夷州設有海軍基地，日本在這天針對夏威夷州的珍珠港展開攻擊，太平洋戰爭就此正式開打。

問題　日軍攻擊的珍珠港位在哪座島嶼？

❶ 夏威夷島　　❷ 茂宜島　　❸ 歐胡島　　❹ 拉奈島

答案：③　英文名稱為Pearl Harbor的珍珠港，位在夏威夷歐胡島的南部海灣，該地設有美國的海軍基地。

12月8日 （西元1980年）

約翰·藍儂被暗殺的日子

時代劃分 ▶ 古代 ｜ 中世 ｜ 近世 ｜ 近代 ｜ **現代**

國名 ▶
美國
☑ 現存　☐ 滅亡

超級巨星之死
讓全世界籠罩在悲傷中

約翰·藍儂的死訊，讓世界各地的人們悲傷不已。
全美的廣播電臺都立刻中斷排程，改播放約翰·藍儂的特別節目。

問題

約翰·藍儂的太太叫什麼名字？

❶ 小野洋子
❷ 小田洋子
❸ 島洋子

狂熱粉絲殺害了約翰·藍儂

這天，舉世聞名的披頭四樂團成員──約翰·藍儂，遭到槍殺身亡。這起事件不只驚動美國各地的歌迷，也震驚了全世界。兇手本人是約翰·藍儂的狂熱男粉絲，這個背景也讓大家驚訝不已。這名男子當時在他的住處前面埋伏，<u>趁著約翰·藍儂下車時，開槍射殺他。</u>兇手射出5發子彈，當中有4發子彈擊中約翰·藍儂。

補充

兇手在進行槍殺的幾個小時前，曾經與約翰·藍儂交談，甚至還請他在專輯上面簽名。

答案：① 約翰·藍儂遭到槍殺時，小野洋子也在現場。

12月9日 （西元1357年）

巴圖塔完成遊記的日子

時代劃分 ▶ 古代 | **中世** | 近世 | 近代 | 現代

國名 ▶ 摩洛哥　☑現存　□滅亡

留下**旅行記錄**
製作旅行指南書吧！

伊本・巴圖塔出生於摩洛哥的丹吉爾，22歲時踏上朝聖之旅，準備前往伊斯蘭教教徒的聖地麥加。

> 好想也去麥加以外的地方看看喔！

旅程走遍很多地方的人物

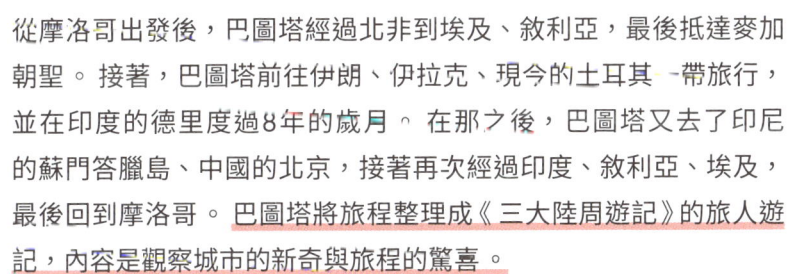

從摩洛哥出發後，巴圖塔經過北非到埃及、敘利亞，最後抵達麥加朝聖。接著，巴圖塔前往伊朗、伊拉克、現今的土耳其一帶旅行，並在印度的德里度過8年的歲月。在那之後，巴圖塔又去了印尼的蘇門答臘島、中國的北京，接著再次經過印度、敘利亞、埃及，最後回到摩洛哥。巴圖塔將旅程整理成《三大陸周遊記》的旅人遊記，內容是觀察城市的新奇與旅程的驚喜。

問題　巴圖塔的一生，花了多少時間旅行？

❶ 約8年　　❷ 約10年　　❸ 約20年　　❹ 約30年

答案：④　在巴圖塔人生的65年歲月裡，其中長達約30年的時間是在旅行。巴圖塔在印度的德里旅行時，還娶了國王的女兒。

365

12月10日（西元1896年）

諾貝爾去世的日子

時代劃分：古代 / 中世 / 近世 / **近代** / 現代

國名：瑞典 ☑現存 ☐滅亡

大概在這裡

創立諾貝爾獎的化學家在這天去世

化學家阿佛雷德・諾貝爾的父親從事炸藥的買賣。為了實現父親的願望，諾貝爾開發新炸藥，但新炸藥卻引發不幸的事件。

> 炸藥原本是挖鑿礦山或石炭時，需要使用的物品，後來也被大量使用在戰爭。

我希望以遺產作為資金，讓優秀的研究者有機會獲得表揚！

希望捐出財產，可以為世界帶來和平！

最初，我開發出來的炸藥太容易爆炸，還曾經在父親的工廠引起爆炸。於是，我研發了不會輕易爆炸的「矽藻土炸藥」。矽藻土炸藥賣得很好，但後來被用在戰爭，讓我感到傷心。於是，我死後留下遺言，希望把財產分給有助於人類發展的人。

阿佛雷德・諾貝爾

問題
因為諾貝爾祈求世界和平的意念而產生的國際性獎項是什麼？

① 奧斯卡金像獎　② 沃爾夫獎　③ 諾貝爾獎　④ 葛萊美獎

答案：③　諾貝爾獎每年會在諾貝爾的忌日舉行，並且頒發獎章和獎狀贈予得獎者。

12月11日（西元1946年）

聯合國兒童基金會成立的日子

時代劃分：古代　中世　近世　近代　**現代**

國名▶ **美國**　☑現存　☐滅亡

大概在這裡

帶給所有兒童幸福
為了**保護兒童**而存在的機關

聯合國兒童基金會是在第二次世界大戰結束後成立的組織，目的是希望不分戰勝國或戰敗國，都可以立刻拯救所有兒童。

問題

聯合國兒童基金會目前在全世界多少個地區從事活動？

❶ 約150
❷ 約190
❸ 約200

標誌蘊含對於兒童的期許

這天，為保護全球兒童的性命與權利而從事活動的機關——聯合國兒童基金會正式成立。來自世界各國的代表們齊聚一堂，共同討論如何解決兒童面臨的各種問題。聯合國兒童基金會的標誌，畫出象徵和平的橄欖葉圍繞地球，兒童被環抱起來的圖案。透過這個標誌寄予期許，希望全球兒童都可以身心健康地長大。

補充

1996年，聯合國兒童基金會在迎接50周年時發表文章，重新表明創立的使命。內容包括為了達成「打造可實現所有兒童權利的世界」的理想目標，聯合國兒童基金會應該完成哪些使命。

答案：❷ 聯合國兒童基金會目前大約在190個國家和地區從事活動。

12月12日 （西元1863年）

愛德華·孟克出生的日子

時代劃分 ▶ 古代 ｜ 中世 ｜ 近世 ｜ **近代** ｜ 現代

國名 ▶
挪威
☑ 現存　☐ 滅亡

大概在這裡

描繪**焦慮與痛苦**的畫家 愛德華·孟克出生的日子

孟克從小就失去母親和姊姊，父親也在他留學研習繪畫的期間去世，於是，他將悲傷都表現在作品之中。

> 孟克的代表作《吶喊》其實不是畫出在吶喊的模樣，而是聽見吶喊聲而摀住耳朵的模樣。

我要畫出人們活力充沛的模樣！

因為畫作表現對死亡的恐懼，掀起話題

我是愛德華·孟克，我的家人接二連三地死去，連我本身也體弱多病，所以，我總覺得死亡近在身邊。大家從我的作品中，也能看得出來死亡帶給我的孤獨感和恐懼嗎？不過，失去家人後，我決定努力畫出人們活力充沛的模樣，也嘗試以明亮的顏色進行創作。

愛德華·孟克

💡 **問題**　孟克為了學習繪畫到哪裡留學？

❶ 巴黎　　❷ 倫敦　　❸ 奧斯陸　　❹ 紐約

答案：① 孟克在挪威舉辦的個展獲得好評，獲得可以到巴黎學習1年素描技巧的獎學金。

12月13日 （西元1545年）

召開特利騰大公會議的日子

時代劃分：古代 中世 **近世** 近代 現代

國名：**義大利** ☑現存 ☐滅亡

不可以被新教打敗
為了團結而舉辦**大公會議**（※）

面對新教展開的宗教改革，天主教為了團結一致，決定召開會議，討論對策。

> 我們要抱怨的事情可多了！
> 忿忿 不平
> 大家好好討論一下！

天主教花了18年的時間才達成共識！

天主教會內部的意見對立，持續了很長一段時間。這天，好不容易才在北義大利的特利騰召開大公會議。不過，因為國家的不同，教宗的說服影響力也有差異，所以大家的意見遲遲無法達成共識。期間，傳染病斑疹傷寒造成流行，大公會議也因此中斷。於是，大公會議反覆召開又中斷了好幾次，經過18年後，最終達成共識。

※指全世界的教會派出代表人，聚集在一起召開的會議

問題　特利騰大公會議後，又經過了幾年，才再度召開大公會議？

❶ 約50年　　❷ 約100年　　❸ 約200年　　❹ 約300年

答案：④　1846年召開了梵蒂岡大公會議。

12月14日 （西元1911年）

羅阿爾・阿蒙森到南極點的日子

時代劃分：古代 中世 近世 近代 **現代**

國名▶ 南極　☑現存　☐滅亡

我想到南極點看看
賭命踏上旅程的探險家

挪威有一位名叫羅阿爾・阿蒙森的探險家，因為是史上第一個到達南極點的人而聞名。

> 這是人類第一次來到南極點！

比任何人更早實現到達南極點的目標

人類發現還有最後一塊不曾到訪過的大陸，也就是南極大陸。當時，很多探險家以到達南極大陸的頂端（南極點）為目標，阿蒙森也是其中一人。阿蒙森與4名隊員一起乘坐狗雪橇朝向目的地出發，雖然旅途中遭遇過暴風雪，也因為酷寒而凍傷，但阿蒙森與隊員不屈不撓地繼續前進，終於在出發兩個月之後，成功到達南極點。

問題 同樣以到達南極為目標的日本探險隊，是乘坐什麼前往南極？

❶ 捷運　　❷ 飛機　　❸ 狗　　❹ 船

答案：④　當時日本的探險家乘坐名為「海南丸」的船出發，但是沒有到達南極點。

370

12月15日 （西元1832年）

古斯塔夫·艾菲爾出生的日子

時代劃分：古代　中世　近世　**近代**　現代

國名▶ **法國**　☑現存　☐滅亡

大概在這裡

年紀輕輕便舉世聞名的
天才工程師

包含橋梁在內，艾菲爾為世人留下許多鐵結構的建築物，不僅對法國，他也對全世界帶來極大的影響。

找出3個不一樣的地方！

世界各地都保留著艾菲爾的作品

在這天出生的古斯塔夫·艾菲爾，是一位工程師。年輕時的他，才華已經受到肯定，成為舉世聞名的人物。當時，艾菲爾以鐵結構的專家身分從事工作，最有名的作品就是艾菲爾鐵塔。艾菲爾鐵塔的建設採用了許多當時的最新技術，雖然起初有不少人反對，但最後完工的艾菲爾鐵塔，已成為足以象徵法國的著名建築物。

補充　艾菲爾也參與建設了法國贈送給美國的「自由女神像」。

看圖找不同的答案：　①中央的建築物　②在空中飛行的物體　③左手邊的人頭

371

12月16日 （西元1773年）

發生「波士頓茶葉事件」的日子

時代劃分：古代／中世／近世／**近代**／現代

國名▶ 美國　☑現存　☐滅亡

所有裝了紅茶的箱子全被**扔進大海裡**

事件發生在美國還是英國殖民地時，美國的人民攻擊停靠在波士頓港口的船隻，把船上的貨物扔進大海裡。

> 英國政府糟透了！
> 撲通！

英國政府惹得波士頓市民火冒三丈

當時英國人習慣喝紅茶的文化已經滲透美國各地，可是，英國政府為了拯救經營不善的東印度公司（※），讓它獨占紅茶的銷售權。對此感到憤怒的美國人民，攻擊停靠在波士頓的船隻，把裝紅茶的箱子全部扔進大海裡，並且大聲高喊：「看我們怎麼把波士頓的大海變成茶壺！」後來，這起事件被稱為「波士頓茶葉事件」。

※東印度公司是歐洲各國為了獨占與印度以及東南亞地區進行貿易的權利，而成立的公司。

問題　因為發生這起事件，促使美國人民變得經常喝什麼飲料？

❶ 麥茶　　❷ 綠茶　　❸ 咖啡　　❹ 烏龍茶

答案：③　紅茶原本是美國常見的飲料，但是據說這起事件發生後，美國人開始改喝咖啡。

12月17日 （西元1903年）

萊特兄弟成功實現載人飛行的日子

時代劃分：古代　中世　近世　近代　**現代**

大概在這裡

國名▶ **美國**
☑現存　☐滅亡

想坐飛機**在空中飛行**
感情和睦的兄弟成功實現夢想

萊特兄弟得知有飛行員乘坐滑翔機試飛時，不幸墜機身亡的消息，於是，決定自己實現在空中飛行的夢想。

> 人類歷經1000年，仍然無法成功在空中飛行。

> 既然如此，我們就來製造會飛的機器！

萊特兄弟製造的機身，第一次飛行了59秒，飛行距離為259.7公尺。

靠引擎產生動力
在空中飛行的飛機問世

我們的夢想是製造「飛機」，靠自己畫設計圖製造出滑翔機，並且成功在空中飛行。於是，我們嘗試加裝了引擎，弟弟奧維爾先坐上滑翔機，由哥哥威爾伯負責轉動螺旋槳啟動引擎，滑翔機成功地飛上高空。<u>我們實現了史上第一次利用動力載人飛行的實驗！</u>

💡 **問題**　萊特兄弟成功實現載人飛行的飛機名稱是什麼？

❶ 萊特一號　　❷ 奧維爾一號　　❸ 威爾伯一號　　❹ 飛行者一號

答案：④　「飛行者一號」在美國一個名叫基蒂霍克的城鎮海岸成功飛行。

12月18日 （西元316年）

西晉滅亡的日子

時代劃分： **古代** ／ 中世 ／ 近世 ／ 近代 ／ 現代

國名▶ **西晉**
☐ 現存　☑ 滅亡

皇族互相爭奪王位 慘遭遊牧民族**滅國**

西晉曾是統一中國的王朝，但在第一代皇帝司馬炎逝世後，皇族為了爭奪王位而掀起內鬥。

> 一命嗚呼
> 現在正是統治國家的好機會！

趁著西晉忙於內鬥，遊牧民族逐漸壯大勢力

司馬炎終結魏、蜀、吳的三國時代，統一中國，建立了西晉王朝，並且坐上第一代皇帝的寶座。不過，在他死後，皇族開始爭奪下一代的王位，就在內部鬧得一團亂時，受到漢人統治的北方遊牧民族逐漸壯大勢力。最後，西晉慘遭遊牧民族的匈奴族滅國。

問題　西晉發生的內鬥被稱為什麼？

❶ 八王之亂　　❷ 西晉之亂　　❸ 司馬炎之亂　　❹ 匈奴族之亂

答案：① 在王位繼承具有優勢的司馬家族，為了爭奪皇帝寶座，內鬥超過10年以上。

12月19日（西元1961年）

印度奪回果亞的日子

時代劃分：古代 / 中世 / 近世 / 近代 / **現代**

國名▶ 印度　☑現存　☐滅亡

既然你們不歸還果亞 我們就**動用武力**奪回

果亞曾經是東西貿易的中心，長期為葡萄牙的殖民地，不過，印度一直希望葡萄牙歸還果亞。

> 果亞有很好的港口，也可以開採鐵礦，不能還給你們！

> 你們沒有好好善待果亞，立刻解放果亞的人民！

解脫長達450年的殖民地統治

在1510年，葡萄牙的大艦隊前來占領果亞，果亞成為貿易中心而繁榮發展。第二次世界大戰結束後，印度政府多次提出歸還果亞的要求，但葡萄牙始終沒有同意。於是，印度政府下定決心以武力奪回果亞，印度從陸海空展開攻擊，並在隔天成功奪回果亞！長達450年的殖民地統治，就此畫下句點。

問題　最初攻擊果亞，讓它成為殖民地的葡萄牙人是誰？

① 安東尼　② 阿爾瓦克　③ 阿爾布克爾克　④ 克爾柏洛斯

答案：③　阿爾布克爾克當初不僅攻擊果亞，也侵略過麻六甲海峽以及荷姆茲海峽一帶地區。

375

12月20日 （西元1917年）

蘇俄組成祕密警察的日子

時代劃分：古代　中世　近世　近代　**現代**

國名▶ 蘇俄　☐ 現存　☑ 滅亡

發現反革命分子立刻逮捕
令人聞之喪膽的**祕密警察**

當時，蘇俄（現今俄羅斯）的領導人列寧率領一群革命分子，但反革命分子的存在讓列寧心生畏懼，於是組成祕密警察守護政權。

> 只要覺得可疑，就立刻逮捕！
> 把間諜和壞人一網打盡！
> 亮晶晶～

擁有權限可逮捕反革命分子的「契卡」

俄國革命時，屬於革命派的列寧等人是當時蘇俄政權的中心人物，他們提心吊膽地擔心反革命分子隨時可能展開攻擊。於是，列寧派決定組成祕密警察「契卡」，專門取締反革命分子。列寧賦予契卡「只要有人不肯服從命令，即可立刻逮捕」的權限，使得反革命分子受到契卡的控制，無法展開恐怖攻擊。

💡 **問題**　後來的蘇聯政權中，擁有最多權力的是誰？

❶ 加米涅夫　　❷ 列寧　　❸ 馬克思　　❹ 史達林

答案：② 列寧解散憲法制定會議，建立了布爾什維克獨裁政體。

12月21日 （西元1823年）

尚·亨利·法布爾出生的日子

時代劃分：古代　中世　近世　**近代**　現代

國名▶ **法國**　☑現存　☐滅亡

大概在這裡

為什麼蜜蜂的獵物不會腐敗？
好奇心成就了昆蟲博士

熱愛昆蟲的少年尚·亨利·法布爾出生於一座小農村，長大成人之後，他依舊對昆蟲充滿好奇心。

> 法布爾埋頭研究昆蟲，並且花費30年的歲月撰寫了十冊的《昆蟲記》。

「如果以擬人的方式描寫昆蟲生態，應該很有趣！」

看了論文，實際按照內容做實驗

我是昆蟲學家法布爾，某天，我讀了一篇標題《蜜蜂帶回蜂窩的昆蟲不會腐敗》的論文，忍不住想要查明不會腐敗的原因。我試著用昆蟲餵食蜜蜂，發現蜜蜂並沒有殺死昆蟲，牠只是以螫針刺昆蟲的神經，讓昆蟲無法動彈。這場實驗之後，我便開始埋頭研究昆蟲。

尚·亨利·法布爾

💡 **問題**　當初法布爾拿什麼昆蟲餵食蜜蜂？

❶ 毛毛蟲　　❷ 卷甲蟲　　❸ 草履蟲　　❹ 象鼻蟲

答案：④／法布爾在崎嶇山路四處爬行，尋找活生生的象鼻蟲來餵食蜜蜂。

12月22日 （西元1808年）

第一次公開演奏《命運》與《田園》的日子

時代劃分 ▶ 古代 中世 近世 **近代** 現代

國名 ▶
奧地利
☑ 現存　☐ 滅亡

大概在這裡

舉世聞名的經典名曲
第一次被公開演奏的日子

德維希·范·貝多芬是德國的作曲家，也是鋼琴家。他在這天第一次公開演奏深受大眾喜愛的《命運》與《田園》。

貝多芬一生創作了無數樂曲，作品包括9首交響曲，以及32首的鋼琴奏鳴曲。

哪怕上天為我安排了世上最坎坷的人生，我也會勇敢挑戰命運！

鏘　鏘　鏘　鏘！

雖然演奏失敗，但樂曲無可挑剔

這天，位在維也納的維也納河畔劇院座無虛席，我在那裡第一次演奏了第五號交響曲《命運》以及第六號交響曲《田園》。<u>不過，因為臨時決定要發表作品，加上練習不足，所以演奏得不是很好</u>。不過，聽眾都給予好評，覺得這兩首交響曲十分動聽。

德維希·范·貝多芬

💡 問題　《命運》與《田園》是在哪個國家的劇場第一次公開演奏？

❶ 奧地利　　❷ 德國　　❸ 法國　　❹ 西班牙

378　　答案：① 位在奧地利維也納的維也納河畔劇院，當天聚集了許多期待著欣賞新曲的人們。

12月23日 (西元79年)

召開白虎觀會議的日子

時代劃分：**古代** / 中世 / 近世 / 近代 / 現代

國名：**東漢**　☐ 現存　☑ 滅亡

儒教內容出現差異
討論如何統一

各種不同思想在擁有悠久歷史的中國被流傳下來，其中，影響最多人的思想是儒教。

> 大家對儒教的解讀各有不同，意見無法達到一致。我們來討論如何結合吧！

你一句我一句

討論統一儒教定義的會議

儒教以孔子所提倡的道德與教誨為基準，也是在中國流傳最久的思想。不過，這個思想傳授給無數人們後，出現了問題。儒教的內容或人們的解讀方式，漸漸與孔子當初的想法有所不同。於是，學者們為了統一儒教的內容與解釋，聚集在一起召開了白虎觀會議。後來，會議內容被總結為《白虎通義》。

💡 **問題**　儒教在什麼時候傳入日本？

❶ 飛鳥時代 *592至710年　❷ 鎌倉時代 *1185至1333年　❸ 江戶時代 *1603至1868年　❹ 明治時代 *1868至1912年

答案：①　根據《古事記》的記載，儒教比佛教更早傳入日本。

12月24日 （西元1818年）

焦耳出生的日子

時代劃分 ▶ 古代 | 中世 | 近世 | **近代** | 現代

大概在這裡

國名 ▶
英國
☑ 現存　☐ 滅亡

專心研究能量
沒想到名字變成**能量單位**

詹姆士・普雷史考特・焦耳是一位英國的物理學家，他也是能量和功率單位「J（焦耳）」命名由來的人物。

$Q = I^2 \cdot R \cdot t$

我要一邊幫忙家業，一邊做很多研究！

> 焦耳的家族從事釀酒生意。當時焦耳的家教老師是一位以原子理論而出名的科學家，名為約翰・道爾頓。

發現熱力學基礎的科學家

我在年輕時，就針對當時才發明問世不久的馬達加以研究改良，試圖讓馬達變得更方便使用。進行研究的過程中，我發現電流量以及電子是否容易流動，會決定電力可產生多少熱能的定律。這個定律被稱為「焦耳定律」，促進了熱力學的發展。

💡 **問題**　除此之外，焦耳還發現了什麼定律？

① 電流定律　② 熱力學定律　③ 高斯定律　④ 能量守恆定律

答案：④　焦耳發現與外部隔絕的空間內，總能量會保持不變。

12月25日

（約西元前4年）

紀念耶穌・基督聖誕的日子

時代劃分 ▶ **古代** 中世 近世 近代 現代

國名 ▶
伯利恆
☐ 現存　☑ 滅亡

大概在這裡

耶穌・基督來到世上
慶祝聖誕的日子

耶穌・基督促使基督教廣泛流傳，世界各地的人們會以聖誕節之名，慶祝耶穌在世上誕生。

問題

傳說聖誕老公公會從哪裡出現？

❶ 玄關
❷ 窗戶
❸ 煙囪

聖誕節是基督教的聖誕祭

這天是慶祝耶穌・基督來到世上的日子，但不是耶穌的生日喔！以古時的曆法來說，這天是冬至(※)，人們會舉辦敬仰太陽的祭典。據說基督教的教徒們激烈反對舉辦這個祭典，大聲抗議說：「太陽不是神，耶穌才是神！」後來，這天舉辦祭典不再是為了敬仰太陽，而是慶祝耶穌降生的日子。

※指一年當中白天時間最短的一天。

補充

聖誕節原本是只屬於基督教徒的祭典，據說日本是在明治10年（西元1877年）左右才流傳開來。

答案：③　聖誕老公公的由來是一位聖人，這位聖人會從煙囪投入金幣給貧窮人家。

12月26日 （西元1893年）

毛澤東出生的日子

時代劃分 ▶ 古代 ／ 中世 ／ 近世 ／ **近代** ／ 現代

大概在這裡

國名 ▶ 清
☐ 現存　☑ 滅亡

從學校老師變成**國家最高領導人**

第二次世界大戰後，中華民國仍持續陷入內戰，當時有位人物特別突出，他是建立中華人民共和國的毛澤東。

毛澤東受到蘇聯的革命影響，成為社會主義(※)者，曾經發表論文及出版書刊。

斬釘　截鐵

中華人民共和國在此建國，由我來率領大家！

建立中華人民共和國的人物

我擁有成為政治家以及軍事戰略家的才華，20幾歲就成為中國共產黨全國代表大會的中心人物。後來，與中國國民黨爭奪政權，以統治國家的共產黨領導人身分，掌握實權，建立了中華人民共和國，成為第一位國家主席。

毛澤東

※以人人平等為原則而禁止個人擁有金錢或土地等財產，即使賺大錢也必須全數交由國家管理的思想。

問題　毛澤東的興趣是什麼？

❶ 繪畫　　❷ 散步　　❸ 烹飪　　❹ 閱讀

答案：④　毛澤東十分熱愛閱讀，據說住家收藏了多達70萬本的書籍。

382

路易・巴斯德出生的日子

12月27日（西元1822年）

時代劃分：古代 / 中世 / 近世 / **近代** / 現代

國名 ▶ **法國** ☑現存 □滅亡

大概在這裡

發現**傳染病的原因**
拯救無數性命的細菌學之父

法國的細菌學家路易・巴斯德，持續不斷研究傳染病，最後發現傳染病是由細菌引起的事實。

> 雖然科學的世界沒有國境，但科學家有自己的故鄉！

巴斯德也推廣預防接種，提前注射疫苗能讓體內產生免疫力，避免得到傳染病。

揪出傳染病的原因，並創造疫苗

過去，很多人因為傳染病而失去性命。我調查過各種各樣的傳染病後，發現原因出在細菌，於是進一步地研究，最後成功開發出可預防傳染病的疫苗。對了，想出好方法讓葡萄酒不會變酸的人也是我，我對法國的飲食文化有做出貢獻喔！

💡 **問題**　巴斯德開發了什麼疫苗？

❶ 狂犬病疫苗　　❷ Covid-19疫苗　　❸ 流感疫苗　　❹ 麻疹疫苗

答案：① 除了狂犬病疫苗之外，巴斯德也開發出各種各樣的傳染病疫苗。

12月28日 （西元1908年）

西西里島發生大地震的日子

時代劃分 ▶ 古代 / 中世 / 近世 / 近代 / **現代**

國名 ▶ **義大利**　☑ 現存　☐ 滅亡

大概在這裡

西西里島**發生大地震**
無數人們因此罹難

這天，位在義大利南部西西里島附近的美西納海峽發生大地震，海嘯沖上沿岸地區，造成大約10萬人死亡。

> 海嘯來了！快逃啊！
> 唰！
> 唰！唰！

無數建築物倒塌，城市慘不忍睹

美西納大地震的震央位置在美西納海峽、震度達芮氏規模7.1，是20世紀以來歐洲發生的地震當中，死亡人數最多的一次。當時地震的劇烈搖晃使得房屋倒塌，加上高達十幾公尺的海嘯巨浪沖上陸地，徹底破壞了城市。很遺憾地，因為西西里島地區的建築物並沒有採用可承受大地震的設計，所以城裡大約90%的建築物都倒塌崩壞。

💡 **問題**　美西納大地震掀起的海嘯高度有多高？

❶ 2公尺　　❷ 4公尺　　❸ 8公尺　　❹ 12公尺

答案：❹　西西里島的大城市美西納，正好面向震央的美西納海峽，受災狀況嚴重。

12月29日 （西元1170年）

托馬斯·貝克特遭到暗殺的日子

時代劃分：古代 / **中世** / 近世 / 近代 / 現代

國名▶ 英國　☑現存　□滅亡

希望教會可以獲得自由 來不及實現願望即遭到**暗殺**

托馬斯·貝克特與國王亨利二世的感情要好，擔任坎特伯雷座堂的大主教。後來，貝克特為了捍衛教會自由而與國王對立。

> 來人啊！把托馬斯·貝克特給殺了！

貝克特發覺自己有性命危險，逃到法國的修道院。6年後，貝克特與國王重修舊好，但因為再次起爭執而遭到刺殺。

因為意見對立，性命受到國王的威脅

國王亨利二世原本跟我的感情十分要好，還安排我擔任英國神職者當中，地位最高的職務。不過，我認為選派神職者的權利應屬於教會所有，因此與國王漸漸變得意見不合。雖然我們一度和好過，但國王覺得我是個造反者，於是命令4名屬下暗殺我。

> 為了守護耶穌之名，以及保護教會，我非常樂意奉上性命。

💡 **問題**　貝克特在哪裡遭到暗殺？

❶ 自家　　❷ 王宮　　❸ 坎特伯雷座堂　　❹ 路邊

答案：❸　貝克特在坎特伯雷座堂禱告時，在祭壇上遭到4名騎士暗殺。

385

12月30日（西元1922年）

蘇聯成立的日子

時代劃分 ▶ 古代 / 中世 / 近世 / 近代 / **現代**

大概在這裡

國名 ▶ 蘇維埃社會主義共和國聯邦
☐ 現存　☑ 滅亡

我們要建立和平、平等的國家
與列寧一同**奮戰的民眾**

皇帝專政，加上第一次世界大戰的影響，人們的生活越來越困苦，民眾掀起革命，逼迫皇帝退位。

> 戰爭毫無意義可言！立刻停止戰爭！

> 我想賺錢，才不想停止戰爭呢！

人民革命促成蘇聯的成立

皇帝尼古拉二世的專政，加上第一次世界大戰的影響，使得俄羅斯帝國（現今俄羅斯）的經濟惡化。民眾為了擺脫困苦的生活，掀起革命。不過，新政府還是持續進行戰爭，人民的困苦生活並沒有結束。於是，民眾與戰爭反對派的領導人列寧一起再次掀起革命，因為這場革命，促成了蘇維埃社會主義共和國聯邦（蘇聯）的誕生。

💡 **問題**　民眾為了逼迫尼古拉二世退位而掀起的革命稱為什麼革命？

❶ 2月革命　❷ 4月革命　❸ 6月革命　❹ 8月革命

答案：①　因為民眾進行罷工和抗議活動，加上軍隊後來也加入陣容，使得尼古拉二世不得不放棄皇帝寶座。

12月31日（西元1600年）

英國設立東印度公司的日子

時代劃分：古代 / 中世 / 近世 / 近代 / 現代

國名▶ 英國　☑現存　☐滅亡

想得到辛香料
成立一家公司來進行貿易吧！

現今的亞洲在當時被稱為東印度，並且以辛香料聞名，英國為了得到辛香料，設立了獨占貿易的公司。

> 請把亞洲貿易全權交給我們負責！
> OK！

女王授予貿易特權的公司

英國倫敦的商人想要與印度和東南亞進行貿易，為了當地盛產的辛香料。於是，商人向女王伊莉莎白一世提出請求：「我們會設立一家公司，請允許我們擁有與東印度各國進行貿易的獨占權。」伊莉莎白女王答應了商人的請求，東印度公司因此設立。後來，荷蘭、法國、丹麥等國也都設立了東印度公司，各自展開競爭。

💡 **問題**　為了與亞洲進行貿易，哪一國最先設立東印度公司？

❶ 法國　　❷ 荷蘭　　❸ 丹麥　　❹ 英國

答案：④　英國的東印度公司第一次前往亞洲時，總共出動了4艘船，船上載了超過500人以上。

好棒，過完1年了！

歇腳小專欄

世界史小典故
近代 篇

> 我們不把南極大陸當作自己的國家喔！

北極和南極都不是國家?!

在1838年，南極被確認為是「一塊大陸」。不過，南極大陸並不屬於任何國家的領土。 南極點是指地球的最南端，上面雖然插了12個國家的國旗，但並非在宣示領土，因為人們已在《南極條約》裡約定，不把南極大陸納作自己的國土。

北極和南極處於相對位置，但是，「北極」並不是一塊大陸，而是「北極圈及周圍海域」加起來的總稱。 在北極圈內擁有領土的國家，分別有美國、加拿大、俄羅斯等8個國家。

來自祝田老師的祝福

恭喜你、也謝謝你，
讀完《寫給中小學生的圖說世界史》，
裡面有沒有特別讓你在意的事件啊？
或是覺得很有趣的事情呢？是哪個時代發生的？

偷偷說，我自己非常崇拜
《昆蟲記》的作者法布爾。
法布爾能一頭栽入感興趣的事物裡，
下定決心的事情就會堅持到底，
我覺得很厲害，也非常尊敬他。

學習世界史，不需要按照時代順序來背誦，
先找出自己感興趣的部分比較重要。
如果你能因此特別關注某件事，
並且驕傲的心想「這件事我最熟悉！」我會非常開心。

實用索引！
世界史年表

一邊比對、一邊閱讀，可以加深印象，本書作者採用日本歷～
你也可以自製本國歷史對照表喔！

時代劃分	世界發生的主要大事		日本發生的主要大事	
古代	西元前1290	拉美西斯二世成為法老王→**p.171**		
	西元前585	泰利斯預言會發生日蝕→**p.168**		
	西元前551	孔子出生→**p.292**		
	西元前490	馬拉松戰役→**p.276**		
	西元前480	溫泉關戰役→**p.236**		
	西元前371	留克特拉戰役→**p.238**		
	西元前331	亞歷山大大帝擊敗大流士三世→**p.296**		
	西元前323	亞歷山大大帝去世→**p.181**		
	西元前259	秦始皇出生→**p.67**		
	西元前30	亞歷山大城被攻陷→**p.234**		
		埃及女王克麗奧佩脫拉去世→**p.245**		
	西元前27	屋大維獲得「奧古斯都」的稱號→**p.34**		
	約西元前4	耶穌誕生→**p.381**		
	79	龐貝城因火山爆發而被火山灰掩埋→**p.257**		
		召開白虎觀會議→**p.379**		
	199	呂布被處死→**p.56**		
	269	聖人瓦倫泰被處死→**p.63**		
	316	西晉滅亡→**p.374**	繩文時代	稻作文化
	485	均田制頒布→**p.332**	彌生時代	卑彌呼成為邪馬台國的女王
	608	永濟渠完工→**p.41**	古墳時代	至538 佛教傳入日本
	622	穆罕默德移居麥地那→**p.288**		603 出現冠位十二階
	632	穆罕默德去世→**p.179**	飛鳥時代	604 頒布《十七條憲法》
	640	高昌國滅亡→**p.306**		645 大化革新
	711	穆斯林占領直布羅陀→**p.138**	奈良時代	710 平城京遷都
中世	732	圖爾戰役→**p.320**		
	745	楊玉環成為貴妃→**p.281**	平安時代	794 平安京遷都
	869	津芝（贊吉）叛亂→**p.274**		969 「攝關政治」開始（*類似外戚干政）
	918	高麗建國→**p.227**		1016 藤原道長攝政
	1066	諾曼征服英格蘭→**p.309**		1180 源平合戰
	1069	王安石成為副宰相→**p.75**		1185 平氏滅亡
	1085	基督教世界收復托雷多→**p.165**	鎌倉時代	1192 源賴朝成為征夷大將軍（*官位名）
	1119	完顏阿骨打發明女真文字→**p.285**		1203 北條時政當上「執權」（*官位名）
	1165	腓力二世出生→**p.254**		1221 承久之亂
	1170	托馬斯・貝克特被暗殺→**p.385**		1232 制定《御成敗式目》（*法律名）

日本是一個幾乎沒有宗教戰爭的國家呢！

390

時代劃分	世界發生的主要大事		日本發生的主要大事	
中世	1215	英國簽訂《大憲章》→**p.186**	鎌倉時代	1274	文永之役（第一次元日戰爭）
	1227	成吉思汗去世 →**p.251**		1281	弘安之役（第二次元日戰爭）
	1258	蒙古大軍攻占巴格達→**p.59**		1297	頒布《永仁德政令》
	1260	忽必烈成為皇帝→**p.145**		1333	鎌倉幕府滅亡
	1284	「哈梅爾的吹笛人」事件→**p.197**		1334	建武新政
	1307	威廉·泰爾射中蘋果→**p.344**		1336	朝廷南北分裂
	1321	但丁去世→**p.278**		1338	足利尊氏成為征夷大將軍
	1324	馬可·波羅去世→**p.26**			
	1357	伊本·巴圖塔完成遊記→**p.365**			
	1378	梳毛工起義失敗→**p.264**	永樂帝時代的明朝與室町時代的日本有建立外交喔！
	1384	重新實施科舉制度→**p.100**			
	1386	森帕赫戰役→**p.211**			
	1397	卡爾馬聯盟成立→**p.214**	室町時代	1392	南北朝統一
	1402	永樂帝（明成祖）即位→**p.219**		1404	明朝與日本展開貿易
	1429	帕提戰役→**p.189**		1428	正長元年的「土一揆」（*農民起義）
	1431	聖女貞德去世→**p.170**			
	1452	達文西出生→**p.125**			
	1453	拜占庭帝國滅亡→**p.169**			
	1471	畫家杜勒出生→**p.161**		1467	慶仁之亂
	1473	哥白尼出生→**p.68**			
	1474	萬里長城開始整修→**p.237**			
	1475	米開朗基羅出生→**p.84**			
	1483	馬丁·路德出生→**p.336**		1485	山城國一揆
	1490	初代普魯士公爵出生→**p.156**			
	1492	哥倫布發現西印度群島→**p.307**		1493	正式進入戰國時代
	1494	簽訂《托德西利亞斯條約》→**p.178**			
	1497	瓦斯科·達伽馬發現好望角→**p.348**			
近世	1502	葛利果十三世出生→**p.25**			
	1506	沙勿略出生→**p.117**			
	1510	畫家波提切利去世→**p.157**	戰國時代		
	1512	麥卡托出生→**p.83**			
	1520	麥哲倫發現太平洋→**p.354**			
	1521	馬丁·路德被逐出教會→**p.21** 阿茲提克帝國滅亡→**p.246**			
	1522	麥哲倫探險隊環遊世界→**p.270**			
	1529	維也納被圍城→**p.290**			
	1533	印加帝國滅亡→**p.342**			
	1535	湯瑪斯·摩爾被處死→**p.208**		1543	鐵炮（槍械）傳入日本
	1545	召開特利騰大公會議→**p.369**		1549	基督教傳入日本

時代劃分	世界發生的主要大事		日本發生的主要大事
	1564 伽利略出生→**p.64**		1568 織田信長進入京都
	莎士比亞出生→**p.133**	戰國時代 1573	室町幕府滅亡
	1566 忠臣海瑞入獄→**p.69**		
	1571 勒潘陀戰役→**p.302**		1582 織田信長死於本能寺之變
	1588 無敵艦隊與英國對戰→**p.233**		1590 豐臣秀吉統一日本
	1596 荷蘭艦隊抵達爪哇→**p.194**	安土桃山時代	1592 出兵朝鮮半島
	1598 亨利四世簽署《南特詔書》→**p.123**		
	1600 哲學家布魯諾被處死→**p.66**		
	成立英國東印度公司→**p.387**		1600 關原之戰
近世	1613 莎士比亞環球劇場燒毀→**p.200**		1603 德川家康成為征夷大將軍
	1623 安汶大屠殺→**p.87**		1612 基督教被禁止
	帕斯卡出生→**p.190**		1615 大阪之役
	1629 天文學家惠更斯出生→**p.124**		制定《武家諸法度》、《禁中並公家諸法度》(*法令名)
	1632 維梅爾出生→**p.326**		
	1633 伽利略被判有罪→**p.193**		1635 「參觀交代」(*政務制度名) 的制度化
	1634 華倫斯坦被暗殺→**p.74**		
	1643 牛頓出生→**p.22**		1637 島原之亂
	1648 簽訂《西發里亞和約》→**p.319**		1641 走向鎖國體制
	投石黨之亂→**p.23**		
	1656 哈雷出生→**p.324**		
	1658 克倫威爾去世→**p.267**		
	1685 巴哈出生→**p.99**		1685 頒布《生類憐憫令》
	1688 奧蘭治親王威廉即位成為威廉三世→**p.331**	江戶時代	就在歐洲各國積極探索新大陸時,日本處於鎖國狀態。
	1689 孟德斯鳩出生→**p.36**		
	奧蘭治親王夫妻即位成王→**p.62**		
	1701 海盜基德被處死→**p.163**		
	1704 哲學家約翰・洛克去世→**p.323**		
	1705 富蘭克林出生→**p.24**		1716 享保改革
	1722 發現復活節島→**p.115**		1721 幕府設置意見箱
	1723 亞當・史密斯出生→**p.176**		
	1732 華盛頓出生→**p.71**		
	海頓出生→**p.109**		
近代	1743 發明家卡特賴特出生→**p.134**		
	1746 教育家裴斯泰洛齊出生→**p.30**		
	1749 歌德出生→**p.261**		
	1755 里斯本大地震→**p.327**		
	1759 大英博物館開幕→**p.33**		
	1762 《愛彌兒》被判有罪→**p.180**		
	1773 波士頓茶葉事件→**p.372**		

時代劃分	世界發生的主要大事	日本發生的主要大事
近代	1774 發現新喀里多尼亞→p.269 1776 美國發表《獨立宣言》→p.206 1778 盧梭去世→p.204 1781 發現天王星→p.91 1783 熱氣球初次載人飛行→p.347 1787 英國船隊航向澳洲→p.153 1789 網球廳宣誓→p.191 　　　法國大革命開始→p.216 　　　《法國人權宣言》被採納→p.259 1792 三明治伯爵去世→p.140 　　　發生八月十日事件→p.243 1793 路易十六被處死→p.39 1794 培里出生→p.120 1796 天花疫苗登場→p.154 1797 舒伯特出生→p.49 1798 金字塔戰役→p.223 1799 發現《羅塞塔石碑》→p.217 1804 拿破崙稱帝→p.358 1805 安徒生出生→p.112 1806 神聖羅馬帝國滅亡→p.239 1808 馬德里市民與法軍交戰→p.142 　　　貝多芬首次發表《命運》交響曲→p.378 1809 達爾文出生　→p.61 1814 米勒出生→p.299 1818 吉薩金字塔的入口被打開→p.80 　　　古諾出生→p.188 　　　焦耳出生→p.380 1820 發現《米洛的維納斯》→p.118 　　　南丁格爾出生→p.152 1821 皮埃蒙特革命→p.88 1822 美術評論家龔固爾出生→p.166 　　　孟德爾出生→p.224 　　　巴西獨立→p.271 　　　巴斯德出生→p.383 1823 法布爾出生→p.377 1825 蒸氣動力火車上路→p.291 1828 倫敦動物園開幕→p.137 1830 法國七月革命→p.230 　　　比利時獨立革命→p.258	1782 天明大饑荒 1787 寬政改革 1792 使節拉克斯曼抵達根室港 （拉克斯曼：日本的各位啊！要不要跟我貿易？　不要。） 1804 進行世界首例麻醉手術 江戶時代 1825 頒布《異國船驅趕令》 歐洲各國想跟日本交流。

393

世界發生的主要大事	日本發生的主要大事

時代劃分

近代

1832 ｜ 上議院通過議會改革法案→**p.175**
　　　艾菲爾出生→**p.371**
1834 ｜ 戴姆勒出生→**p.95**
　　　竇加出生→**p.221**
1837 ｜ 普希金去世→**p.47**
1838 ｜ 頒布《人民憲章》→**p.148**
　　　齊柏林出生→**p.210**
1840 ｜ 人類史上初次發行郵票→**p.146**
　　　柴可夫斯基出生→**p.147**
　　　羅丹出生→**p.338**
　　　莫內出生→**p.340**
1841 ｜ 探險家史坦利出生→**p.46**
1844 ｜ 用電報傳送摩斯密碼→**p.164**
　　　化學家道爾頓去世→**p.229**
　　　卡爾・賓士出生→**p.352**
1845 ｜ 倫琴出生→**p.105**
1847 ｜ 愛迪生出生→**p.60**
　　　貝爾出生→**p.81**
1848 ｜ 在美國溪流中發現砂金→**p.42**
　　　匈牙利革命→**p.93**
1849 ｜ 羅馬共和國誕生→**p.58**
　　　蕭邦去世→**p.312**
1851 ｜ 攝影家達蓋爾去世→**p.212**
　　　《紐約時報》創刊→**p.282**
　　　瑪格麗特王妃出生→**p.346**
1853 ｜ 梵谷出生→**p.108**
1856 ｜ 第二次鴉片戰爭→**p.303**
1858 ｜ 狄塞爾出生→**p.96**
1859 ｜ 比利小子出生→**p.349**
1860 ｜ 發現吳哥窟→**p.40**
　　　西頓出生→**p.247**
1861 ｜ 美利堅邦聯選出總統→**p.57**
1862 ｜ 德布西出生→**p.255**
　　　俾斯麥就任首相→**p.287**
　　　電影發明者盧米埃出生→**p.314**
1863 ｜ 人類史上第一條地鐵開通→**p.28**
　　　戈登成為常勝軍司令官→**p.103**
　　　馬奈展出《草地上的午餐》→**p.155**
　　　亨利・福特出生→**p.232**

1837 ｜ 大鹽平八郎之亂

1841 ｜ 天保改革

江戶時代

1853 ｜ 黑船開入浦賀港
1858 ｜ 安政大獄（*許多人因政治打壓而入獄）
1860 ｜ 井伊直弼在「櫻田門外之變」遭到暗殺

1863 ｜ 薩（*薩摩藩）英戰爭

日本國內
因為對外方針而爭執不休，
江戶時代就此結束。

394

世界發生的主要大事	日本發生的主要大事

時代劃分

年份	世界發生的主要大事
1863	林肯發表著名演說→p.345
	孟克出生→p.368
1864	學者韋伯出生→p.131
	作曲家史特勞斯出生→p.182
1865	美國南北戰爭結束→p.119
1866	普奧戰爭開始→p.185
1867	第二屆巴黎世界博覽會→p.76
	英屬北美法令立法→p.107
1869	德意志社會民主工黨成立→p.240
	蘇伊士運河開通→p.343
1873	作曲家拉赫曼尼諾夫出生→p.98
1874	邱吉爾出生→p.356
1875	簽訂《米制公約》→p.121
1878	政治家施特雷澤曼出生→p.150
	威廉一世暗殺未遂案→p.173
	召開柏林會議→p.184
1880	海倫‧凱勒出生→p.198
1881	發現塞提一世的木乃伊→p.207
1882	聖家堂開始建造→p.97
	發現結核桿菌→p.102
	三國同盟締結→p.160
1883	馬克思去世→p.92
	卡夫卡出生→p.205
	墨索里尼出生→p.231
1884	制定格林威治標準時間→p.308
	首爾發生甲申政變→p.360
1086	雨果去世→p.162
1889	卓別林出生→p.126
	希特勒出生→p.130
	國際勞動節的起源遊行→p.141
	舉行第一屆泛美會議→p.297
1890	肯德基爺爺出生→p.273
	埃爾圖魯爾號戰艦過難事件→p.280
	結核素治療法問世→p.339
1891	醫學家班廷出生→p.70
	伊朗出現大規模的菸草抗議→p.350
1893	毛澤東出生→p.382
1895	貝比‧魯斯出生→p.55
1896	諾貝爾去世→p.366

江戶時代

年份	日本發生的主要大事
1866	薩長同盟締結
1867	江戶幕府結束
1868	戊辰戰爭爆發
1871	實施廢藩置縣
1874	板垣退助等人提出設立民選議院的「建白書」(請願建議)
1877	西南戰爭

日本正努力追趕世界各國的腳步，以成為強國為目標！

明治時代

年份	日本發生的主要大事
1889	頒布《大日本帝國憲法》
1894	中日甲午戰爭爆發

這是東亞最早的近代憲法喔。

近代

395

時代劃分

近代

	世界發生的主要大事		日本發生的主要大事
1897	作曲家布拉姆斯去世→**p.113**		
	舉行第一屆波士頓馬拉松→**p.129**		
	找出瘧疾的原因→**p.253**		
1898	屈里弗斯事件→**p.31**	1898	上野公園設置西鄉隆盛的銅像
	路易斯・卡羅去世→**p.32**		
	美西戰爭爆發→**p.135**		
1899	小說家凱斯特納出生→**p.72**		日本將韓國收為領地，積極進軍國外。
	巴比倫古城開挖→**p.104**		
	舉行海牙和平會議→**p.158**		
1900	發現夢幻王國樓蘭→**p.106**		
1901	創設諾貝爾獎→**p.353**		
	華特・迪士尼出生→**p.361**		
1903	萊特兄弟成功載人飛行→**p.373**	1902	日英同盟締結
1904	女性爭取權利及自由→**p.86**	1904	日俄戰爭開始
	達利出生→**p.151**		
	舉辦聖路易斯奧運→**p.203**		
	波羅的海艦隊抵達日本海→**p.310**		
1905	血腥星期日→**p.27**		
	狹義相對論發表→**p.201**		
1906	SOS被採用→**p.298**		
1907	生物學家卡森出生→**p.167**		
1908	大峽谷被指定為國家公園→**p.29**		
	波士尼亞與赫塞哥維納被合併→**p.301**		
	西西里島大地震→**p.384**		

現代

1909	美國軍人抵達北極點→**p.116**	1909	伊藤博文被暗殺
	大不里士市民軍被殲滅→**p.139**		
1910	德雷莎修女出生→**p.260**	1910	日韓合併條約
1911	發現馬丘比丘遺址→**p.226**	1912	第一次護憲運動開始
	武昌起義→**p.305**		
	阿蒙森抵達南極點→**p.370**		
1913	威爾遜就任總統→**p.82**		
1914	朵貝・楊笙出生→**p.242**	1914	第一次世界大戰開始
1915	德國飛船對英國發動空襲→**p.37**		
1916	戰車登場→**p.279**		
1917	墨西哥頒布新憲法→**p.54**		隨後在1920年，世界各國組成國際聯盟，日本成為與強國並列的常任理事國。
	俄國革命→**p.333**		
	蘇俄首次設置祕密警察→**p.376**		
1918	第一次世界大戰結束→**p.337**		
1919	朝鮮「三一運動」→**p.79**		

明治時代

大正時代

時代劃分

	世界發生的主要大事
1919	土耳其民族革命開始→**p.159**
	簽訂《凡爾賽條約》→**p.199**
	制定《威瑪憲法》→**p.244**
1920	人類史上第一家廣播電臺開播→**p.328**
1922	埃及脫離英國獨立→**p.77**
	圖坦卡門的陵墓被發現→**p.330**
	愛爾蘭建國→**p.362**
	蘇聯成立→**p.386**
1923	經濟學家帕雷托去世→**p.252**
	西班牙里維拉軍事政變→**p.277**
	地租馬克貨幣發行→**p.341**
1924	第一屆冬季奧林匹克運動會開幕→**p.43**
	印度河流域文明遺跡調查結果出爐→**p.284**
	柯波帝出生→**p.294**
1925	孫文去世→**p.90**
	首度提出「國際兒童節」的概念→**p.172**
1926	液體燃料火箭升空→**p.94**
1929	奧黛麗‧赫本出生→**p.144**
	安妮‧法蘭克出生→**p.183**
	齊柏林飛船繞行世界一周→**p.262**
	紐約現代美術館開幕→**p.334**
1930	世界盃足球賽開幕→**p.215**
1932	英國中止自由貿易→**p.70**
1935	中國共產黨（紅軍）長征→**p.315**
1936	德軍占領萊茵蘭→**p.85**
1937	德軍空襲格爾尼卡→**p.136**
	溫沙公爵結婚→**p 174**
	盧溝橋事變→**p.209**
1938	慕尼黑協定會議→**p.293**
	複印機問世→**p.317**
	廣播劇《世界大戰》開播→**p.325**
1939	簽訂《德蘇互不侵犯條約》→**p.256**
	第二次世界大戰開始→**p.265**
1941	太平洋戰爭爆發→**p.263**
1943	史達林格勒戰役結束→**p.51**
1944	諾曼第登陸作戰→**p.177**
1945	小羅斯福去世→**p.122**
	物理學家弗萊明去世→**p.128**
	原子彈試爆→**p.218**

現代

	日本發生的主要大事
1923	關東大地震
1925	實施「治安維持法」、「普通選舉法」
1931	九一八事變
1932	五一五事件
1936	二二六事件
1937	中日戰爭爆發
1940	日德義軸心國結盟
1941	太平洋戰爭爆發
1945	東京大空襲
	廣島、長崎被投下原子彈
	日本無條件投降，第二次世界大戰結束

大正時代

昭和時代

日本一路朝向戰爭的道路前進，結果戰敗了。

397

時代劃分	世界發生的主要大事		日本發生的主要大事
現代	1945 發表《波茨坦宣言》→p.228		
	聯合國成立糧食及農業組織→p.311		
	1946 敘利亞脫離法國獨立→p.127	1946	頒布日本國憲法
	聯合國創立兒童基金會→p.367		
	1947 有人目擊到幽浮→p.195		
	印度與巴基斯坦分治→p.248		
	微波爐問世→p.283		
	通過巴勒斯坦分割決議→p.355		
	1948 甘地被暗殺→p.48		
	蘇聯限制東西德交通→p.111		
	1950 印度成為共和國→p.44	1950	韓戰爆發
	韓戰爆發→p.196		
	1951 簽訂《舊金山和平條約》→p.272	1951	簽署《舊金山和平條約》
	1955 佛萊明醫師去世→p.89		簽署《美日安保條約》
	米飛兔的繪本出版→p.192	1954	設置自衛隊
	舉行日內瓦高峰會→p.220		
	越南共和國成立→p.321		
	1956 蘇聯公開批評史達林→p.73	1956	簽署《日蘇共同宣言》
	1957 太空船載狗上太空→p.329		
	1958 毛澤東設立人民公社→p.263		
	1959 成功發射月球無人探測器→p.20		
	卡斯楚就任總理→p.65		
	1960 米拉瓦爾三姊妹被殺害→p.351		
	1961 印度奪回果亞→p.375		
	制定「世界氣象日」→p.101		
	1962 古巴危機→p.52		
	1963 女性首次上太空→p.187		
	1965 史懷哲去世→p.268		
	1966 反越戰遊行→p.316	1966	披頭四來到日本
	1967 底特律事件→p.225		
	東南亞國協成立→p.241		
	蘇聯的探測機成功抵達金星→p.313		
	1968 金恩牧師被暗殺→p.114		
	1969 人類初次在月球漫步→p.222		
	制定「世界郵政日」→p.304		
	1970 舉辦第一屆「世界地球日」相關活動→p.132	1972	沖繩返還
	1973 第一次石油危機→p.318	1973	石油危機
	1974 世界首次舉辦鐵人三項競賽→p.289		

昭和時代

	世界發生的主要大事		日本發生的主要大事
1977	貓王普里斯萊去世→p.249		
1979	歐洲第一位女性首相上任→p.143	昭和時代	
1980	約翰・藍儂被暗殺→p.364		
1985	鐵達尼號被發現→p.266		
1987	世界人口突破50億→p.213		
1988	制定「世界愛滋病日」→p.357		
1989	柏林圍牆倒塌→p.335		
	馬爾他峰會落幕→p.359		
1990	伊拉克入侵科威特→p.235		
1991	波斯灣戰爭爆發→p.35	1991	泡沫經濟崩盤
1993	發現臭氧層被破壞→p.300	1993	日本職業足球聯賽開幕
1994	曼德拉成為南非第一位黑人總統→p.149		
	始祖地猿的消息傳到海外→p.206	平成時代	
1998	制定「泰迪熊日」→p.322	1997	消費稅從3%漲到5%
1999	土耳其大地震→p.250		
2001	美國發生恐怖攻擊→p.275		
2002	歐盟開始使用歐元→p.19	2002	簽署《日朝平壤宣言》
2003	哥倫比亞號在空中解體→p.50		
2004	Facebook開始服務→p.53		
2005	制定「國際大屠殺紀念日」→p.45		
2009	史上第一位非裔美國總統就任→p.38		
		令和 2021	舉辦東京奧運

感覺在這個階段，世界漸漸邁向和平。

接下來又會是怎樣的時代呢？

參考文獻（下列書名為暫譯）

《從零開始的圖解世界史筆記》（ゼロからやりなおし！世界史見るだけノート）祝田秀全 監修（寶島社）

《日曆世界史：一日一史話》（カレンダー世界史 一日一史話）柴田三千雄（岩波Junior新書）

《用365天了解世界史：世界200個國家的歷史「閱讀辭典」》
（365日でわかる世界史 世界200ヵ国の歴史を「読む辞典」）八幡和郎（清談社）

《世界的歷史・人物事典》（世界の歴史 人物事典）
東京女子大學名譽教授 鈴木恒之 監修；岩田一彥 文章構成（集英社）

《迷你世界史：附上日期講解這100年》（ミニ世界史 日付が語るこの100年）荒井信一（社會思想社）

《瞄過一眼就忘不了的世界史》系列（一度読んだら絶対に忘れない 世界史の教科書）山﨑圭一（野人）

《情報的歷史：從象形文字到人工智慧》（情報の歴史 象形文字から人工知能まで）
松岡正剛 監修；編輯工學研究所 構成（NTT出版）

《今天是什麼日子？從366位偉人的生日來看世界歷史和紀念日》
（今日は何の日？366偉人の誕生日から世界の歴史、記念日まで）（PHP研究所）

《培養生存能力的新時代傳記：改變世界的人們365》（生きる力を育てる新時代の伝記 世界を変えた人たち365）
白百合女子大學教授 田島信元 監修（永岡書店）

《日本與世界的365日五花八門大事典》（日本と世界の365日なんでも大事典）
日曆研究會 編（Poplar社）

《今天是什麼紀念日呢？366事典》（きょうはなんの記念日？366日じてん）平野惠理子（偕成社）

《美術圖鑑：從1001個事件了解世界史》（ビジュアル 1001の出来事でわかる世界史）
日經National Geographic社（日経ナショナルジオグラフィック社）

知識館 032

寫給中小學生的圖說世界史
一天一頁，三分鐘讀懂歷史上的今天
世界の歷史366

監　　修	祝田秀全
繪　　者	TOA
譯　　者	韓宛庭・王予奇・林冠汾
語文審訂	彭雅群（中正大學歷史系）
責任編輯	陳彩蘋
封面設計	張天薪
內頁排版	連紫吟・曹任華

出版發行	采實文化事業股份有限公司
童書行銷	蔡雨庭・張敏莉・張詠涓
業務發行	張世明・林踏欣・林坤蓉・王貞玉
國際版權	劉靜茹
印務採購	曾玉霞
會計行政	許俽瑀・李韶婉・張婕莛
法律顧問	第一國際法律事務所　余淑杏律師
電子信箱	acme@acmebook.com.tw
采實官網	www.acmebook.com.tw
采實臉書	www.facebook.com/acmebook01
采實童書粉絲團	https://www.facebook.com/ACMEstory/

ＩＳＢＮ	978-626-349-860-0
定　　價	580元
初版一刷	2025年1月
劃撥帳號	50148859
劃撥戶名	采實文化事業股份有限公司
	104台北市中山區南京東路二段95號9樓
	電話：(02)2511-9798　傳真：(02)2571-3298

國家圖書館出版品預行編目資料

寫給中小學生的圖說世界史：一天一頁，三分鐘讀懂歷史上的今天 / 祝田秀全監修；韓宛庭, 王予奇, 林冠汾譯. -- 初版. -- 臺北市：采實文化事業股份有限公司, 2025.01
400 面；14.8 × 21 公分. -- (知識館；32)
譯自：世界の歷史366
ISBN 978-626-349-860-0（平裝）
1.CST: 世界史 2.CST: 通俗作品
711　　　　　　　　　113017266

線上讀者回函

立即掃描 QR Code 或輸入下方網址，連結采實文化線上讀者回函，未來會不定期寄送書訊、活動消息，並有機會免費參加抽獎活動。

https://bit.ly/37oKZEa

世界の歷史366
© Shufunotomo Co., Ltd. 2021
Originally published in Japan by Shufunotomo Co., Ltd.
Translation rights arranged with Shufunotomo Co., Ltd.
Through Keio Cultural Enterprise Co., Ltd.

版權所有，未經同意不得
重製、轉載、翻印